Die schönsten Naturwanderungen

Sardinien Korsika

Katrin und Frank Hecker
Peter Mertz

SCONTO

Auf der Ferieninsel Sardinien findet der Wanderer noch weite unbesiedelte Naturlandschaften wie hier die »Ebene der großen Steine« in der Inneren Gallura.

Naturwandern auf Sardinien

Sie ist die »wilde, vergessene Insel im Mittelmeer«, der »Kontinent im Kleinen«. Honoré de Balzac nannte sie treffend die »Insel, von der man nur wenig weiß und die doch so zauberhaft ist«: Sardinien, vom Fremdenverkehr erst zu Beginn dieses Jahrhunderts entdeckt, ist bis heute ein relativ wenig bekanntes Eiland mit immensen Naturlandschaften von herausragender Schönheit. Dazu hat zum einen seine Größe geführt – Sardinien ist mit einer Ausdehnung von rund 25 000 Quadratkilometern nach Sizilien die zweitgrößte Insel des Mittelmeeres –, aber auch seine relativ isolierte Lage – keine andere Mittelmeerinsel liegt weiter vom Festland entfernt. Dabei ist es die Vielfalt an Landschaften, die aus dieser Insel beinahe einen Kontinent macht. So konnten sich hier bis in unser Jahrhundert hinein nahezu unberührte Küstenregionen mit mächtigen Dünenbergen erhalten wie beispielsweise an der unverbauten, einsamen Costa Verde mit ihren bis zu 50 Meter hohen Wanderdünen. Unvergleichlich auch die uralten, knorrigen Wacholder und menschenleeren Sandstrände, an denen weltweit bedrohte Meeresschildkröten ihre Eier ablegen. Die weitläufigen Flachwasser-Lagunen der Sinis-Halbinsel zählen mit Tausenden Flamingos nach der Konvention von Ramsar zu den international bedeutsamsten Feuchtgebieten. Ein weiteres Juwel der Natur sind die kalkweißen Felsklippen am glasklaren, smaragdfarbenen Golf von Orosei mit oleanderbewachsenen Bachschluchten, tiefen Meeresgrotten, weißen Sandbuchten und geschäftigen Kolonien brütender Eleonorenfalken – eine der schönsten und unberührtesten Küstenregionen Europas. Nicht weniger ein Magnet für Naturliebhaber sind die mit windgepeitschten Korkeichenwäldern und weitläufigen Sümpfen bedeckten Hochplateaus vulkanischen Ursprungs, auf denen seit Menschengedenken Herden halb wilder Pferde umherziehen, dazu die scheinbar endlosen grünen Wälder des Gennargentu mit rauschenden Wildbächen und Wasserfällen und die karstigen Hochgebirgsregionen des Supramonte mit tiefen, senkrecht abfallenden Schluchten und Steilwänden und unvermittelt aus blankem Fels sprudelden Karstquellen. Das charakteristische, urtümliche Sardinien eröffnet sich besonders dem mobilen Besucher, der sich nicht scheut, auf Schotterpisten ins Inselabenteuer aufzubrechen, um hier die weitläufigen Naturlandschaften zu erkunden. Ein Großteil der touristisch nur in Bruchteilen erschlossenen Insel ist so bis heute ein Urlaubsziel für Individualisten geblieben. Da weite Landstriche der schroffen und überwiegend felsigen Insel nur zu Fuß zu entdecken sind, ist das Wandern sicher die beste Möglichkeit, den Reichtum der sardischen Inselnatur kennen zu lernen. Selbst im Sommer, wenn sich die Küsten füllen, wird man dabei in vielen Regionen kaum einem Menschen begegnen. Im Gegensatz zum benachbarten Korsika existiert auf Sardinien bislang keine ausgeprägte Wanderkultur, und für den Großteil der überwiegend italienischen Besucher endet ein Ausflug automatisch mit dem Ende einer befahrbaren Straße. So gibt es an vielen Ausgangspunkten unserer Wandervorschläge auch keine Infrastruktur wie befestigte Parkplätze, Kioske oder dergleichen, leider auch bislang ebenso wenig verlässliche Wegmarkierungen. Zwar wurden vor einigen Jahren beispielsweise im Monte-Linas-Gebirge etliche Wanderwege nummeriert und markiert, doch sind viele Markierungen inzwischen bis zur Unkenntlichkeit verblasst, sodass sie keine sichere Orientierungshilfe bieten. Nicht selten freut man sich am Anfang einer Wanderung, und das meist zu früh, über gut beschilderte Wege, die sich dann unvermittelt in einsamer Macchie verlieren. Wanderungen auf eigene Faust ins Ungewisse erfordern daher auf Sardinien eine gute Portion Abenteuerlust gespickt mit humorvollem Unternehmungsgeist. Eine Alternative zu unseren überwiegend problemlos nachzuwandernden Routen bilden geführte, teils auch mehrtägige Exkursionen, wie sie beispielsweise im Supramonte von der Kooperative Enis oder auf dem Golgo-Hochplateau von der Kooperative Goloritze angeboten werden.

Geologie und Entstehung

Bergwildnis, Lagunen und Grotten

Sardinien ist nach Sizilien die zweitgrößte Insel des Mittelmeeres. Sie liegt im Zentrum des westlichen Mittelmeeres und umfasst zusammen mit den kleineren, ihr vorgelagerten Inseln eine Fläche von 24089 Quadratkilometern. Im Norden wird Sardinien nur durch die etwa 12 Kilometer breite Meerenge »Bocche di Bonifacio« von der ihr geologisch eng verwandten Insel Korsika (politisch zu Frankreich gehörend) getrennt. Die kürzeste Entfernung zum Festland ist die zum afrikanischen Kontinent und beträgt 175 Kilometer, zum europäischen Festland sind es ca. 200 Kilometer. Politisch gesehen gehört Sardinien – oder amtlich Sardegna – zur Republik Italien. Betrachtet man Sardinien auf einer Landkarte, so fällt seine nahezu rechteckige Form mit nur wenigen größeren Einbuchtungen auf. Die mittlere Distanz von Norden nach Süden beträgt dabei 250 Kilometer und die von West nach Ost 120 Kilometer. Die komplette Küstenlinie der Insel misst mehr als 1896 Kilometer, der überwiegende Teil davon ist felsig mit steil zum Meer abfallenden Felsmassiven, dazwischen öffnen sich bizarre Buchten mit kiesigen und sandigen Stränden. Kilometerlange Sandstrände, gigantische Dünenberge und weitläufige Lagunenseen finden sich vor allem in den Golfregionen (z. B. im Westen am Golf von Oristano, im Osten am Golf von Orosei).

Den Spitznamen »Kleiner Kontinent« verdient die Insel Sardinien nicht allein wegen ihrer ungewöhnlichen Vielfalt unterschiedlichster Lebensräume, die wir hier auf engstem Raum nebeneinander finden. Als Überrest eines der ältesten Krustenteile des europäischen Urkontinents ist sie darüber hinaus so reich an geologischen Formationen wie sonst kaum eine andere Region Europas. Neben Granitwildnissen, die im äußersten Nordosten am Capo Testa ihren Höhepunkt in skulpturähnlichen Verwitterungsformen erreichen, finden wir blendend weiße, verkarstete Kalkgesteine mit tiefen Schluchten, gigantischen Höhlensystemen und schroff zum Meer abfallenden Steilwänden. Übrigens – einige der Tropfsteinhöhlen Sardiniens zählen zu den spektakulärsten Europas.

Typisch für Sardinien sind die uralten, verebneten Landschaftsformen: Die Oberfläche vieler Gebirgsmassive ist fast völlig plan mit kaum ausgeprägten Berggipfeln. Diese Hochebenen, »altopiani« und »giare« genannt, sind häufig mit knorrigen, alten Kork- und Steineichen bewachsen wie z. B. die Giara di Gesturi (siehe Wanderung »Die Hochebene der wilden Pferde«) mit ihren wild umherstreifenden Pferdeherden oder das direkt an die türkisblaue Golfregion von Orosei angrenzende Golgo-Hochplateau, von dem aus ein wunderschöner Wanderpfad uns hinunter ans Meer führt (siehe Wanderung »Vom Golgo-Hochplateau zur Cala Goloritzé«). Höhen von mehr als 1400 Metern erreichen die Berge lediglich im Nordosten der Insel im Supramonte (Monte Corrasi, 1463 Meter, siehe Wanderung »Zum höchsten Gipfel des Supramonte«) und im Gennargentu-Massiv mit dem höchsten Berg Sardiniens, der Punta La Marmora mit 1834 Metern.

Die Entstehung Sardiniens

Der geologische Werdegang Sardiniens – zunächst ein Teil des großen, zusammenhängenden Festlandes, des Urkontinents bis hin zur uns bekannten Inselform – lässt sich leicht bis zu den Anfängen der Ausbil-

Durch blühende Macchie führt ein schöner Wanderweg zur Goroppu-Schlucht.

dung der einzelnen Kontinente zurückverfolgen. Im Erdaltertum formten sich an der Wende Kambrium-Ordoviz (vor rund 500 Millionen Jahren) durch extreme Hebungen und Senkungen im Zuge der Kaledonischen Gebirgsbildung die ersten Kontinente, die jedoch in Lage und Ausprägung noch völlig verschieden von den heutigen waren. Die hierbei angehobenen Gesteinsmassen, hauptsächlich Kalke, verkarsteten an der Oberfläche, wodurch tiefe Hohlräume im Gestein entstanden. In diese Hohlräume konnten sich während nachfolgender Meeresüberflutungen insbesondere tonige und sandige Sedimente ablagern, aber auch Mineralien wie Bleiglanz, Zinkblende, Pyrit und Baryt. Solche paläozoischen, d.h. aus dem Erdaltertum stammenden Gesteine finden sich heutzutage noch im ältesten Gebiet Sardiniens, im Iglesiente im Südwesten der Insel, wo man sie früher in großem Umfang abbaute (siehe Wanderung »Die Costa Verde«). Gegen Ende des Erdaltertums, im Zeitraum Devon-Karbon (vor ca. 370 Millionen Jahren) falteten sich während der Variszischen Gebirgsbildung große Teile der Gesteine auf. Aus den sich abkühlenden Schmelzwasserflüssen kristallisierten in großem Umfang Granite heraus, die heute noch einen riesenhaften Gesteinskomplex bilden – den unter den Schwesterinseln Korsika und Sardinien liegenden, 12 000

Quadratkilometer großen sardisch-korsischen Batholith. Er zählt zu den größten Tiefengesteinskomplexen Europas.
Im Erdmittelalter (Mesozoikum) vor rund 200 Millionen Jahren ging es eher ruhig zu auf Sardinien. Weite Teile der noch zum Festland gehörenden heutigen Insel wurden überspült und mächtige Flachwassersedimente aus diversen Kalken lagerten sich ab. Gegen Ende des Erdmittelalters nahmen die Überflutungen langsam ab, und Sardinien wurde wieder »landfest«. Für reichlich Bewegung sorgte hingegen die Alpidische Gebirgsbildung in der Erdneuzeit (Neozoikum) vor ca. 40 Millionen Jahren: Während Alpen, Apennin und Pyrenäen aufgefaltet wurden, geriet der sardisch-korsische Block in Bewegung, trennte sich vom Festland und driftete entgegen dem Uhrzeigersinn in seine heutige Position. Sardinien zerbrach hierbei in einzelne Schollen. Gewaltige Erdbeben und heftige Vulkanausbrüche waren die Folge. Solch vulkanisches Gestein finden wir gegenwärtig speziell im Westen Sardiniens bei Bosa (siehe Wanderung »Bosa und der Geierfelsen«) und im äußersten Südwesten in Form der Inseln San Antioco und San Pietro (siehe Wanderung »Isola di San Pietro«). Etwa zeitgleich brachen im Osten Sardiniens große Kalkplatten in viele Einzelteile, die teilweise aufkippten und aus denen die nachfolgende Erosion die charakteristischen Kuppen und Türme (»Tonneri und Tacchi«, siehe Wanderung »Naturpark Foresta Demaniale di Montarbu«) modellierte. Vor etwa 20 Millionen Jahren sank das Land noch einmal ab. In der Folge drang das Meer in die Tiefländer ein und lagerte hier mächtige Sedimentschichten ab, die heute beispielsweise das fruchtbare Hügelland der Marmilla aufbauen. Die aus der Marmilla steil emporragenden Tafelberge, deren größter die Giara di Gesturi ist (siehe Wanderung »Die Hochebene der wilden Pferde«) entstanden während einer kleineren vulkanischen Phase vor rund 6 Millionen Jahren. Ihr hartes, zähes Gussgestein aus Basalt schützt die mehrere hundert Meter aus der Marmilla-Ebene herausragenden Tafelberge vor Erosion.
Ihr endgültiges Gepräge erhielt die Insel Sardinien innerhalb des Zeitraumes der jüngeren Eiszeiten. Während die Eiszeiten im übrigen Europa Gletscher auftürmten, blieb Sardinien vollkommen gletscherfrei. Flüsse schnitten sich ins Gelände und formten Täler sowie Schluchten, deren tiefste, die Gorropu-Schlucht, zu den eindrucksvollsten Europas gerechnet wird. Die heutige Küstenlinie entstand mit zum Teil riesigen, von heftigen Westwinden aufgewehten Dünenbergen wie etwa an der Costa Verde (siehe Wanderung »Die Costa Verde«).

Geologisch betrachtet lassen sich aufgrund der Entstehungsgeschichte drei Teilgebiete auf Sardinien unterscheiden:

1. Das geologisch älteste Sardinien im Südwesten (Iglesiente) mit seinen metamorphen (durch Umwandlungsprozesse aus älteren Schichten hervorgegangenen) und partiell fossilhaltigen Gesteinen aus dem Erdaltertum. Reiche Mineralerz- und Braunkohlevorkommen kennzeichnen diese Region.

2. Der gesamte Osten Sardiniens vom Capo Testa im Norden bis zum Capo Carbonara im Süden mit überwiegend kristallinen Gesteinen wie Granit aus dem Erdaltertum. Der Granitgrund wird heute auf großen Flächen von hohen Schiefer- (Gennargentu) und Kalkmassiven (Supramonte) überdeckt. Bizarre Granitverwitterungen, die aus der Erdneuzeit stammen, finden wir am Capo Testa (siehe Wanderung »Wildes Capo Testa«).

3. Der Westen Sardiniens mit seinen Vulkangesteinen und jüngeren Ablagerungssedimenten aus der Erdneuzeit.

Pflanzenwelt

Sandstrand, Dünen und Salzmarschen

Auf Sardinien finden wir noch erfreulich oft natürliche Sandstrände und Dünen, die mit ihrer artenreichen Pflanzenwelt zum Naturwandern einladen (siehe z. B. Wanderung »Turr'e Seu« und »Die Costa Verde«). In der so genannten Spülsaumzone – der Bereich, der von den höheren Wellen nicht mehr überflutet wird – fallen dabei bräunliche, tennisballähnliche Gebilde auf, die nicht selten zu Hunderten und Tausenden im unteren Strandbereich angespült werden. Es handelt sich dabei um Reste des Neptungrases (*Posidonia oceanica*), das in Tiefen bis zu 30 Metern untermeerische Wiesen ausbildet. Die von der Brandung abgerissenen Blätter werden vom Wellenschlag zu einer Art Brei zerrieben, aus dem sich durch Verfilzung die fasrigen Kugeln formen. Dauerhaft bewohnbar ist die unwirtliche Spülsaumzone allerdings nur von solchen Pflanzen, die mit speziellen Schutzmechanismen gegen die austrocknenden Winde und die intensive Sonneneinstrahlung ausgerüstet sind: Fleischige Blätter und Stängel, graue Wachsüberzüge und dichte Haarfilze helfen den Pflanzen, Wasser einzusparen, während

Im Spülsaum finden sich häufig die Tennisball-ähnlichen »Seebälle«.

weit reichende, starke Wurzelwerke die Aufnahme von Wasser gewährleisten und zusätzlich den Flugsand festhalten. Bemerkenswert ist, dass sich diese Anpassungen an den Lebensraum durchgängig bei allen hier lebenden Arten finden, obwohl sie aus ganz unterschiedlichen Verwandtschaftgruppen (Familien) stammen. Die auffälligsten und häufigsten Vertreter sind der wohlriechende, helllila blühende Meersenf (*Cakile maritima*), der mit seinen vielen Verzweigungen dem sandbeladenen Wind zwar ein durchlässiges Hindernis bietet, andererseits aber auch als Sandfänger und damit als Dünenbildner dient, und die nicht unähnliche Dreihörnige Levkoje (*Matthiola tricuspidata*), leicht erkennbar an ihren länglichen Fruchtschoten mit drei hornartigen Zacken an ihrem oberen Ende. Daneben wachsen am Sandstrand die Schneeweiße Strandfilzblume (*Otanthus maritimus*) mit ihren samtigweißen Stängeln und Blättern, die Strandwinde (*Calystegia soldanella*), die mit ihren langen Ausläufern den feuchten Sand durchzieht, der stark behaarte Strand-Schneckenklee (*Medicago marina*) und die bei Sonnenbadenden unbeliebte Stranddistel (*Eryngium maritimum*). Im landwärts anschließenden Weißdünenbereich festigen Gräser wie Strandhafer (*Ammophila arenaria*) und das Stechende Vilfagras (*Sporobolus pungens*) den Flugsand. Hier blühen ab Juli die prächtigen Strandnarzissen (*Pancratium maritimum*), nicht zu verwechseln mit der auch im Binnenland vorkommenden Pankrazlilie (*Pancratium illyricum*), und ab Mai die kleinen, aromatisch duftenden Sträucher der Italienischen Strohblume (*Helichrysum italicum*) mit ihren leuchtend gelben Blütenköpfen. Wo durch die Anreicherung von Humusstoffen die Weißdüne in den Bereich der Graudüne übergeht, finden wir zunehmend typische Pflanzen der Macchie und Garrigue (siehe unten)

wie Mastixstrauch (*Pistacia lentiscus*), Montpellier-Zistrose (*Cistus monspeliensis*), Phönizischer Wacholder (*Juniperus phoenicea*), Stechwacholder (*Juniperus oxycedrus ssp. macrocarpa*) und gebietsweise die selten gewordene Zwergpalme (*Chamaerops humilis*) (siehe Wanderung »Turr'e Seu«). Im Anschluss an die Graudünen können natürliche Wälder aus Pinien (*Pinus pinea*) und Aleppo-Kiefer (*Pinus halepensis*) ausgebildet sein, vielerorts wurden sie aber eher vom Menschen nachträglich dort zur Dünenbefestigung angepflanzt.
Im Bereich von Flussmündungen und Lagunen entdecken wir ebenfalls eine Reihe hoch spezialisierter, salzverträglicher Pflanzen. Bestandsbildend ist hier meist die fleischige Graue Gliedermelde (*Arthrocnemum glaucum*), daneben die Portulak-Keilmelde (*Halimione portulacoides*), verschiedene Arten von Strandflieder (u.a. *Limonium vulgare ssp. serotinum* und *Limonium virgatum*) und die ungewöhnlichen Horste der Stechenden Binse (*Juncus acutus*). Als Besonderheit wächst auf Sardinien der eigenartige, schmarotzende Malteserschwamm (*Cynomorium coccineum*) (siehe Wanderung »Die Sinis-Lagunen«).

Felsküsten und Schluchten

Auffallende und häufige Besiedler der Küstenfelsen sind der oft in großen Beständen auftretende Geißkleeartige Hornklee (*Lotus cytisoides*), der erst ab Juli blühende Meerfenchel (*Crithmum maritimum*) und zahlreiche verschiedene Arten von Strandflieder (*Limonium spec.*). Nur auf Korsika und Sardinien heimisch ist der Korsische Reiherschnabel (*Erodium corsicum*). Meernahe Felsen werden auch von der Baumförmigen Wolfsmilch (*Euphorbia dendroides*) bevorzugt. In felsigen und

Große Landstriche Sardiniens sind von undurchdringlicher Macchie bewachsen.

steinigen Bachschluchten, wie sie am Golf von Orosei häufig sind, dominieren dagegen Schmal- und Breitblättrige Steinlinde (*Phillyrea angustifolia* und *P. latifolia*) sowie Mastixstrauch (*Pistacia lentiscus*). Mit zunehmender Meeresferne wachsen am Grund der Schluchten schöne Bestände von Oleander (*Nerium oleander*). In schmalsten Felsritzen finden wir häufig das Hängende Nabelkraut (*Umbilicus rupestris*), den Gezähnten Moosfarn (*Selaginella denticulata*), Milzfarn (*Ceterach officinarum*) und Frauenhaar-Farn (*Adiantum capillus-venensis*), daneben eine Reihe endemischer, d. h. nur auf Sardinien (teils auch auf Korsika) beheimateter Pflanzenarten (siehe unten).

Macchie und Garrigue

Als Macchie bezeichnet man die immergrünen, bis zu fünf Meter hohen Buschwälder, die besonders in küstennahen Gebieten weite Landstriche überziehen. Wo der Boden flachgründiger und die Wasserversorgung zunehmend schlechter ist, wird sie zur maximal 1,50 Meter hohen, lückig wachsenden Garrigue. Der Ursprung der Licht liebenden Macchiengewächse liegt hauptsächlich an der Küste, wo kein Wald mehr zu wachsen vermag. Nachträglich sind im gesamten Mittelmeerraum aber auch überall dort Macchien entstanden, wo der Mensch die Wälder abgeholzt oder zur

Schaffung von Weideflächen für das Vieh abgebrannt hatte. Typische Licht liebende Macchiengewächse sind die verschiedenen Arten von Zistrosen: Die weiß blühenden Montpellier-Zistrosen (*Cistus monspeliensis*) und Salbeiblättrigen Zistrosen (*Cistus salvifolius*) sowie die rosa blühende Graubehaarte Zistrose (*Cistus incanus*). Dazu gehören außerdem Phönizischer Wacholder (*Juniperus phoenicea*), Stechwacholder (*Juniperus oxycedrus ssp. macrocarpa*) und Schopflavendel (*Lavendula stoechas*). Überreste mediterraner Wälder sind hingegen Schatten liebende aber ausschlagfreudige Arten wie Erdbeerbaum (*Arbutus unedo*), Baumheide (*Erica arborea*), Mastixstrauch (*Pistacia lentiscus*) und die Schmal- und Breitblättrige Steinlinde (*Phillyrea angustifolia* und *-latifolia*). Häufig wird die ohnehin schon undurchdringliche Macchie noch zusätzlich von stechenden Ranken der Stechwinde (*Smilax aspersa*) und der Gemeinen Schmerzwurz (*Tamus communis*) überzogen. Durch den dichten Wuchs der Macchie vermögen im schattigen Unterwuchs kaum noch Pflanzen zu gedeihen. Eine Ausnahme ist der als Parasit vom Tageslicht unabhängige Gelbe Zistrosenschmarotzer (*Cytinus hypocistis*), der das Wurzelwerk der Zistrosen anzapft, statt mit Hilfe von Licht und Blattgrün eigene Zucker aufzubauen. Doch schon auf kleineren Lichtungen in der Macchie findet sich eine bunte Vielfalt von Blütenpflanzen – in erster Linie aus einjährigen Knollen- oder Zwiebelpflanzen bestehend. Am häufigsten sind hier der vom Weidevieh verschmähte Kleinfrüchtige Affodill (*Asphodelus aestivus*) mit seinen außergewöhnlichen, lang gestielten Blütenrispen, die ab April blühende Schopfige Traubenhyazinthe (*Muscari comosum*), der Rosenlauch (*Allium roseum var. insulare*), das Geschweiftblättrige Alpenveilchen (*Cyclamen repandum*), das unübersehbare, bis zu drei Meter hohe Gemeine Rutenkraut (*Ferula communis*) sowie verschiedene Orchideenarten wie Hummelschweber-Ragwurz (*Ophrys bombyliflora*), Kleinblütiger und Einschwieliger Zungenstendel (*Serapias parviflora* und *Serapias lingua*). In Küstennähe können wir auf offenen Grasfluren der Garrigue das niedrige, graufilzig behaarte Zwergedelweiß (*Evax pygmaea*) finden.

Mediterrane Wälder

Im Wesentlichen gibt es auf Sardinien zwei Arten von Wäldern: In den heißen und trockenen Regionen finden wir die immergrünen Wälder – mit zunehmender Höhenlage und damit besserer Wasserversorgung dominieren hingegen die sommergrünen Wälder, deren Bäume im Herbst ihr Laub abwerfen müssen – ein Schutz gegen das Vertrocknen während der Frostperioden. Immergrüne Eichenwälder bestehen zum größten Teil aus Steineichen (*Quercus ilex*) und Korkeichen (*Quercus suber*). Im Unterwuchs begegnen wir Erdbeerbaum, Baumheide, Breitblättriger Steinlinde, Stechwinde und dem Wilden Ölbaum (*Olea europaea*) – Arten, die wir aus der Macchie kennen, da sie häufig nach Abholzung der Eichen übrig bleiben oder neu ausschlagen. Die sommergrünen Wälder werden hauptsächlich von der Laub abwerfenden Flaumeiche (*Quercus pubescens*) gebildet, aber auch von Hopfenbuche (*Ostrya carpinifolia*), Orientalischer Hainbuche (*Carpinus orientalis*) und Manna-Esche (*Fraxinus ornus*).

Endemische und eingebürgerte Pflanzenarten

Wie für Inseln und gleichfalls für Hochgebirge aufgrund ihrer relativ isolierten Lage typisch gibt es auch auf Sardinien eine Viel-

Die Idylle trügt: Wo Schafe weiden, bleibt von der ursprünglichen Vegetation nur der wenig schmackhafte Affodill übrig.

zahl ausschließlich hier lebender, endemisch genannter Pflanzenarten und -unterarten. Die meisten dieser »Endemiten« kommen auch auf der Schwesterinsel Korsika vor, da die beiden Inseln einerseits erdzeitgeschichtlich lange miteinander verbunden waren, andererseits die Entfernung zwischen ihnen auch heute nur zwölf Kilometer beträgt. So werden viele Endemiten kurz und treffend als korsardinische Endemiten bezeichnet. Zu den am häufigsten anzutreffenden Endemiten zählen die zauberhafte Pankrazlilie (*Pancratium illyricum*) und der Rosenlauch (*Allium roseum var. insulare*) sowie in den Auwäldern die Korsische Nieswurz (*Helleborus lividus ssp. corsicus*). Auf die meisten Endemiten stoßen wir in Felsregionen, so beispielsweise den Korsischen Reiherschnabel (*Erodium corsicum*), den Hirschgeweih-Steinbrech (*Saxifraga cervicornis*), das Korsische Veilchen (*Viola corsica*) und die von Schluchtwänden herabhängende Fadenförmige Flockenblume (*Centaurea filiformis*). Auch unter den Tieren gibt es auf Sardinien eine Reihe von Endemiten, speziell unter den Insekten, Amphibien und Reptilien (siehe unten).

Eine Vielzahl besonders charakteristischer Pflanzen sind hingegen ursprünglich nicht auf Sardinien heimisch, sondern vom Menschen aus Australien, Afrika und Amerika »eingeschleppt«. Aus Australien stammen die zahlreichen Arten dekorativ gelb blühender Akazien (*Acacia spec.*) und die vielfach angepflanzten Eukalyptus-Bäume (*Eucalyptus spec.*), aus Afrika die auffällig pinkfarben blühenden Mittagsblumen (*Carpobrotus acinaciformis*) und aus Amerika die Agaven (*Agave americana*) und Feigenkakteen (*Opuntia spec.*). Aus ökologischer Sicht nicht unproblematisch ist die wilde Ausbreitung solcher eingeführter Pflanzen in der Natur, wo sie die heimische Vegetation nicht unerheblich schädigen und zum Teil ganz verdrängen (siehe Mittagsblume, Wanderung »Die Costa Verde«).

Tierwelt

Insekten

Große Landstriche Sardiniens sind außer der Beweidung mit Ziegen und Schafen landwirtschaftlich kaum nutzbar, am wenigsten für den meist giftintensiven Ackerbau. So lässt uns der kleinräumige Wechsel von Trockenwiesen, landwirtschaftlich nicht nutzbaren Brachflächen, Kleingewässern und undurchdringlicher Macchie in Kombination mit dem warmen Mittelmeerklima eine außerordentliche Fülle bizarrer Insekten entdecken. Zu den schönsten und augenfälligsten zählen solche Schmetterlinge wie Mauerfuchs (*Lasiommata megera*), Blauschwarzer Eisvogel (*Limenitis reducta*), der endemische Korsische Schwalbenschwanz (*Papilio hospiton*) und der größte europäische Schmetterling, das Große Nachtpfauenauge (*Saturnia pyri*). An fließenden wie auch stehenden Gewässern treffen wir je nach Jahreszeit zahlreiche verschiedene Libellenarten wie die Große Königslibelle (*Anax imperator*), Feuerlibellen (*Crocothemis erythraea*) und den Südlichen Blaupfeil (*Orthetrum brunneum*). Unter den vielen verschiedenen Heuschrecken, die allgegenwärtig durch Gräser und Gebüsch hüpfen, ist die bis zu sieben Zentimetern große Ägyptische Wanderheuschrecke (*Anacridium aegypticum*) mit ihren charakteristischen, längs gestreiften Augen unübersehbar, und in den Abendstunden setzt im Sommer regelmäßig das virtuose Konzert von Zikaden und Grillen ein. Unter den Käfern begegnen wir fast überall in der Nähe von Weidetieren dem faszinierenden Pillendreher (*Scarabaeus laticollis*). Ein Dorado für Insektenfreunde birgt der Süßwassersee Lago di Baratz im Nordwesten Sardiniens mit seiner vielfältigen Insektenwelt, darunter die pfeilschnellen Sandlaufkäfer (Cicindelidae) und tückische Ameisenlöwen (Myrmeleontidae) mit ihren Fangtrichtern.

Amphibien

Die meisten Amphibien führen ein heimliches Leben und sind der Beobachtung nicht unmittelbar zugänglich. Ab April können wir jedoch in den meisten gewässerreichen Landstrichen (Lagunen, Sümpfe, Flüsse, Seen) dem zarten, in der Dämmerung einsetzenden Duett aus den einsilbigen »ö-ö-ö-ö-öö-ö«-Rufen Tyrrhenischer Laubfrösche (*Hyla sarda*) und den leisen Trommelwirbeln der Wechselkröten (*Bufo viridis*) lauschen. An Fließgewässern lebt der endemische Sardische Gebirgsmolch (*Euproctus platycephalus*) und in den ungezählten Höhlen beziehen verschiedene Arten der kleinräumig verbreiteten Höhlensalamander (*Speleomantes spec.*) ihr Quartier.

Reptilien

Auf Sardinien leben keine Giftschlangen! Sollten wir das seltene Glück haben, überhaupt einmal einer Schlange zu begegnen, so handelt es sich wahrscheinlich um die scheue und harmlose Gelbgrüne Zornnatter (*Coluber viridiflavus*). Mit Schlangen möglicherweise zu verwechseln ist die Erz-

Gut getarnt: Die Gelbgrüne Zornnatter.

schleiche (*Chalcides chalcides*) – eine Echse mit winzig kleinen, kaum zu sehenden Beinen. Auch sie ist in der Regel schneller verschwunden als man sie gemeinhin wahrnimmt. An Seen, Teichen und Flüssen lassen sich Europäische Sumpfschildkröten (*Emys orbicularis*) beim Sonnenbaden beobachten, und in der Macchie treffen wir nicht selten auf umherstreifende Griechische Landschildkröten (*Testudo hermanni*) und Breitrandschildkröten (*Testudo marginata*). Auf Schritt und Tritt begegnen uns die unzähligen endemischen Eidechsen. Am häufigsten sehen wir die Tyrrhenische Mauereidechse (*Podarcis tiliguerta*), die sardische Unterart der Ruineneidechse (*Podarcis sicula cettii*) und die Tyrrhenische Gebirgseidechse (*Archaeolacerta bedriagae*) mit ihrem eigenartig geformten »Krokodilskopf«. Auf Mauern und an Felswänden fühlt sich der kräftige Mauergecko (*Tarentola mauritanica)* am wohlsten.

Vögel

Entsprechend der Vielschichtigkeit und Unberührtheit vieler sardischer Naturlandschaften finden wir hier auch eine erfreulich vielfältige Vogelwelt. Auf den Wanderungen durch Macchie und Garrigue begleiten uns immer wieder Schwarzkehlchen, Zaunammern, Heidelerchen, Grauammern, Hänflinge und Stieglitze. Daneben finden sich regelmäßig Neuntöter, Rotkopfwürger, Braunkehlchen, Bienenfresser, verschiedene Lerchenarten und gleich fünf verschiedene Arten von Grasmücken (Weißbart-, Sarden-, Provence-, Brillen- und die häufige Samtkopfgrasmücke). In steppenartigen Landstrichen brüten der meist unsichtbare Triel, die seltene Zwergtrappe und das scheue Felsenhuhn. Wasseramseln und Gebirgstelzen haben ihr Jagdrevier an den Flussläufen, und wo

Ein Rotkopfwürger späht nach Beute.

die Flüsse ins Meer münden, lassen sich an seichten Lagunen neben Hunderten rosafarbener Flamingos zahlreiche Watvögel wie Säbelschnäbler, Stelzenläufer, Rotflügel-Brachschwalbe, Lachseeschwalbe, Rotschenkel und Flussregenpfeifer beobachten. In direkter Nachbarschaft leben die allgegenwärtigen Weißkopfmöwen und Seidenreiher – gebietsweise auch Dünnschnabelmöwen. Zu ihnen gesellen sich Silber- und Purpurreiher und mit etwas Glück lässt sich auch der hier jagende Fischadler ausmachen. In Felsregionen treffen wir auf Blaumerlen, Steinschmätzer und im Hochgebirge auf den Zitronengirlitz. Vereinzelt leben hier auch noch Stein- und Habichtsadler, unter den einst häufigen Geiern kommt heute leider nur noch der Gänsegeier regelmäßig auf Sardinien vor. Zahlreich vertreten sind hingegen Kolkraben, Turm- und Wanderfalken. An der Steilküste von Orosei sowie auf der Isola San Pietro haben wir außerdem die seltene Gelegenheit, Eleonorenfalken bei der Jagd zu sehen. Die felsigen Steilküsten sind zudem Heimat und Lebensraum für die auf Sardinien in großen Populationen lebenden Felsentauben (die Stammform unserer Straßentauben) und Felsenschwalben.

Lebt in unzugänglichen Gebirgsregionen: Das Mufflon.

Säugetiere

Wild lebenden Säugetieren zu begegnen bedarf es wie fast überall, so auch auf Sardinien, außerordentlich vielen Glücks. Eine Ausnahme bilden die halb wild auf der Giara di Gesturi umherstreifenden Pferde und die Fütterungsplätze mit Beobachtungshütten im Naturpark Monte Arcosu, wo sich regelmäßig Tyrrhenische Rothirsche (*Cervus elaphus corsicanus*) in der Dämmerung einfinden. Die meisten Säugetiere wurden oder werden aber so stark bejagt, dass ihre Bestände stark dezimiert oder sogar bereits verschwunden sind, wie die einst an den höhlenreichen Steilküsten lebende Mittelmeer-Mönchsrobbe (*Monachus monachus*) (siehe Wanderung »Von Cala Gonone zur Cala di Luna«). Der in den siebziger Jahren ausgerottete Damhirsch (*Cervus dama*) konnte mittlerweile wieder angesiedelt werden, wohingegen von den einst großen Mufflonherden (*Ovis ammon musimon*) nur noch kleinere Gruppen in unzugänglichen Gebirgsregionen überleben konnten. Versteckt in waldreichen Regionen leben außerdem Wildkatze, Fuchs, Baummarder, Mauswiesel und Siebenschläfer. Recht oft begegnet der Wanderer unterwegs frei durch die Landschaft streifenden Rindern, Eseln und Hausschweinen. Letztere paaren sich nicht selten mit der Mittelmeerrasse des Wildschweines (*Sus scrofa meridionalis*).

Tipps für Wanderer

Auf Sardinien sind oftmals schon die Anfahrtswege ein Erlebnis für sich; wenn möglich, sollte genügend Zeit für Zwischenstopps eingeplant werden. In vielen Fällen ist es jedoch so, dass die Fahrten durch kurvige Bergregionen ohnehin viel länger dauern als ursprünglich angenomen (dies gilt besonders für die Bergwelt des Gennargentu), und wer hier Tagesausflüge plant, sollte dazu bereits in den frühen Morgenstunden aufbrechen. Wenngleich auf Sardinien viele Ortschaften Anschluss an Buslinien aufweisen, sind die meisten Wandergebiete mit öffentlichen Verkehrsmitteln nicht zu erreichen. Ein eigenes Auto ist daher empfehlenswert.

Reisezeit

Die beste Reisezeit für Naturwanderungen auf der sardischen Insel sind das Frühjahr und der Frühsommer von Anfang April bis Ende Juni, dann blühen die meisten Pflanzen und viele Vögel lassen sich bei Nestbau und Brut beobachten. Bei der Planung der Reiseroute sollte berücksichtigt werden, dass es in den Hochgebirgslagen Anfang Mai noch empfindlich kalt sein kann und die Natur sich noch im Winterschlaf befindet, während in den flacheren Küstenregionen dann die farbenprächtigste Blütezeit ist. Im April muss aber auch hier gelegentlich noch mit Regenschauern gerechnet werden. Die Badesaison startet auf Sardinien Anfang Juni. In den Monaten Juli und August sind die meisten Küstenregionen fest in Urlauberhand, der Großteil der Vegetation verdorrt und die Temperaturen sind nicht sehr angenehm zum Wandern, so dass diese Monate nach Möglichkeit umgangen werden sollten. Im Herbst und im Winter lässt es sich auf Sardinien zwar gut wandern, jedoch sind die Möglichkeiten zur Naturbeobachtung (außer Zugvögel) eher begrenzt. Generell empfiehlt es sich, früh am Tage zu den Wanderungen aufzubrechen. Zum einen sind die Tage auf Sardinien im Sommer kürzer als bei uns, zum anderen wird so in vielen Fällen die zum Wandern schon im Mai manches Mal unangenehme Mittagszeit umgangen und kann zu einer ausgiebigen Rast am Zielort genutzt werden.

Ausrüstung

Viele Wanderungen auf Sardinien führen durch einsame Gegenden, in denen man stundenlang keinem Menschen begegnet. Es kann lange dauern, bis man im Notfall Hilfe holen kann. Man sollte daher nie alleine wandern und die beschriebene Route nicht verlassen. Da das erhältliche Kartenmaterial auf Sardinien (Militärkarten im Maßstab 1:25 000, erhältlich beim Istituto Geografico Militare, Via di Novoli 93, I-50127 Firenze, Tel. 055/410141, oder über Geo-Buchhandlungen, Wartezeiten ca. sechs Wochen) oftmals dem aktuellen Stand nicht entspricht und eindeutige Wegmarkierungen bislang eher ein Glücksfall sind, ist es ratsam, einen Kompass im Gepäck zu haben. Für die meisten Wanderungen empfiehlt sich festes (knöchelhohes) Schuhwerk mit griffiger Sohle, das auch auf Geröll genügend Halt bietet. Wichtig ist auf den meist schattenlosen Wegen eine leichte Kopfbedeckung (besonders für Kinder) zum Schutz gegen die im Gebirge und an der Küste ungewohnt starke Sonneneinstrahlung. Denken Sie auch an ein Sonnenschutzmittel mit hohem Lichtschutzfaktor.
Unterwegs bietet sich nur selten die Möglichkeit zur Einkehr, so dass ausreichend Verpflegung, insbesondere aber Trinkwasser mitgenommen werden muss. Wasser sollte unterwegs nur aus eindeutig gekennzeichneten Quellen getrunken werden; selbst in einsamen, entlegenen Bergregionen kann das Bachwasser durch den Kot von Ziegen, Schweinen und Rindern mit Parasiten verseucht sein. Und in ehemaligen Bergbaugebieten (z. B. im Iglesiente an der Costa Verde) droht Gefahr durch eine mögliche Schwermetallbelastung. Trinken Sie viel und vor allem bevor das eigentliche Durstgefühl zu spüren ist. Eine Dehydrierung – die Austrockung des Körpers durch Wassermangel – führt leicht zu Kopfschmerzen, Übelkeit und Schwindel. So sollte pro Person, trotz des zusätzlichen Gewichtes, für eine Tageswanderung ein Wasservorrat von drei Litern nicht unterschritten werden. Wichtig: In der Regel benötigen Kinder mehr Trinkwasser als Erwachsene, keinesfalls weniger!

Die Tourenpiktogramme

Landschaft
Geologie
Schutzgebiet
Naturlehrpfad
Kulturlandschaft
Vögel
Pflanzen
Insekten
Amphibien
Reptilien
Säugetiere
Meeressäugetiere

Blick über den ruhigen Golf von Oristano zur Halbinsel Tharros mit ihrem weithin sichtbaren »Torre di San Giovanni«.

1

Die Lagunen der Sinis-Halbinsel

Ein Besuch beim »Rosaroten Volk«

Die Sinis-Halbinsel im Westen Sardiniens ist eine Landschaft von ganz besonderem, einmaligen Reiz. In der riesigen, flachen Schwemmlandebene finden wir im Kontrast zur übrigen, gebirgigen Insel seichte Lagunenseen mit rosafarbenen Flamingos, Stelzenläufer, Brachschwalben und dem seltenen Purpurhuhn. Auf den angrenzenden Salzwiesen wachsen neben typischen Salzpflanzen häufig Mittags-Schwertlilien und der seltene Malteserschwamm. Dünn besiedelt und touristisch kaum erschlossen, bietet die Sinis-Halbinsel dem Naturliebhaber darüber hinaus mit ihren malerischen, einsamen Steilküsten und Sandstränden vielfältige Entdeckungsmöglichkeiten. Unsere Rundwanderung führt uns auf Dämmen trockenen Fußes durch die weitläufige Laguna di Mistras; ein Abstecher zu den Beobachtungshütten am nah gelegenen Stagno Pauli è Sali eröffnet störungsfreie Einblicke ins faszinierende Vogelleben der Lagunen.

INFO

Ausgangsort/Zielort: Kleiner Fischerhafen am Golf von Oristano (nicht verwechseln mit dem Porticiollo Turistico bei Torre Grande jenseits des Kanals).

Tourencharakter: Wanderung hat »Spaziergang-Charakter«.

Gesamtlänge: ca. 5 km

Gehzeit: ca. 2,5 Std.

Lagunen, Flamingos und Malteserschwämme

Um eine Vorstellung von der Lagunenlandschaft auf der Sinis-Halbinsel mit der hier lebenden Pflanzen- und Tierwelt zu gewinnen, empfiehlt es sich, die Rundwanderung an der Laguna di Mistras mit einem anschließenden Besuch am ornithologisch interessanten Stagno Pauli'e Sali (ca. fünf Kilometer nordöstlich gelegen) zu verknüpfen.

Ausgangspunkt für die Rundwanderung an der Laguna di Mistras ist der kleine Fischerhafen am Golf von Oristano, westlich der Einmündung des »Canale Scolmatore«, der den 20 Quadratkilometer großen Stagno di Cabras ins Meer entwässert. Von hier aus bieten sich schöne Ausblicke über die bunten hölzernen Fischerboote hinweg über den ruhigen Golf von Oristano, der im Westen begrenzt wird von der Halbinsel Tharros mit ihrem weithin sichtbaren Torre di San Giovanni. Hier befinden sich ürbigens die Überreste einer der größten erhaltenen phönizisch-römischen Hafenstädte Sardiniens.

Am Rand des Schotterweges, der parallel zum Wasser verläuft, blüht von April bis Juni das **Gemeine Rutenkraut** (*Ferula communis*), eine Art Riesenfenchel mit leuchtend gelben Blütendolden. Wir folgen dem Schotterweg in nordwestlicher Richtung auf eine kleine Eukalyptus-Pflanzung zu, wo unser Weg nach links (Westen) abknickt und uns an einer Hecke aus Feigenkakteen (Opuntien) vorbeiführt. Aus dem Gebüsch fliegen häufig **Ägyptische Wanderheuschrecken** (*Anacridium aegypticum*) auf. Am Ende der Opuntienhecke wandern wir weiter am Rand der Eukalyptus-Pflanzung mit schönen Einblicken nach rechts in die Laguna di Mistras. Besonders in den Morgenstunden sieht man hier häufig nahrungssuchende Trupps von Flamingos. Die Eukalyptus-Bäume werden nach und nach von **Akazien** (*Acacia spec.*) abgelöst. Der Pfad verläuft jetzt nah am Schotterweg (unser Rückweg zwischen den Lagunen hindurch). Links von unserem Pfad wachsen schöne Bestände des **Korsischen Rosen-Lauchs** (*Allium roseum var. insulare*). Von den Stromleitungen singen **Grauammern** ihr klirrendes Lied, über den Salzwiesen links vom Weg gaukeln **Rohrweihen**, dahinter jaulen über dem Meer die **Weißkopfmöwen**. Auf den Salzwiesen finden wir typische Salzpflanzen wie die kleine, dickfleischige **Graue Gliedermelde** (*Arthrocnemum glaucum*), **Portulak-Keilmelde** (*Halimione portulacoides*) und mehrere **Strandflieder-Arten** wie *Limonium vulgare ssp. serotinum* und *Limonium virgatum*, die ihre lilafarbenen Blüten aber erst im Spätsommer öffnen.

Wir wandern am linken Rand des Akazienwaldes bis wir auf den nahen Schotterweg stoßen, der kurz danach an einem Privatgelände endet. Auf den Sandhaufen sitzen gerne **Brachpieper**, vom Zaun singen **Schwarzkehlchen**, und wenn wir einige Meter rechts vom Tor zur Lagune weitergehen, können wir **Seidenreiher** und **Flamingos** sehen. Auf den Stromleitungen kann man hier sehr oft **Einfarbstare** beobachten. Von dem Privatgelände wandern wir auf dem wenig befahrenen Schotterweg in östliche Richtung. Am Wegesrand wachsen **Behaarte Spatzenzunge** (*Thymelaea hirsuta*), **Kleinfrüchtiger Affodill** (*Asphodelus aestivus*) und die dichten Horste von **Stechenden Binsen** (*Juncus acutus*).

Nach ca. 200 Metern haben wir nach links schöne Einblicke in die Laguna di Mistras mit ihren Seidenreihern und Flamingos, nach rechts über Salzwiesen bis hin zum Meer. Nach weiteren 300 Metern lohnt ein Abstecher nach rechts auf einen kleinen Weg, der bald endet. Hier wachsen **Klein-**

Das »Rosarote Volk« (Sa genti arrubia), wie die Sarden ihre Flamingos nennen.

Mannshoch: das Gemeine Rutenkraut.

Leuchtend gelbe Füße kennzeichnen den Seidenreiher.

Hummelschweber-Ragwurz, eine Orchidee.

Stecken wie Knackwürste im Sand: Der Malteserschwamm lebt als Schmarotzer von Salzpflanzen.

blütiger Zungenstendel (*Serapias parviflora*) und **Hummelschweber-Ragwurz** (*Ophrys bombyliflora*), zwei hübsche Orchideenarten. Zurück auf dem Schotterweg, finden wir am Lagunenrand neben der **Portulak-Keilmelde** (*Halimione portulacoides*) den auf ihr schmarotzenden **Malteserschwamm** (*Cynomorium coccineum*). Ca. 200 Meter weiter zweigt rechts ein Fahrweg zurück zum Fischerhafen ab. Unser Weg führt jedoch geradeaus weiter, vorbei an einer kleinen, temporären Brackwasserlagune rechts vom Weg. Ein kleiner Umweg über den Damm, der hinter der Lagune (östlich) verläuft, lohnt wegen der schönen Aussicht auf die weite Landschaft. Man gelangt dorthin, indem man den Fahrweg nach rechts hineingeht und weiter am linken Rand der Eukalyptus-Pflanzung entlang bis zum Damm folgt. Auf dem Damm wandert man ein Stück links weiter (Richtung Norden) bis zum Getreidefeld, hier am Feldrand zurück auf den Schotterweg. Dieser wird nun rechts und links von den beiden Lagunen begrenzt. An deren Rand finden wir verschiedene Salzpflanzen, am häufigsten die Graue Gliedermelde, Portulak-Keilmelde und Malteserschwämme. In den Mittagsstunden blühen auch die zahlreichen **Mittags-Schwertlilien** (*Gynandriris sisyrinchium*) auf. Hoch über uns singen unermüdlich **Feldlerchen**, dazu klirren **Grauammern** ihr monotones Lied von erhöhten Sitzwarten. Mit etwas Glück begegnen wir auch der großen und kräftigen **Kalanderlerche**.

Wir folgen einer Rechtskurve, geradeaus liegen Getreidefelder, über denen häufig **Rohrweihen** kreisen. Rechts vom Weg bieten sich schöne Ausblicke über die temporäre Lagune mit Seidenreihern hinweg bis über das Meer zur Halbinsel Tharros. Am Weg begegnen wir den hier nicht seltenen **Schwarzkehlchen**. Ein kurzes Stück führt der Weg durch Getreidefelder hindurch, dann treffen wir links auf eine Fischzucht hinter einer hohen Mauer, und unser Weg knickt nach rechts ab. Ca. 100 Meter danach treffen wir auf den Hauptweg am Kanal, der uns rechts zurück zum Ausgangspunkt führt. Auch hier können wir häufig unvermittelt aufspringende Ägyptischen Wanderheuschrecken beobachten, über dem Weg jagen **Rauchschwalben**, und auf dem Kanal lässt sich gelegentlich ein **Haubentaucher** sehen.

Nach ca. 400 Metern sieht man eine Fischbarriere quer durch den Kanal, darauf vier Schilfhütten, wie sie früher in Ermangelung, anderer Baustoffe oft Verwendung fanden. Die Besitz- und Nutzungsverhältnisse des Stagno di Cabras waren lange Zeit ein Dorn im Auge der Bevölkerung: Bis in die fünfziger Jahre befand sich das fischreiche Gewässer noch in Privatbesitz, und nur angestellte Fischer durften mit vorgeschriebenen Netzen und Booten bestimmte Fische fangen. Wächter kontrollierten die strikte Einhaltung der Auflagen. In den fünfziger Jahren nahm die Raubfischerei durch die vom Fischfang abhängige ansässige Bevölkerung Überhand. Ein Wächter wurde ermordet und es kam wiederholt zu handgreiflichen Auseinandersetzungen. 1982 wurde der Stagno di Cabras schließlich für drei Milliarden Lire an die Region Sardinien verkauft, für die einheimischen Fischer eine Wohltat, für die Tiere weniger, da die unkontrollierte Fischerei eine massive Übernutzung der Bestände zur Folge hatte. Mit der Bildung von Fischerei-Genossenschaften sieht es heute so aus, als hätte die Situation sich wieder verbessert. Nach weiteren 1,2 Kilometern am Kanal erreichen wir wieder unseren Ausgangspunkt, den kleinen Fischerhafen.

Zu den Beobachtungshütten am Stagno Pauli'e Sali

Den Stagno Pauli é Sali, eine kleine, ausgesüßte Lagune im Nordwesten von Cabras, findet man auf dem Weg von Cabras in nördlicher Richtung nach Riola. Wo die Landstraße auf den Maré Pauli trifft, führen zahlreiche Feldwege (z. T. beschildert) zum südöstlich davon gelegenen Stagno Pauli'e Sali. Der Stagno hat mit einer üppigen Randvegetation aus **Schilf** (*Phragmites australis*) und dem hohen kräftigen **Spanischem Rohr** (*Arundo donax*) »Teichcharakter«. Einblicke in die vielfältige Vogelwelt bieten zwei im Uferbereich errichtete Beobachtungshütten aus getrocknetem Spanischen Rohr. Im Wasser lassen sich regelmäßig **Flamingos** bei der Nahrungssuche beobachten, daneben **Seiden- und Graureiher, Blässrallen, Löffel-** und **Tafelenten** und **Stelzenläufer**. Über dem Wasser jagen **Flussseeschwalben**, immer wieder sieht man über den angrenzenden Feldern und Wiesen **Lachseeschwalben** und **Rotflügel-Brachschwalben**, die gemeinsam in Trupps auf Insektenjagd gehen. Die Schilfzonen bieten nicht nur **Seiden-** und **Teichrohrsängern** Brutmöglichkeiten, sondern auch dem seltenen und nur ausnahmsweise zu beobachtenden **Purpurhuhn**.

Auf einen Blick

Empfohlene Jahreszeit: März bis Mai.
Öffentliche Verkehrsmittel: Häufige Busverbindungen von Oristano in die größeren Ortschaften wie Torre Grande und Cabras; für den Rest der Sinis-Halbinsel empfiehlt sich ein eigenes Auto.
Anreise mit dem Auto: Von der Strecke Cabras in Richtung San Giovanni di Sinis zweigt gleich hinter der Brücke über den Canale Scolmatore des Stagno di Cabras ein Schotterweg nach links ab. Nach ca. 2 km direkt am Kanal erreichen wir den kleinen Fischerhafen.
Empfohlene Gebietskarte: Carta topografica d'Italia 1:25 000, Stagno di Mistras.
Einkehrmöglichkeiten: Am Weg keine.
Unterkunft/Camping: Campingplatz Torregrande (1.5. bis 30.9.), Tel. 0783/22228 und Is Arutas (ganzjährig), Tel. 0783/370001, außerdem drei Campingplätze am Strand Is Arenas (siehe Wanderung »Turr'e Seu«). Zahlreiche Hotels in Oristano, außerdem in Marina di Torre Grande, Putzu Idu und in Su Pallosu. Ferienappartements und Ferien auf dem Bauernhof vermitteln die Fremdenverkehrsvereine.
Auskunft: Pro loco, Oristano, Tel. 0783/70621
Ente provinciale per il turismo, Tel. 0783/74191.
Ausrüstungstipps: Fernglas, ausreichend Trinkwasser und Proviant; im Sommer Mückenschutzmittel nicht vergessen!

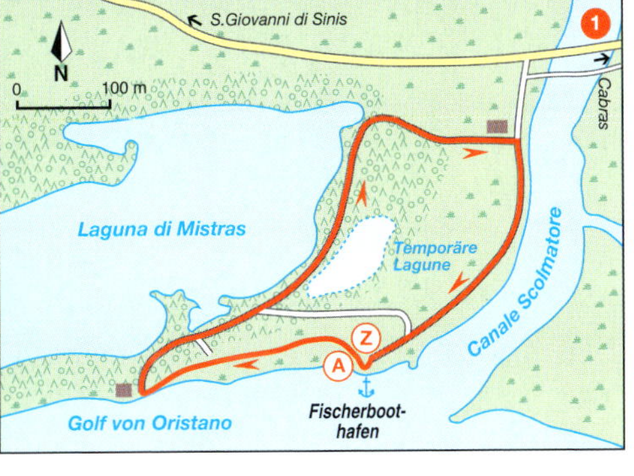

Windgepeitschte Garrigue und einsame Dünenlandschaften: Das Schutzgebiet »Turr'e Seu« lädt zu ausgedehnten Naturwanderungen ein.

2

Das Naturschutzgebiet Turr'e Seu

Wildromantische Küste mit Zwergpalmen und Schildkröten

Das rund 200 Hektar große Naturschutzgebiet Turr'e Seu vermittelt einen schönen Eindruck davon, wie ein Großteil der Sinis-Halbinsel vor dem Zugriff des Menschen ausgesehen haben muss: Einsam, windumtost und wildromantisch wechseln hier steile Felsküsten und Buchten mit entlegenen Sandstränden und geschützten Dünen ab, das Hinterland ist überwuchert von undurchdringlicher Macchie. Im Frühsommer verwandelt sie sich in ein Blütenmeer aus Zistrosen mit aromatischen Kräutern und Zwergpalmen. Das Schutzgebiet ist Lebensraum für zahlreiche Vogelarten wie Seeregenpfeifer, Ziegenmelker, Grasmücken, Rotkopfwürger und Felsenhuhn, aber auch für die häufig anzutreffende, urtümliche Breitrandschildkröte. Ein idyllischer Rundwanderweg führt durch die duftende Macchienlandschaft zum historischen Sarazenerturm Torre del Sevo an steiler Felsküste und zurück an einsamen Sandstränden und durch malerische Dünenlandschaften.

INFO

Ausgangsort/Zielort: Eingangsportal zur »Oasi WWF di Seu«.

Tourencharakter: Genusswanderung mit »Spaziergang-Charakter« und überwiegend klaren Wegmarkierungen.

Gesamtlänge: ca. 5,5 km

Gehzeit: ca. 2.5 Std.

Salbeiblättrige Zistrose.

Breitrand-Schildkröten kreuzen unseren Weg.

Erfreulich häufig im Schutzgebiet: Zwergpalme.

Durch den wildromantischen Südzipfel der Sinis-Halbinsel

Wir passieren das Eingangsportal zum Schutzgebiet »Oasi WWF di Seu« (Fahrweg ist meist verschlossen, dann Durchschlupf links davon benutzen) und wandern auf gut befestigtem Weg in Richtung des historischen Sarazenerturms Torre del Sevo. Die Wanderung soll durch Beschilderung den Charakter eines Naturlehrpfades erhalten. Die dürftigen und ausschließlich auf Italienisch erteilten Informationen (mit fragwürdigen Artenlisten) werden diesem Rang jedoch kaum gerecht – das tut der genussreichen Wanderung jedoch keinen Abbruch. Gleich zu Beginn passieren wir schöne Bestände von **Zwergpalmen** (*Chamaerops humilis*). Im Gegensatz zu den eingeführten Palmen, die wir häufig in touristischen Regionen und an Straßenrändern im Mittelmeergebiet angepflanzt finden, ist sie neben der Kretischen **Dattelpalme** (*Phoenix dactylifera*) die einzige in Europa ursprünglich heimische Palmenart und so winterhart, dass sie selbst noch im südlichen England wächst. Früher diente die Zwergpalme in Südeuropa als Nutzpflanze: Ihre Blätter gebrauchte man zur Herstellung von Matratzen und Körben, ihre Knospen und wenig schmackhaften Wurzeln in der Not als »Palmkohl«. Bestandsbildend ist am Wegrand der **Mastixstrauch** (*Pistacia lentiscus*), er rahmt mit einer Höhe von zwei bis drei Metern den Weg wie eine Hecke ein und ist zum Teil von **Stechwinde** (*Smilax aspersa*) überwuchert. Nach links genießen wir schöne Ausblicke auf das Meer bis zum Capo San Marco.

Aus dem Gebüsch knattern die Grasmücken, doch nur gelegentlich sieht man eine der häufigen **Samtkopf-Grasmücken**

Der »Torre del Sevo«, ein historischer Wachturm, thront am Südzipfel der Sinis-Halbinsel.

mit ihren tiefschwarzen Köpfen auf einer Zweigspitze sitzen. Am liebsten exponiert singen dagegen **Hänflinge** mit ihren unverkennbar schrägen Tönen, darunter mischt sich das »stigelitt« der überall präsenten **Stieglitze**. Aufgeschreckt huschen schillernd grüne Eidechsen über den Weg, unter jedem einzelnen Busch scheint hier eine zu leben. Wo die Mastixsträucher seltener werden, löst sie der aromatisch duftende **Rosmarin** (*Rosmarinus officinalis*) ab. An der Weggabelung halten wir uns links in Richtung Turm. Neben dem gleichmäßigen Rauschen des Meeres begleitet nun das Jaulen der **Weißkopfmöwen** unseren Weg, der gesäumt ist von **Spatzenzunge** (*Thymelaea hirsuta*) mit ihren kleinen, dickfleischigen Blättern.

Nach ca. 800 Metern passieren wir eine kleine Pflanzung aus **Aleppo-Kiefern** (*Pinus halepensis*) mit alten knorrigen Stämmen; die Bäume spenden wohltuenden Schatten und dämpfen das grelle Licht. Auf den Bäumen sieht man zeitweise **Purpurreiher** und **Nachtreiher**. Aus dem Wäldchen heraustretend, umfängt uns ein schwülwarmer Wind mit dem süßen Duft von Zistrosen, am häufigsten die **Montpellier-Zistrose** (*Cistus monspeliensis*) mit ihren kleinen, schneeweißen Blüten und leuchtend gelben Staubbeuteln. Zwischen dem undurchdringlichen Gebüsch aus aromatisch duftenden Sträuchern huschen verschiedene Arten geschwätziger Grasmücken hin und her, die sich aber nur mit Geduld beobachten lassen. Neben **Weißbart-** und **Brillengrasmücken** brüten im Schutzgebiet auch die dunklen und langschwänzigen **Provence-** und **Sardengrasmücken**.

An der nächsten Weggabelung halten wir uns wieder links und erreichen nach ca. 500 Metern den Torre del Sevo, umgeben von einer schützenden Hecke aus **Feigenkakteen** (*Opuntia maxima*). Von hier aus genießen wir eine überwältigende Aussicht auf die wilde und zerklüftete Felsküste, aus der Scharen von **Felsentauben** immer wieder unvermittelt herausgefliegen, sie brüten in allerkleinsten Spalten und Höhlen. Vom Turm aus führt ein schmaler, beschilderter Pfad direkt an der Steilküste in Richtung Westen, kurz danach in Richtung Norden. Dringend Vorsicht ist geboten mit Kindern, der Pfad ist nirgendwo gesichert! Wegbegleitend öffnen hier von März bis Mai die **Mittags-Schwertlilien** (*Gynandriris sisyrinchium*) in den frühen Nachmittagsstunden ihre zartlila Blüten. Nach Umrundung der Landzunge erstreckt sich vor uns eine herrliche Meeresbucht. Zunächst noch tief zerfurcht und felsig wird sie allmählich flacher und geht über in einen groben Kiesstrand mit einem alten Schiffswrack. Im Sommer blühen hier **Schneeweiße Strandfilzblume** (*Otanthus maritimus*) und schöne Bestände von **Meerfenchel** (*Crithmum maritimum*), dazwischen hüpfen **Steinschmätzer** und **Weidensperlinge** herum. Auf der vorgelagerten Felsinsel Isole is Caogheddas lassen sich häufig **Krähenscharben** beobachten. Hier an der Küste verwandelt sich die üppige Macchie zusehens in eine niedrigwüchsige Garrigue: Der gnadenlose Westwind rasiert Mastixstrauch, Rosmarin, Zwergpalmen und Zistrosen ab, bis sie sich

Schön aber pieksig: Die Stranddistel.

wie flachgedrückte Kissen über den kargen Boden ausbreiten. Leicht zu übersehen wächst dazwischen das nur wenige Zentimeter kleine, unscheinbare **Zwergedelweiß** (*Evax pygmaea*). Durch die Garrigue streifen gemächlich **Breitrandschildkröten** (*Testudo marginata*) und **Griechische Landschildkröten** (*Testudo hermanni*), in der Mittagshitze findet man sie am ehesten versteckt unter niedrigem Gestrüpp.
Wir wandern weiter in Richtung Punta Maimoni (Norden), der Kiesstrand wird zum schmalen Sandstrand mit lila blühenden **Stranddisteln** (*Eryngium maritimum*) und **Strandnarzissen** (*Pancratium maritimum*). Am Weg lassen sich häufig **Hänflinge, Schwarzkehlchen** und rüttelnde **Turmfalken** beobachten. Von der felsigen Punta Maimoni aus genießen wir atemberaubende Ausblicke auf die nördlich angrenzende, einsamen Sandstrandbucht mit ihrem Meer aus Blau und Türkis. An den breiten Sandstrand grenzen sanfte Dünenhügel, die allmählich in eine Macchie übergehen. Welche Kraft das fortwährend nagende Meer hier besitzt, sieht man an den ausgewaschenen sowie unterhöhlten Felsen und Felsdurchbrüchen an der Punta Maimoni. Aus kleinsten Ritzen und Spalten im Felsgestein reckt sich in der Spritzwasserzone der Lebenskünstler **Meerfenchel**. Wir wandern ein Stück am Strand in Richtung Nordosten, fast flächendeckend wachsen hier Stranddistel und **Italienische Strohblume** (*Helichrysum italicum*), **Seeregenpfeifer** huschen vor uns davon und lenken geschickt von ihren auf purem Sand errichteten Nestern ab.
Vom Strand in Richtung Osten abknickend führt der Pfad nach ca. 300 Metern durch die Dünen hoch in die Macchie. Feine, ziselierte Spuren im Sand verraten die Anwesenheit zahlreicher Käfer, Eidechsen und Schildkröten. Häufig huschen kurzschwänzige Eidechsen über den sonnenge-

Auf einen Blick

Empfohlene Jahreszeit: April bis Juni.
Öffentliche Verkehrsmittel: Keine.
Anreise mit dem Auto: Von San Giovanni di Sinis in Richtung San Salvatore fahren (Richtung Norden). 2,2 km hinter San Giovanni di Sinis in einen Schotterweg nach links abzweigen – d. h., beide Abfahrten nach Funtana meiga nach links liegen lassen! Durch Äcker bis zu einem einzeln stehenden Gehöft. Hier links abbiegen. An der nächsten Kreuzung dem Schild »Oasi WWF« geradeaus folgen bis zum Eingangsportal »Turr'e Seu«. Rechts führt der Weg zum Strand nach Is Arutas, links zur Ferienhaussiedlung Funtana meiga.
Empfohlene Gebietskarte: Carta topografica d'Italia 1:25000, Punta Maimoni.
Einkehrmöglichkeiten: Am Weg keine.
Unterkunft/Camping: Camping Nurapolis am Strand Is Arenas (ganzjährig), Tel. 0783/52283. Von hier aus auch geführte Exkursionen z. B. per Pferd, Mountainbike über die Sinis-Halbinsel. (siehe auch Wanderung »Die Lagunen der Sinis-Halbinsel«.)
Auskunft: Pro loco, Oristano,
Tel. 0783/70621
Ente provinciale per il turismo,
Tel. 0783/74191.

Ausrüstungstipps: Leichtes Schuhwerk genügt. Ausreichend Wasser, Kopfbedeckung gegen zeitweise heftigen Wind, Sonnenschutzmittel.
Hinweis: Der Weg bis zur Felsbucht Punta Maimoni ist mit Kinderwagen/Rollstühlen o. ä. mühelos befahrbar. In diesem Fall sollten Sie allerdings vom Turm aus den Hauptweg zur Punta Maimoni wählen.
Achtung: Der Pfad vom Turm oberhalb der Steilküste ist nicht gesichert und für Kinder äußerst gefährlich!

wärmten Sandpfad. Dabei handelt es sich um keine besonders kurzschwänzige Art, sondern um das von Biologen als »Automie« (Selbstverstümmelung) bezeichnete Phänomen: Die Tiere entfliehen Feinden, indem sie ihren Schwanz abwerfen, der zuckend die Aufmerksamkeit auf sich lenkt, während sie selbst entkommen. Das abgebrochene Schwanzstück wächst dann mehr oder weniger gut wieder nach.
Die Macchie wird zunehmend dichter, darin verstreut entdecken wir schöne Exemplare von Zwergpalmen. Nach ca. 400 Metern knickt der Pfad auf den Hügeln wieder ab in Richtung Westen. Der Ausblick von hier auf das türkisblaue Meer, den einsamen Sandstrand und die unberührte Macchie mit Zwergpalmen ist traumhaft. Wir wandern in Richtung Meer, am Weg wächst der kleine, leuchtend rot gefärbte **Stierkopf-Ampfer** (*Rumex bucephalophorus*). An der Weggabelung links halten wir uns in Richtung Torre del Sevo, die windgeschorenen Büsche sind hier überzogen mit Stechwinde. 400 Meter weiter, an der nächsten Weggabelung halten wir uns weiterhin links auf dem Weg, der sich nun vom Meer entfernt. Wir passieren eine Legesteinmauer und ein Getreidefeld linker Hand mit singenden **Grauammern** und gaukelnden **Rohrweihen**, die angrenzende Macchie wird zusehens höher und üppiger. Nach ca. 600 Metern treffen wir erneut auf den Hauptweg, der uns links nach ca. einem Kilometer zurück zum Ausgangspunkt bringt.

Höhepunkt der Wanderung ist der atemberaubende Ausblick vom Gipfel der Punta Piscina Irgas auf den 45 m hohen Wasserfall inmitten der granitenen Bergwildnis Monte Linas.

3

Durchs Monte-Linas-Gebirge mit der Valle d'Oridda

Wildbäche, Wasserfälle und einsame Bergwildnis

Das Monte-Linas-Gebirge zählt mit seiner abwechslungsreichen und einsamen Granitwildnis zu den schönsten Wandergebieten Sardiniens. Die Genusswanderung durch die Valle d'Oridda führt vom parkartigen, mit uralten Steineichen bestandenen Tal des Torrente Leni entlang schattiger Bergbäche mit umgestürzten Korkeichen, Farnen und Moosen und über macchienbewachsene Südhänge mit Erdbeerbäumen, Zistrosen und Schopflavendel zum aussichtsreichen Gipfel der Punta Piscina Irgas. Von hier aus bieten sich herrliche Aussichten auf den 45 Meter hohen Wasserfall Piscina Irgas bis zu den höchsten Granitgipfeln und waldreichen Hängen des Monte-Linas-Gebirges. Zurück führt der Weg auf alten Maultierpfaden zum rauschenden Wildwasserfluss Riu Cannisoni mit Orchideen, Gebirgstelzen, Tyrrhenischen Laubfröschen und alten Bergwerksstollen mit Fledermäusen.

INFO

Ausgangsort/Zielort: Schäferei an der Hängebrücke über den Riu Cannisoni.

Tourencharakter: Wanderung auf überwiegend markierten Bergpfaden (z. T. geröllig) mit mäßigen Steigungen, Höhenunterschied 370 m.

Gesamtlänge: ca. 11 km.

Gehzeit: ca. 4,5 Std.

Zum Gipfel der Punta Piscina Irgas mit aussichtsreichem Tiefblick

Schon der Ausgangspunkt unserer Wanderung ist die Anfahrt wert: Wir befinden uns im Tal des Torrente Leni, der hier aus dem Zusammenfluss des Riu Oridda und des Riu Cannisoni gebildet wird. Die parkartige Tallandschaft mit uralten **Steineichen** (*Quercus ilex*) und flechtenbewachsenem Geröll ist umgeben von mächtigen granitenen Felsgipfeln, die nicht selten in Wolken gehüllt sind, der höchste davon die Punta Magosu (1023 m) im Norden. In der meist menschenleeren Landschaft weiden halbwilde Ziegen und Schweine. Wir überschreiten die rustikale Hängebrücke über den Riu Cannisoni und folgen dem rotweiß markierten Wanderpfad Nr. 114 (Aufmerksamkeit ist geboten, die meisten Markierungen sind verblasst oder zugewuchert!) hangaufwärts in die Macchie. Links von uns rauscht der Riu Oridda, der Weg ist gesäumt von **Stechwacholder** (*Juniperus oxycedrus*), **Montpellier-Zistrosen** (*Cistus monspeliensis*) und **Salbeiblättrigen Zistrosen** (*Cistus salvifolia*), **Schmal-** und **Breitblättriger Steinlinde** (*Phillyrea angustifolia und Phillyrea latifolia*), **Baumheide** (*Erica arborea*) und **Schopflavendel** (*Lavendula stoechas*). Im Unterwuchs ist das **Geschweiftblättrige Alpenveilchen** (*Cyclamen repandum*) nicht selten. Kleine Stichwege durch die Macchie führen nach links hinunter zum Riu Oridda mit einer kleinen Staustufe und einem glasklaren See, umgeben von Bäumen. Ein schönes, schattiges Plätzchen für eine Verweilpause. Weiter geht es am Ufer des Wildbaches entlang, dem gelegentliche kleine Staumauern nichts von seiner urtümlichen Kraft und Natürlichkeit genommen haben. An manchen Stellen ist er von knorrigen **Korkeichen** (*Quercus suber*), **Schwarz-Erlen** (*Al-*

Eher zu hören als zu sehen: Die Zwergohreule.

Hängebrücke über den Riu Cannisoni.

Fledermäuse ruhen in den Bergwerkstollen.

Im Bachbett wächst der Königsfarn.

nus glutinosa) und Schlinggewächsen überwuchert. Im Flussbett selbst wachsen **Oleanderbüsche** (*Nerium oleander*) und **Königsfarn** (*Osmunda regalis*). Von der Felswand rechts am Wegesrand tropft Quellwasser, gelegentlich finden wir darauf rot-weiße Markierungen. Der schattige Pfad ist im Sommer eine regelrechte Oase. Wo der Weg sich hangaufwärts ein Stück vom Riu Oridda entfernt, beugt sich eine uralte, flechtenbewachsene Korkeiche über den Fluss. Ihr knorriger Stamm ist überwachsen von dicken Moospolstern und Farnen, darunter rauscht der Fluss über zahlreiche kleine Wasserfälle.

Wir erreichen die nächste Staustufe mit schönen Beständen von Königsfarn und Oleander am Ufer und **Baumförmiger Wolfsmilch** (*Euphorbia dendroides*) in den Felswänden. Auf den Felsen im Wasser lassen sich **Gebirgstelzen** bei ihrer Jagd nach Insekten beobachten. Kurz hinter der Staumauer durchqueren wir das etwa knietiefe Wasser des Riu Oridda, der Pfad führt sofort danach rechts hangaufwärts an einem schattigen Bergbächlein entlang. Am feuchten Quellhang wachsen **Nabelkraut** (*Umbilicus rupestris*) und **Moosfarn** (*Selaginella denticulata*), der durchwühlte Waldboden zeugt von der nächtlichen Anwesenheit von **Wildschweinen**. Aufgepasst: Die Wegmarkierung ist in diesem Bereich recht undurchsichtig! Wir kreuzen den Bach und gehen an seinem rechten Ufer weiter bis zu einer Lichtung mit **Feigenbäumen** (*Ficus carica*), vorbei an einer Legesteinmauer (links) und stillgelegten Stollen rechts; hier blüht im Mai der **Krummstab** (*Arisarum vulgare*). Der Pfad vereint sich mit dem breiten, von links kommenden Forstweg. Wir gehen geradeaus weiter, überqueren mehrere trockene Bachläufe und ein altes Transporter-Wrack und folgen der rot-weißen Markierung hangaufwärts unter Steineichen und Erdbeerbäumen hin-

Veranstaltet lautstarke Konzerte in der Dämmerung: Der Tyrrhenische Laubfrosch.

durch. Vom Kamm des Hügels auf 620 Metern Meereshöhe genießen wir ein herrliches Panorama auf granitene Felsgipfel zwischen waldigen Hängen. Hier oben zeugen weite Zistrosen-Flächen und viel **Affodill** (*Asphodelus aestivus*) von Waldbränden und Überweidung.
An der Weggabelung halten wir uns rechts (links führt der Weg Nr. 114 zum weit entfernten Monte Lisone) und steigen durch mannshohe **Erdbeerbäume** (*Arbutus unedo*) in nördlicher Richtung ab in die weite Ebene des Riu Oridda. Am Fluss angelangt, halten wir uns rechts auf dem Weg, bis dieser an einer Furt endet. Wir queren die Furt, halten uns rechts und dürfen nach ca. 50 Metern den bergauf führenden, recht zugewucherten Pfad nicht verpassen, er verläuft noch vor der Kiefernpflanzung. Erst nach weiteren 20 Metern finden wir auf einem Stein die Markierung rot-weiß-rot (Weg Nr. 113). Der zugewucherte Pfad windet sich zwischen heißer Macchie aus Schopflavendel und Montpellier-Zistrosen den trockenen Südhang hinauf, vorbei an einer tröpfelnden Quelle. An der Weggabelung folgen wir der kaum noch sichtbaren Markierung Rot-Weiß nach rechts und queren so den Hang in östlicher Richtung, wobei wir immer auf die Felsgipfel der Punta Piscina Irgas (691 m) zuwandern.
Am Zaun durchs Schlupfloch, dahinter weisen uns Steinmännchen den Weg. Achtung: die Steinmännchen sind in der hoch gewachsenen Macchie leicht zu übersehen! Wir gehen rechts am ersten Steinmännchen vorbei und halten uns auch weiterhin am Hang rechts, nahe am Steilabfall. Von hier aus genießen wir atemberaubende Ausblicke auf die einsame Bergwildnis mit dem tief unten zwischen Schluchten mäandrierenden Riu Oridda, dessen Wassermassen nach mehreren kleineren Kaskaden als 45 Meter hoher Wasserfall Piscina Irgas die Steilwände hinunterdonnern und anschließend das felsige Flussbett in Jahrmillionen wie eine Badewanne ausgewaschen haben. Wenn wir den Felsgipfel der Punta Piscina Irgas hinaufkraxeln, sehen wir von hier aus in nördlicher Richtung den höchsten Punkt des Monte-Linas-Massivs, die Punta Perda de sa Mesa (1236 m). Vom Gipfel kehren wir zurück zu den Markierungen an der Südseite des Hanges (abwechselnd Steinmännchen, rote Lackpunkte auf Fels und rot-weiße Markierungen) und beginnen unseren Abstieg ins Tal des Riu Cannisoni. Aufmerksamkeit ist

geboten an einer Verwirrung stiftenden Weggabelung mit Feuerstelle: Hier führt ein mit roten Farbmarkierungen versehener Pfad hinunter in die Schlucht. Wir müssen uns aber links halten, den roten Lackflecken und Rot-Weiß-Markierungen folgend.
Recht steil geht es hinab auf einem schönen, breiten Saumpfad, der gesäumt ist von Erdbeerbäumen, Steineichen und Geschweiftblättrigen Alpenveilchen. Am Riu Cannisoni angelangt, gehen wir ein Stück nach rechts, durchqueren das Flussbett und folgen am anderen Ufer der Markierung Rot-Weiß-Rot (Weg Nr. 113) nach rechts. Der nun geruhsame Spazierweg führt am Ufer des Riu Cannisoni durch eine parkartige Landschaft mit alten Steineichen, Legesteinmauern und schönen Rastplätzen mit Bänken und Tischen aus Legesteinen; hier können wir im Flussbett **Gebirgstelzen** beobachten. Wir wandern durch das enger werdende Flusstal, bis der Weg nur noch ein schmaler Felspfad ist. Am Wegesrand wachsen Oleander, Baumheide und **Pankrazlilien** (*Pancratium illyricum*), aus der Vegetation hört man das »ö-ö-ö-ö-ö-ö« **Tyrrhenischer Laubfrösche** (*Hyla sarda*). Wo der Weg breiter wird, passieren wir zwei stillgelegte Stollen (links), die einen Abstecher wert sind. Im Eingangbereich wächst der **Einschwielige Zungenstendel** (*Serapias lingua*) und im Dunkel des Stollens ruhen tagsüber zahlreiche Fledermäuse (Taschenlampe!). Nach etwa einem Kilometer am Ufer des Riu Cannisoni erreichen wir unseren Ausgangspunkt an der Schäferei.

Auf einen Blick

Empfohlene Jahreszeit: April bis Juni.
Öffentliche Verkehrsmittel: Keine.
Anreise mit dem Auto: Der Ausgangspunkt befindet sich ca. 16 km südwestlich der Ortschaft Villacidro. Der Weg führt teils über mittelmäßige Schotterpisten. In Villacidro dem Hinweisschild an der Hauptstraße zum Monti Mannu folgen. Nach ca. 2 km abbiegen in Richtung Diga sul Rio Leni (Staumauer), die

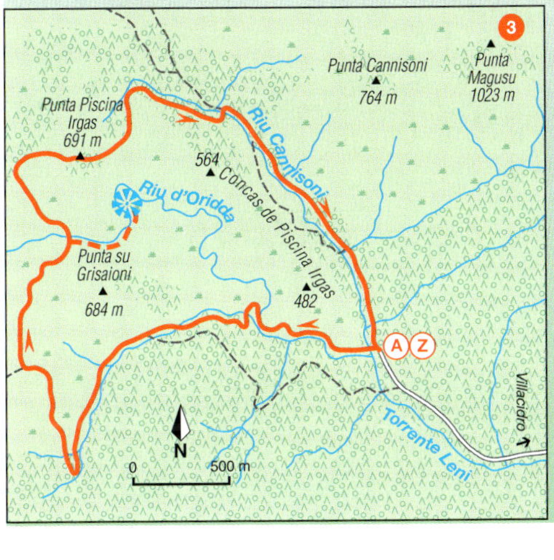

wir nach weiteren 3 km erreichen. Ca. 5,2 km hinter der Staumauer folgen wir nach rechts dem Schotterweg zum Monti Mannu. Nach ca. 2,3 km passieren wir eine Försterei mit ehemaligem Bergwerk, überqueren kurz darauf den Torrente Leni und lassen nach einem weiteren Kilometer die Baumschule rechts liegen. Ca. 1,5 km danach erreichen wir die Schäferei (rechts) mit der Hängebrücke über den Riu Cannisoni (links hinter den Steineichen).
Empfohlene Gebietskarte: Carta topografica d'Italia 1:25 000, 225-III-SE Grotta di San Giovanni.
Einkehrmöglichkeiten: Am Weg keine, nächste Verpflegungsmöglichkeit in Villacidro.
Unterkunft/Camping: Kein Campingplatz in der näheren Umgebung, jedoch ist Zelten im Parkbereich nach Absprache mit der Forstverwaltung möglich. Hotels in Villacidro.
Auskunft: Ente Sardo Industrie Turistiche, Tel. 070/6023341.
Ausrüstungstipps: Ausreichend Trinkwasser und Proviant, festes wasserverträgliches (Flussbettdurchquerung!) Schuhwerk.
Wer die Stollen mit Fledermäusen besichtigen will, sollte eine lichtstarke Taschenlampe mitführen.

Die schwarzbraunen, halbwilden »Cavallini (Pferdchen) della Giara« locken zahlreiche Naturliebhaber an die Sümpfe der Giara-Hochebene.

4

Die Hochebene der wilden Pferde

Durch lichte Korkeichenwälder zu den Sümpfen der Giara-Pferde

Das tellerflache Hochplateau Giara di Gesturi ragt 576 Meter steil aus der flachen Marmilla-Ebene empor und birgt einen kostbaren Lebensraum der besonderen Art: Bewachsen von parkartigen Korkeichenwäldern, zwischen denen sich weite Sümpfe erstrecken, erinnert die Landschaft am ehesten an eine afrikanische Savanne. Hier leben seit Menschengedenken kleine Herdenverbände der halbwilden, kleinwüchsigen Giara-Pferde. Neben ihnen finden zahlreiche Pflanzen und Tiere ideale Lebensbedingungen in dem 45 Quadratkilometer großen Naturschutzpark. Unsere Rundwanderung führt uns durch windgebeugte Korkeichenbestände mit Legesteinmauern und duftenden Zistrosen zum Paulo Maiori (Großer Sumpf), wo sich fast stets verschiedene Herden der Giara-Pferde beobachten lassen.

INFO

Ausgangsort/Zielort: Parkplatz am Rande der Giara-Hochfläche (576 m) ca. 6 km nördlich der Ortschaft Tuili.

Tourencharakter: Überwiegend schmale Pfade durch Macchie ohne Wegmarkierung. Erfordert guten Orientierungssinn (Alternativ-Wanderung siehe »Hinweis«).

Gesamtlänge: ca. 7 km

Gehzeit: ca. 3 Std.

Auf schmalen Pfaden zum Pauli Maiori (Großer Sumpf)

Wanderungen auf eigene Faust über das Hochplateau der Giara di Gesturi setzen einen guten Orientierungssinn voraus und ein Quäntchen Abenteuerlust: Zahlreiche Pfade führen kreuz und quer durch die gleichförmige, weite Landschaft, viele davon landen im Nichts, und es gibt keinerlei Wegmarkierungen. Ideale Bedingungen also, um sich zu verlaufen. Da es darüber hinaus kaum markante Punkte zwischen den Tausenden von Korkeichen, der wilden Macchie, den vielen kleinen Sümpfen und zahlreichen Legesteinmauern gibt, kann jede beschriebene Wanderroute nicht mehr als eine Hilfestellung sein. Als Alternative bieten sich entweder geführte Wanderungen an (siehe Infoteil) oder die kürzere direkte, kaum zu verfehlende Wanderung zum Pauli Maiori (siehe »Hinweis«). Mit etwas Glück trifft man auf geführte Reisegruppen, die einem den richtigen Weg über das Hochplateau weisen.

Ausgangspunkt unserer Wanderung ist der Parkplatz am Rande des Giara-Hochplateaus. Wie von einem gigantischen Balkon aus genießen wir hier von der Balustrade am Parkplatz einen weiten Blick über die Marmilla-Ebene mit ihren symmetrisch herausragenden Hügeln. Rechts vom Informationshäuschen führt eine Traktor-Fahrspur in nördlicher Richtung in die Giara di Gesturi, der wir ca. 30 Meter weit folgen, dann halten wir uns sofort wieder rechts. Der Weg führt uns durch niedrige Macchie, die hier hauptsächlich aus **Mastixstrauch** (*Pistacia lentiscus*) und **Montpellier-Zistrose** (*Cistus monspelliensis*) gebildet wird, dazwischen liegen verstreut große Felsbrocken. In der Macchie wachsen vereinzelt Stein-und Korkeichen und

Frisch geschälte Korkeiche.

Auf der Giara di Gesturi.

hier am Beginn der Wanderung auch die sommergrünen **Flaumeichen** (*Quercus pubscens*). Wir passieren eine flechtenbewachsene Legesteinmauer, in deren Umgebung zahlreiche **Geschweiftblättrige Alpenveilchen** (*Cyclamen repandum*) blühen, und erreichen wenig später ein kleines Gehöft mit halb wild umherstreifenden Hausschweinen. Ca. 50 Meter vor dem Gehöft bleiben wir links auf dem breiten Weg und lassen anschließend alle schmalen Abzweiger unberücksichtigt.

Aus den Eichen singen **Buchfinken** und **Kuckucke** fliegen scheinbar hämisch gackernd von Baum zu Baum. Hervorragend sind auf der Giara die Beobachtungsmöglichkeiten für **Zaunammern**. Anderswo eher scheu und schwer zu entdecken (meistens hört man nur ihr leises »zezezezezeze« aus dem Gebüsch), singen die Männchen hier gerne exponiert von Bäumen und Büschen, unverwechselbar durch ihre kontrastreiche, schwarzgelbe Kopfzeichnung. Eine weitere Besonderheit der Giara ist der gute Bestand an **Heidelerchen**. Ihr lieblicher Gesang »lürelürelüre« begleitet unsere gesamte Wanderung und ist im Sommer oft die ganze Nacht hindurch zu hören.

Etwa einen Kilometer nach dem Parkplatz sehen wir vor uns eine hohe Legesteinmauer, die Grenzmauer der Gemeinden Gesturi und Tuili, davor breitet sich ein kleiner Sumpf aus. Wir müssen noch vor der Wasserfläche nach links abzweigen, doch lohnt zunächst ein kleiner Abstecher geradeaus. An dem Sumpf genießen wir einen herrlichen Weitblick über die savannenartige Landschaft der Giara mit ihren knorrigen, windschiefen Eichen, bisweilen hält sich hier auch eine Gruppe Pferde auf. Am Rand des Gewässers lassen sich im Mai **Schwarzkehlchen** beim Füttern ihrer Jungen beobachten.

Braunes Kuckuck-Weibchen.

Früchte und Blätter der Steineiche.

Auffallend und gesangfreudig: Die Zaunammer.

Zurück an der Abzweigung führt uns der Weg durch Korkeichenbestände weiter in Richtung Norden, dabei passieren wir eine kleine Lichtung und kurz danach begleitet uns eine Legesteinmauer zur Linken. Die Trockenmauer verlässt bald wieder unseren Weg, links wächst eine hohe Macchie aus **Erdbeerbäumen** (*Arbutus unedo*). Einen Abzweiger nach links, der in Richtung Trockenmauer und darüber hinweg führt, lassen wir unbeachtet und gelangen an einen dichten Korkeichenwald. Wir folgen der Linkskurve (Richtung Westen), wobei wir einen Abzweiger nach rechts liegen lassen, und wandern so durch den Schatten spendenden, kühlen Wald hindurch. Einen kleinen Abzweiger nach rechts ignorierend, gelangen wir kurz danach an ein verlassenes Legesteinhaus. Hier wachsen **Palisaden-Wolfsmilch** (*Euphorbia characias*), **Geschweiftblättriges Alpenveilchen** (*Cyclamen repandum*) und viel **Schmerzwurz** (*Tamus communis*). Sofort hinter dem verfallenen Haus teilt sich der Weg: Wir wandern rechts auf einem schmalen Pfad durch dichten Unterwuchs, der uns bald auf eine Legesteinmauer zuführt. Wir gehen rechts an der Mauer vorbei, der Weg macht eine leichte Linkskurve, und wir treffen auf eine weitere Legesteinmauer. Dahinter sehen wir nun eine schöne, alte, mit orangenen Flechten bewachsene Steinhütte mit Pferch.

Der Pfad führt hier links an der Legesteinmauer entlang, wobei wir die Hütte mit Pferch rechts liegen lassen. Umrahmt von knorrigen Korkeichen ist dies ein idyllisches Plätzchen für eine Rast. Unser Weg mündet in einen breiten Fahrweg, dem wir ein Stück nach rechts folgen. Vor uns sehen wir ein Gehöft, ca. 70 Meter davor biegen wir rechts in einen Weg ein, der zwischen niedriger Vegetation, hauptsächlich Affodill, hindurchführt. Wir lassen zwei Abzweiger nach rechts unberücksichtigt und wandern auf eine hohe Legesteinmauer zu (die Gemeindegrenze). Weiter geht es links von dieser Mauer durch einen schönen Korkeichenwald. Viele Geschweiftblättrige Alpenveilchen und die unverkennbaren »hup...hup...hup«-Rufe der **Wiedehopfe** begleiten uns. Wir treffen auf einen breiten Fahrweg (er führt nach links zurück zum Parkplatz), halten uns hier rechts und sehen bald ein Gatter in der Mauer. Kurz vor dem Gatter müssen wir scharf links in den Weg einbiegen, der uns durch lichten Korkeichenwald in Richtung Westen führt, bis wir nach ca. zehn Minuten einem Abzweiger nach rechts (Norden) folgen.

Dieser Weg wird bald schmal und feucht und führt durch Gebüsch aus Montpellier-Zistrosen hindurch. Als Orientierungshilfe dient uns der vor uns liegende Pauli Maiori (Großer Sumpf), er schimmert immer wieder durch die Korkeichen hindurch. Der Pfad schlängelt sich durch die Macchie, auch hier hören wir immer wieder Wiedehopfe rufen. Schließlich erreichen wir eine große Lichtung mit einer überdachten Quelle, der Mitza Salamessi. Von

hier aus führt ein kleiner Kanal hinunter zur Kulisse am Pauli Maiori, einem riesenhaften, von windschiefen Korkeichen umgebenen Flachwassersee mit Giara-Pferden.
Wir wandern weiter am linken Seeufer in Richtung Westen und gelangen so automatisch auf einen breiten Weg, der uns zurück zum Parkplatz bringt. Er führt uns vorbei an einem Steinpferch, wo wir der Linkskurve folgen. Der Weg ist gesäumt von Korkeichen, Erdbeerbäumen und Zistrosen. Wir passieren einen zweiten Steinpferch und kurz danach schöne Flaumeichen-Bestände. Rechts und links wird der Weg von Legesteinmauern gesäumt, an denen **Nabelkraut** (*Umbilicus rupestris*) wächst. Am Ende der Mauer gehen wir scharf rechts durch einen Mauereinschnitt hindurch, dann in Richtung Gehöft und schließlich links auf breiter Piste zurück zum Parkplatz.
Vom Weg aus bieten sich immer wieder schöne Ausblicke über die weite Ebene der Marmilla mit der kleinen Ortschaft Tuili. Besonders schön ist der Ausblick von der Kapelle Santa Luisa, die wir über einen ausgeschilderten Abstecher kurz vor dem Parkplatz erreichen. Von hier blicken wir über den Rand des Hochplateaus auf den Kegelberg Las Plassas mit seinem darauf thronenden Kastell.

Auf einen Blick

Empfohlene Jahreszeit: März bis Mai (Juni).
Öffentliche Verkehrsmittel: Zum Hochplateau keine.
Anreise mit dem Auto: Von der SS 131 zwischen Cagliari und Oristano auf der SS 197 nach Barumini. Von Barumini der Beschilderung nach Tuili (4 km) folgen. Hier an der Hauptstraße bei der Kirche braunem Wegweiser nach rechts folgen; Wegweiser »altopiano della giara«.
Empfohlene Gebietskarte: Carta topografica d`Italia 1:25000, 539-I (Tuili).
Wegmarkierung: keine.
Ausrüstungstipp: Ausreichend Trinkwasser und Proviant und wasserfestes Schuhwerk.
Einkehrmöglichkeiten: Bar und Restaurant in Tuili, unterwegs keine.
Unterkunft/Camping: Campingplatz Pau-Sennisceddu ca. 25 km nordwestlich von Tuili, Tel. 0783/939080 (ganzjährig). Hotels in den umliegenden Ortschaften Gergei, Isili, Villanovaferru, Laconi.
Auskunft: Centro Visite Parco della Giara in Tuili Tel. 070/9364277, Fax. 9363107 (Exkursionen auf die Giara).
Consorzio Turistico Sa Corona Arrubia, Villanovaferru Tel. 070/9300242 (Informationszentrum für verschiedene Gemeinden der Marmilla).
Comunità montana, Tuili, Tel. 070/9364098.
Hinweis: Als einfache Alternative zu unserer Wanderung gibt es die Möglichkeit, vom Parkplatz den direkten Weg zum Pauli Maiori hin-und zurückzuwandern. Dazu nehmen wir am Parkplatz den breiten Weg in Richtung Westen. Vor dem Gehöft biegen wir an der Verzweigung in den rechten Weg ab und passieren nach etwa 50 m den Mauereinschnitt. Sofort wieder links und nun immer geradeaus durch Steinmauern, bis der Weg sich vor einem runden Steinpferch gabelt. Rechts weiter in Richtung Norden bis zum Ufer des Pauli Maiori und auf demselben Weg zurück.

M.ROSARIA

Palmen säumen die Uferpromenade des malerischen Städtchens Bosa am Riu Temo.

5

Bosa und der Geierfelsen Rocca Pischinale

Vom idyllischen Städtchen am Riu Temo durch alte Kulturlandschaften

Schaukelnde Fischkutter vor palmengesäumter Uferpromenade, ein malerisches Castello hoch über Altstadthäusern, uralte Ölbaumhaine am idyllischen Riu Temo und kreisende Geier über Vulkanfelsen – das Küstenstädtchen Bosa in landschaftlich außerordentlich reizvoller Lage lässt kaum einen Wunsch offen. Dennoch wird man hier im Frühsommer kaum Touristen begegnen, die konzentrieren sich im Wesentlichen auf die strandnahe Ortschaft Bosa Marina. Die Wanderung zur Rocca Pischinale mit einer hier meist brütenden Gänsegeier-Familie führt von Bosa zum hoch über der Ortschaft thronenden Castello Malaspina, weiter durch blühende Ölbaumhaine und auf schmalen, traditionellen Hirtenpfaden bis zum Gipfel des Geierfelsen mit fantastischem Weitblick auf die malerische Kulturlandschaft.

INFO

Ausgangsort/Zielort: Dreibogige Steinbrücke Ponte Nationale am Eingang der Ortschaft Bosa.

Tourencharakter: Überwiegend leichte Wanderung, Höhenunterschied 290 m. Im Gipfelbereich des Rocca Pischinale ohne Wege.

Gesamtlänge: ca. 8 km

Gehzeit: ca. 3 Std.

Gänsegeier-Porträt.

Der Gänsegeier-Brutfelsen »Rocca Pischinale

Lichte Olivenhaine, Castello Malaspina und kreisende Geier

Ausgangspunkt unserer Wanderung ist die alte Brücke über den Riu Temo aus vulkanischem Trachytgestein. Bis 1886 bildete sie die einzige Straßenverbindung zwischen den beiden Ufern des Temo. Von hier bieten sich malerische Ausblicke auf das mittelalterliche Städtchen Bosa, über dem das Castello Malaspina (auch Castello di Serravalle genannt) thront, im Vordergrund der Riu Temo mit bunten Fischkuttern und der palmengesäumten Uferpromenade. Unter der Brücke jagen Hunderte **Fahl-** und **Mauersegler** mit ihren schrillen Rufen. Wir queren die Brücke und sollten die Gelegenheit nicht versäumen, uns vor der Wanderung ein wenig durch die schöne Altstadt treiben zu lassen, durch enge, schattige Gassen mit schiefen Häusern in gelblichen und rötlichen Ockertönen, aufwändigen Kopfsteinpflasterungen und kleinen Weinkellereien. Die aus rötlichem Trachytgestein errichteten Altstadthäuser entstanden im 17. und 18. Jahrhundert, als Handel und Gewerbe in Bosa florierten. Zurück an der Brücke, halten wir uns ein Stück geradeaus in Verlängerung der Brücke, biegen bei erster Gelegenheit nach rechts ab und sofort wieder links in die Piazetta dell'Episcopio. An deren Ende treffen wir auf die Via del Carmino, hier rechts haltend, treffen wir auf die Steintreppe Scalinata delle Rose im Osten der Stadt,

Granatapfel.

Brütender Grauschnäpper im Efeu.

die uns über zahlreiche Stufen hochführt zum Castello Malaspina. Rechts wachsen **Orangenbäume** (*Citrus sinensis*) und prächtiger **Efeu** (*Hedera helix*), Eidechsen huschen über die sonnengewärmten Stufen und auf den Dächern singen Einfarbstare. Wir erreichen eine kleine Plattform mit schönen Ausblicken auf den schilfgesäumten Riu Temo, die sanft gewellten Berghänge und die Dächer von Bosa in warmen Terrakottafarben.

Ein Stück geradeaus, dann geht es nach rechts durch **Feigenkakteen** (*Opuntia spec.*) und **Baumförmige Wolfsmilch** (*Euphorbia dendroides*) weiter hoch auf der Scalinata al Castello. Nach rechts bieten sich immer wieder schöne Ausblicke auf den aus den Bergen herausfließenden Riu Temo. Wir passieren eine Eisenpforte und gleich darauf eine weitere nach links, die in den Innenhof des Castello di Malaspina (83 m) führt. Die Anlage wird bereits seit Jahren restauriert, ist aber offen. Die kleine Kirche Nostra Signora di Regnos Altos kann hingegen nur zu festen Öffnungszeiten besichtigt werden (siehe unten). Im Innenhof finden wir **Mandelbäume** (*Prunus dulcis*), **Stieglitze** und den unscheinbaren **Grauschnäpper**, mit Glück sehen wir hier oben ganz nah einen **Gänsegeier** kreisen. Das Castello di Malaspina wurde im 12. Jahrhundert im Auftrag der genuesischen Adelsfamilie Malaspina auf der Anhöhe nördlich des Flussufers errichtet. Am Fuße des Burghügels entstanden die Häuser der vom Seehandel lebenden Stadt Bosa. Die Lage der Stadt rund drei Kilometer von der Küste entfernt bedeutete dabei kein Hindernis, da der Temo als einziger Fluss Sardiniens in seinem Unterlauf schiffbar ist, zugleich bot sich landeinwärts ein besserer Schutz vor den häufigen Überfällen der Seeräuber. Von der Brüstung des Castellos aus genießen wir fantastische Weitblicke über die Dächer von Bosa bis zur Mündung des Riu Temo und weit übers Meer hinaus. Am Südufer des Temo erkennen wir die unter Denkmalschutz stehenden Gerbereihäuser Sas Conzas. Wegen seines Wasserreichtums und der günstigen Lage war Bosa im 19. Jahrhundert wichtiges Zentrum der Lederverarbeitung. Die Felle kamen aus dem Inselinneren, wurden hier gegerbt und dann verschifft.

Wir verlassen den Innenhof durch die Eisenpforte, sofort wieder links durch die nächste Pforte und gehen den alten Burgweg hinab, der sich in sanften Kurven durch einen lichten Ölbaumhain windet. Ab hier begegnen wir wahrscheinlich kaum noch einem Menschen. Nur von fern hört man die Geräusche der Stadt, deutlicher ist hier meist schon das Geläut der Ziegenglocken. Wir stoßen auf zwei hintereinander liegende Schotterwege und folgen dem hinteren nach rechts entlang einer Legesteinmauer. Gesäumt von rosa blühendem **Großen Löwenmaul** (*Antirrhinum majus*) und **Montpellier-Zistrosen** (*Cistus monspeliensis*) geht es recht steil den Südhang hinauf. Zurück bieten sich dabei schöne Blicke auf das über Bosa wachende Castello. Vorbei an alten Ölbaum-Hainen in friedvoller Atmosphäre mit singenden **Zaunammern** und **Heidelerchen** öffnet sich der Blick auf Trachyt-Felssäulen, auf denen gelegentlich **Gänsegeier** ruhen. Wenig später sehen wir links schon den fächerförmigen Rocca Pischinale, Ziel unserer Wanderung. An den weißen Kotklecksen auf den Felsen erkennen wir die Anwesenheit der Gänsegeier. Eine, gelegentlich auch zwei Familien brüten hier im Frühjahr. Das wäre vor nicht allzu langer Zeit noch undenkbar gewesen: Geier wurden als »Raubzeug« auf Sardinien wie in allen Mittelmeerländern jahrhundertelang gnadenlos vom Menschen verfolgt. Unverständlicherweise – denn als reine Aasfresser erfüllen Geier in Regionen mit reichlich Viehzucht, bei der die großen Herden halbwild in der Landschaft verstreut leben, eine wichtige Funktion als Gesundheitspolizei. Auch auf Sardinien blieben von den ursprünglich guten Beständen brütender Mönchs-, Bart- und Gänsegeier nur wenige Gänsegeier-Paare übrig. Ihr Überleben verdanken sie dem WWF, der sich für den Schutz der Vögel und ihrer Lebensräume einsetzt und auch heute noch durch Futterplätze versucht, die Population zu stärken. Unser Weg führt nun an einem Gehöft vorbei und endet wenig später an einer Holzpforte, ein schmaler, von Legesteinmäuerchen gesäumter Hirtenpfad führt links davon weiter. Der sonnenbeschienene Pfad ist gesäumt von duftenden **Montpellier-Zistrosen** (*Cistus monspeliensis*) und **Mastixstrauch** (*Pistacia lentiscus*), aus den Felsen links hallt der melancholische Gesang von Blaumerlen herüber und nach rechts bieten sich weite Ausblicke über grüne Täler mit Ölbaumhainen. Weiter geht es durch **Korkeichen** (*Quercus suber*) und an einem verfallenen Steinhäuschen vorbei hangaufwärts in Richtung einer Felskuppel bis zur Trinkwasser-Quelle Su Cantaru e Giamedda. Weiter durch die Pforte aus alten Matratzengestellen und gleich links wenige Stufen bergan. Der Pfad teilt sich wenig später, wir gehen geradeaus durch eine weitere Pforte aus Matratzengestellen (nicht rechts hoch!) und parallel zum Zaun weiter. Am Südosthang geht es pfadlos weiter durch eine Senke in Richtung des unverwechselbaren Rocca Pischinale. Wir übersteigen den von rechts kommenden Zaun und wandern

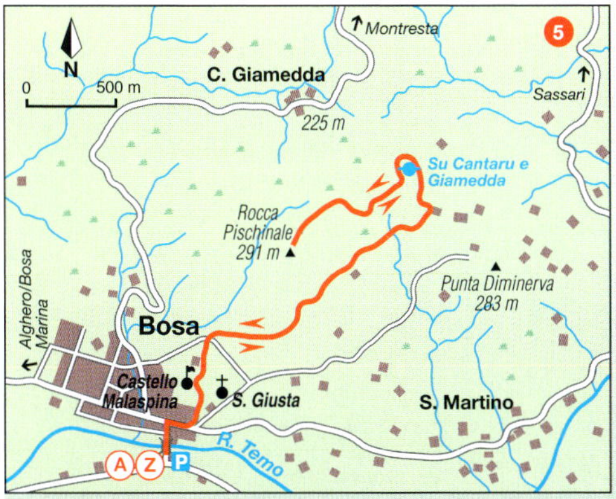

Auf einen Blick

Empfohlene Jahreszeit: April bis Juni.
Öffentliche Verkehrsmittel: Von Alghero, Oristano und Macomer verkehren täglich mehrmals Busse nach Bosa. Im Sommer gibt es außerdem eine Zugverbindung von Macomer über die Hochfläche von Tresnuraghes und Schiffsverbindungen von Alghero aus.
Anreise mit dem Auto: Landschaftlich besonders reizvoll ist die Küstenstrecke von Alghero (Norden) nach Bosa, von Oristano (Süden) gelangt man auf der S292 nach Bosa, von Macomer (Osten) auf der S129. Parkmöglichkeiten südlich der Temobrücke, vor dem Ortseingang.
Empfohlene Gebietskarte: Carta topographica d'Italia 1:25 000, Blatt 497-II (Bosa) und 497-I (Podria).
Unterkunft/Camping: Campingplatz Turas, südlich von Bosa Marina (1.6. bis 30.9.), Tel. 0785/359270. Jugendherberge in Bosa Marina, Tel. 0785/375009.
In Bosa selbst wenig Hotels, mehr in Bosa Marina.
Auskunft: Pro Loco am Viale Alghero, Tel. 0785/376107. Reisebüro Sardinia Welcome Service in der Corso Vittorio Emanuele, Tel. 0785/374391 (hier auch Vermittlung von Privatzimmern in Bosa).
Einkehrmöglichkeiten: Unterwegs keine, in Bosa mehrere Bars/Restaurants.
Ausrüstungstipps: Fernglas und reichlich Trinkwasser.
Öffnungszeiten: Das Kirchlein Nostra Signora di Regnos Altos im Castello ist Montag bis Freitag von 15 bis 18 Uhr geöffnet, Samstag und Sonntag von 10.30 bis 12.30 Uhr und 15 bis 18.30 Uhr. Extraführungen unter Tel. 0785/373286.
Hinweis: Nördlich des Riu Temo verläuft eine kaum befahrene Straße am Flussufer entlang zur Staumauer (das Tal wurde nie geflutet) mit herrlichen Ausblicken in den unberührt wirkende Flusslauf auf seinem Weg ins Trachytbergland von Montresta.

durch die niedrige Macchie aus verschwenderisch blühenden und duftenden Zistrosen.
Abgesehen vom schrägen Gesang der **Hänflinge** ist es hier einsam und still. Die letzten Meter bis zum Gipfel der Rocca Pischinale kraxeln wir über Felsgeröll mit dazwischen blühenden **Pankrazlilien** (*Pancratium illyricum*) bis zum abrupten Steilabfall der Felsen (Vorsicht!) mit grandioser Aussicht über die vom Temo-Fluss, den umliegenden Bergen und dem Meer geprägte Landschaft. Über unseren Köpfen jagen **Mauer-** und **Fahlsegler**, die hier an steilen Felsen ihren ursprünglichen Lebensraum haben und in den Gemäuern der Städte wie Bosa »Ersatzfelsen« gefunden haben. Richtung Westen sieht man die breite Mündung des Temo, im Norden die sich an der Küste entlangschlängelnde Straße nach Alghero.
Wir kehren zurück zur Quelle. Wenn wir uns dabei weiter links halten als auf dem Hinweg, gehen wir über eine feuchte Quellwiese mit blühendem **Einschwieligen Zungenstendel** (*Serapias lingua*) und **Rosenlauch** (*Allium roseum var. insulare*). An einem kleinen Tümpel fliegen im Frühsommer **Königslibellen** (*Anax imperator*) und **Plattbauch** (*Libellula depressa*) Kleinvögel wie **Hänflinge** und **Braunkehlchen** lassen sich hier beim Trinken beobachten. Weiter auf demselben Weg zur Quelle und zurück nach Bosa.

Der idyllische Lago di Baratz ist gesäumt von Pinienbewachsenen Hügeln.

6

Rund um den Lago di Baratz

Sardiniens einziger natürlicher Süßwassersee

Im äußersten Nordwesten Sardiniens finden wir den einzigen Süßwassersee natürlichen Ursprungs: den aus einem verschütteten Flusstal hervorgegangenen Lago di Baratz. Idyllisch gelegen inmitten pinienbewachsener Hügel, ist er ein kostbares Kleinod besonders für Insekten, Reptilien und Vögel. Der idyllische z. T. gut markierte Rundwanderweg mit schönen Rastmöglichkeiten führt durch den Halbschatten der Pinien mit herrlichen Ausblicken auf die verschwiegene Seenlandschaft. Dabei eröffnen kleine Abstecher zum Seeufer dem aufmerksamen Wanderer die faszinierende Welt seiner Bewohner: Ameisenlöwen, Sandlaufkäfer, Zornnattern und Geckos besiedeln die sandigen Seeufer, während sich auf und im Wasser Feuerlibellen, Sumpfschildkröten und Watvögel wie Säbelschnäbler, Stelzenläufer und Rotschenkel tummeln.

INFO

Ausgangsort/Zielort: Parkplatz im Nordwesten des Lago di Baratz.

Tourencharakter: Spazierweg auf z. T. markierten Waldpfaden im Halbschatten.

Gesamtlänge: ca. 6 km

Gehzeit: ca. 2 Std.

Ameisenlöwen, Feuerlibellen und Sumpfschildkröten

Vom Parkplatz folgen wir zunächst der Verlängerung des Fahrweges nach rechts und biegen sofort wieder rechts in den Wald hinab, der aus wohl duftenden **Pinien** (*Pinus pinea*) mit ihren typischen, schirmförmigen Kronen besteht. Im Unterwuchs sehen wir schon hier erste **Zwergpalmen** (*Chamaerops humilis*). Wir erreichen wenig später das Ufer des Lago di Baratz, der idyllisch in einer Senke zwischen den pinienbewachsenen Hügeln liegt. Über dem See jagen häufig **Alpensegler** und im Wasser baden nicht selten die von der nahe gelegenen Küste kommenden **Weißkopfmöwen**. Unser Weg führt weiter nach links, dem Schild »Sentiero 4« folgend, doch lohnt an dieser Stelle zunächst ein kleiner Abstecher geradeaus auf dem Sandweg in Richtung Seeufer, das wir auf der weiteren Wanderung nur noch selten so nah sehen werden. Im Bereich einer alten, einzeln stehenden Pinie kann man die mit einer unglaublichen Geschwindigkeit über den warmen Sandboden jagenden **Sandlaufkäfer** *(Cicindelidae)* beobachten. Sie sind so schnell, dass man sie auf den ersten Blick leicht für Fliegen dicht über dem Boden halten könnte – tatsächlich zählen Sandlaufkäfer zu den schnellsten Läufern unter den Insekten. An vegetationsfreien, sandigen Stellen finden wir auch die Trichter von **Ameisenlöwen** und unter den Libellen die sich hier häufig sonnenden **Südlichen Blaupfeile** (*Orthetrum brunneum*). Dabei sind Männchen und Weibchen oft zu einem so genannten Paarungsrad verschlungen – einem Kuriosum selbst unter den Insekten: Das Männchen hält dabei das Weibchen mit seinen Hinterleibszangen am Kopf fest, das Weibchen verankert sich mit seinem Hinterleib an der Bauchseite des Männchens, wo sich das Begattungsorgan befindet. So aneinander gekettet, vollziehen Libellen ihre Paarung spielend im Flug, gegen Ende auch im Sitzen.

Zurück auf dem Sentiero 4 wandern wir oberhalb des Seeufers auf breitem, gut befestigtem Weg in nordwestlicher Richtung. Der Wald ist gesäumt von **Mastixsträuchern** (*Pistacia lentiscus*), **Phönizischem Wacholder** (*Juniperus phoenicea*), **Erdbeerbäumen** (*Arbutus unedo*), **Graubehaarter Zistrose** (*Cistus incanus*) und **Zwergpalmen** (*Chamaerops humilis*). Auf dem Holzgeländer entlang des Weges genießen **Ruineneidechsen** (*Podarcis sicula cettii*) die warme Sonne und aus dem Wald hört man **Zaunkönige** und **Grauschnäpper**. Von einer kleinen Anhöhe bieten sich schöne Ausblicke auf den See, kurz danach entdecken wir rechts eine Eukalytuspflanzung. Wir treffen auf einen Querweg, halten uns rechts (ufernah) und an der nächsten Weggabelung links, dem Sentiero 4 hangaufwärts folgend.

Zunächst lohnt wieder ein Abstecher hinunter ans Seeufer, der Weg führt durch **Montpellier-Zistrosen** (*Cistus monspeliensis*) an eine felsige Landzunge. Wenn wir uns leise verhalten, können wir auf einigen größeren Felsen links am Weg möglicherweise **Mauergeckos** (*Tarentola mauritanica*) beobachten. Die urtümlich erscheinenden Echsen mit ihren großen Köpfen, höckeriger Haut und breiten Haftscheiben an den Füßen wirken zwar plump, sind aber bei Störungen außerordentlich flink in kleinsten Felsspalten verschwunden. Haben Wanderer vor uns die Tiere verscheucht, kann es lohnen, einfach ein wenig regungslos in der Nähe der Felsen auszuharren, bis sich die Echsen wieder heraustrauen.

Vom Seeufer aus lassen sich in einer vegetationsreichen Bucht vereinzelt **Stelzenläufer, Säbelschnäbler** und **Rotschenkel** beob-

Späht am Ufer nach Beute: Ein Graureiher.

Sandlaufkäfer sind rasend schnell.

Überall zu sehen: Die Ruineneidechse.

Sandige und blütenreiche Uferzonen sind Lebensraum für zahlreiche Insekten und Reptilien.

achten. Auf der kleinen, vorgelagerten Felsinsel brüten **Flussregenpfeifer** und im Gebüsch am Seeufer die zierlichen **Turteltauben**. Zurück auf dem Sentiero 4 passieren wir rechts am Weg schöne Bestände von Zwergpalmen. An der nächsten Weggabelung folgen wir dem Sentiero 1 nach rechts (links führt der Weg zurück zum Parkplatz). Der See bleibt die nächste Zeit vor unseren Blicken verborgen, da der Weg ab jetzt im Pinienwald verläuft. An der nächsten Weggabelung mit blühendem **Einschwieligem Zungenstendel** (*Serapias lingua*) können wir uns entscheiden, ob wir gleich geradeaus dem Rundweg um den See folgen oder zunächst einen Ausflug auf die Landzunge machen wollen. Hierzu halten wir uns auf dem Sentiero 1 rechts. Er endet nach ca. 500 Metern an einer Holzbank mit schönen Ausblicken auf den See mit **Graureihern** und **Blässrallen**. Ganz in der Nähe der Bank nisten **Holzbienen** (*Xylocopa spec.*) und am Weg begegnet man bisweilen Landschildkröten.

Zurück an der Weggabelung, setzen wir den

Die Ameisenjungfer nach ihrer Verwandlung.

Die Einsturztrichter der Ameisenlöwen.

Rundweg um den See nach rechts fort. Der Weg wird bald zum Pfad, er schlängelt sich durch Phönizischen Wacholder, Baumheide und Montpellier-Zistrosen (darunter wächst stellenweise der knallig gelbe **Zistrosenschmarotzer** *Cytinus hypocistis*) oberhalb des Seeufers entlang. Zur rechten Seite eröffnet er traumhafte Einblicke auf einen verlandeten Seebereich mit Feuchtwiesen und überfliegenden **Kuckucken**, aus dichtem Gebüsch singen **Nachtigallen**, **Mönchsgrasmücken** und **Seidensänger**. Über dem warmen Sandpfad sieht man nicht selten auch **Große Königslibellen** (*Anax imperator*) patroullieren und am Wegrand im Gebüsch die kräftige **Ägyptische Wanderheuschrecke** (*Anacridium aegypticum*) mit ihren längs gestreiften Augen. Wir überqueren eine von Tamarisken und Brombeeren überwucherte Brücke und gehen sofort danach rechts weiter auf einem breiten Fahrweg bis zu einem vegetationsreichen Tümpel.

Gleich dahinter biegen wir auf einen schmalen Pfad nach rechts ab (geradeaus endet der ansteigende Fahrweg wenig später an einem Gehöft). Das kleine Gewässer eignet sich hervorragend, um die unglaubliche Verwandlung der hier häufigen **Feuerlibellen** (*Crocothemis erythraea*) zu beobachten: Als aschgraue und flügellose, wasserlebende Larven klettern sie in den frühen Morgenstunden vom Grund des

Tümpels an den Schilfhalmen hoch und klammern sich gut daran fest. Nach und nach platzt ihre panzerähnliche Außenhaut auf und die fertige Libelle windet sich nach und nach heraus. Erst wenn ihre Flügel und Körper vollständig ausgehärtet sind, kommt ihre leuchtend rote Färbung zum Vorschein und sie verlassen ihren Schilfhalm. In den Mittagsstunden, wenn sie als rasante Flieger über die Wasseroberfläche dahinjagen, erinnert nichts mehr an die unscheinbare Gestalt vom Teichgrund.

Der Pfad wird nun zunehmend breiter und ist von üppiger Vegetation gesäumt; im Unterwuchs blüht das **Schmetterlings-Knabenkraut** (*Orchis papilionacea*). Bald führt unser Weg in leichter Linkskurve ansteigend in den Pinienwald. An einer Weggabelung halten wir uns anschließend rechts und passieren einige Schrottautos. Wir bleiben geradeaus (hangaufwärts) und treffen oben auf einen Querweg, der uns nach rechts an einen Feldrand mit Blick auf den Monte Doglia bringt, anschließend abermals rechts. Ca. 50 Meter weiter biegen wir nach rechts in einen schmalen Waldweg ab und sehen nach weiteren ca. 100 Metern wieder den See. Wo der Holzwegweiser »Sentiero 6« ein Stück nach rechts hinunter zum See weist, gehen wir stattdessen geradeaus und folgen so dem Sentiero 6 in entgegengesetzter Richtung. In leichtem Auf und Ab treffen wir auf diese Weise auf ein Feld, an dem wir rechts entlang gehen und gleich wieder rechts in den Wald hinein. An den Autowracks halten wir uns rechts, auf den rosa blühenden, Graubehaarten Zistrosen sitzt hier häufig der **Mauerfuchs** (*Lasiommata megera*). Wir treffen auf einen Querweg, gerade voraus sehen wir Gehöfte, links Weiden mit Hausschweinen. Der Weg führt uns rechts hinunter ans Seeufer mit schönem Rastplatz. Von hier aus wandern wir immer geradeaus auf einem Sandpfad am Seeufer weiter (nicht dem Sentiero 2 zur Straße hinauf folgen) zurück zum Parkplatz.

Auf einen Blick

Empfohlene Jahreszeit: April bis Juni.
Öffentliche Verkehrsmittel: Keine
Anreise mit dem Auto: Von der SS291 zwischen Alghero und Sassari in westlicher Richtung nach Santa Maria La Palma abbiegen, geradeaus durch die Ortschaft auf die SP55BIS, nach 2,2 km der Beschilderung »Lago di Baratz 4 km« nach rechts (Norden) folgen.
Empfohlene Gebietskarte: Carta topographica d'Italia 1:25.000, Blatt 458-II (Santa Maria la Palma).
Unterkunft/Camping: Camping Torre del Porticciolo (Mai bis Oktober), Tel. 079/919007, Hotels in Alghero.
Einkehrmöglichkeiten: Am Weg keine.
Auskunft: Azienda Autonoma di Soggiorno e Turismo in Alghero, Tel. 079/979054.
Ausrüstungstipp: Leichte Kleidung, leichtes Schuhwerk und ein Fernglas.
Hinweis: Der Lago di Baratz ist ein ökologisch sensibles Naturreservat, in dem Badebetrieb Störungen verursachen würde und daher nicht gestattet ist. Zum Baden hervorragend geeignet ist dagegen der nahe gelegene Strand am Porto Ferro.
Sonstiges: Am Nord- und Westufer des Sees befinden sich sehr schöne Rastplätze im Halbschatten der Pinien mit Blick auf den See.

Inmitten felsiger Granitwildnis steht weithin sichtbar der Leuchtturm am Capo Testa.

7

Wildes Capo Testa

Felslandschaft mit bizarren Granitverwitterungen

Die etwa dreieinhalb Quadratkilometer große Halbinsel Capo Testa liegt im vielbesuchten äußersten Nordosten Sardiniens und ist nur durch die zwölf Kilometer schmale Meerzunge von Bonifacio von der Nachbarinsel Korsika getrennt. Als militärisches Sperrgebiet blieb sie vom Bauboom der Costa Smeralda verschont, seit 1989 genießt sie Schutz als Naturreservat. Die landschaftlich reizvolle Wanderung vom Leuchtturm am Capo Testa zur legendären Mondbucht führt auf schmalen Pfaden durch felsige Granitwildnis und idyllische Täler mit wunderbaren Felsbuchten. Dabei bieten sich immer wieder weite Blicke über die wild zerklüftete Küste bis zur Nachbarinsel Korsika. In der Mitte und gegen Ende der Wanderung finden wir außerdem erfrischende Bademöglichkeiten. Am Weg wachsen häufig der endemische Korsische Reiherschnabel und prächtige Pankrazlilien. In der Macchie ziehen Breitrandschildkröten umher und auf dem Meer lassen sich Krähenscharben, Sturmschwalben und Sturmtaucher beobachten.

INFO

Ausgangsort/Zielort: Parkplatz am Leuchtturm (am Ende der Straße zum Kap).

Tourencharakter: Genusswanderung auch für weniger Wanderlustige; einige wenige pfadlose Passagen durch Macchie bieten keine Schwierigkeiten. Kinderfreundlich durch schöne Badegelegenheiten.

Gesamtlänge: ca. 6 km

Gehzeit: ca 1 Std. 45 Min.

Vom Leuchtturm zum Mondtal (Valle di Luna)

Schon vom Parkplatz am Ende der Straße zum Capo Testa genießen wir herrliche Ausblicke: Rechts liegt die halbkreisförmige Cala Spinosa mit ihrem klaren, türkisgrünen Wasser und hellen Granitfelsen, direkt voraus der malerisch aus glatt geschliffenen Felsen herausragende Leuchtturm. Wir passieren die Eisenpforte, die mit einem hohen Maschendrahtzaun ehemals das militärische Sperrgebiet abgrenzte. Der Weg führt links am Leuchtturm vorbei, doch lohnt zunächst ein Abstecher geradeaus, der in Kraxelpartien über die Felsen endet. Wild durcheinander türmen sich die wie poliert anmutenden Granitfelsen, bizarre Skulpturen, Charakterköpfe und Tiere, wilde und weiche Formen – man hört oft, der Bildhauer Henry Moore hätte sich hier seine Inspirationen geholt – vorstellbar wäre es! Geradeaus sieht man selbst bei mäßiger Sicht die nur zwölf Kilometer entfernten Klippen der Insel Korsika. Die schmale Meerenge zwischen den beiden Schwesterinseln ist aus Naturschutzgründen seit 1993 zumindest theoretisch für Öltanker gesperrt, Ausnahmen bestätigen die Regel.

Zurück auf dem Weg wandern wir links vom Leuchtturm bis zu zwei verfallenen Häusern mit Ruinencharme und brütenden **Grauschnäppern**. Hinter den Häusern bieten sich traumhafte Aussichten auf die zerklüftete Küste mit einzelnen Felsen im tiefblauen Meer. Zwischen sonnengewärmten Steinen huschen **Tyrrhenische Mauereidechsen** (*Podarcis tiliguerta*) und die sardische Unterart der **Ruineneidechse** (*Podarcis sicula cettii*) umher. In Felsspalten blüht rosafarben der endemische **Korsische Reiherschnabel** (*Erodium corsicum*). Der Pfad führt noch vor den Häusern

Ein Abstecher führt uns zur felsigen Landzunge

Krähenscharben brüten an felsigen Küsten.

ta Acuta.

Weißkopfmöwen begleiten unseren Weg.

Blick über die Cala Spinosa.

Phönizischer Wacholder.

Die Mondbucht lädt zum Baden ein.

nach links (Süden) hinab in ein grasiges Tal und geradeaus wieder hangaufwärts über teilweise eingestürzte Legesteinmauern. Wir passieren erste **Pankrazlilien** (*Pancratium illyricum*), die im Schutz großer Felsen wachsen, und **Einschwieligen Zungenstendel** (*Serapias lingua*) und wandern durch niedrige Macchie aus **Montpellier-Zistrosen** (*Cistus monspeliensis*) auf eine Hausruine zu. Von hier aus bietet sich wieder ein schönes Panorama auf die korsische Küste.

Rechts der Ruine geht es auf schmalem Pfad wieder abwärts in Richtung einer Bucht. In der dichten Macchie kriechen nicht selten **Breitrandschildkröten** (*Testudo marginata*) umher. Wir folgen nun nicht dem Pfad nach rechts hinunter in die Bucht, sondern halten uns leicht links, vorbei an einer kleinen Quelle, **Phönizischem Wacholder** (*Juniperus phoenicea*) und einem steinernen »missmutigen Gesicht«, bis wir eine grasbewachsene Ebene erreichen. Wir sind umgeben von einer imposanten und einsamen Granitlandschaft mit isoliert stehenden Felsgruppen und zahlreichen kleinen Tälern, aus denen melancholisch der amselartige Gesang von **Blaumerlen** hallt, darüber kreisen **Weißkopfmöwen** vor blauem Himmel. Richtung Westen lassen sich über dem Meer zwischen Weißkopfmöwen fast immer **Krähenscharben** auf den vorgelagerten Felsen beobachten, mit etwas Glück auch **Sturmtaucher** und **Sturmschwalben**. Hierzu leistet ein isoliert stehender, stehpultartiger Felsklotz gute Dienste zum Abstützen der Arme, um das Fernglas ruhig zu halten. Von der Ebene steigen wir nach links (Süden) durch hüfthohe Macchie aufwärts bis zum Sattel mit Blick auf das lang gestreckte Tal Valle di Luna (Mondtal), das sich in zauberhaften Felsbuchten mit glasklarem, smaragdgrünem Wasser zum Meer hin öffnet.

Wir suchen uns einen Weg durch die Macchie (der Pfad ist recht zugewuchert und nicht gut erkennbar), steigen hinab ins Tal und folgen rechter Hand der Küste. Am Meer trennt ein Felssockel die nördliche »Indianerbucht« (Cala dell'Indiano) mit körnigem Sandstrand von der Großen Felsbucht (Cala Grande) mit schönen Steinplatten zum Sonnenbaden – beide laden zu einem erfrischenden Bad (auf Seeigel Acht geben!) und zu einer Rast ein. In den siebziger und achziger Jahren sorgte das Mondtal für Aufruhr, als Hippies und Rucksacktouristen das Tal in regelrechten Kolonien bevölkerten. Gewohnt wurde in Zelten oder in den zahlreichen natürlichen Gesteinshöhlen. Als der Müll überhand nahm, ließen die Carabinieri in den neunziger Jahren das Tal wiederholt räumen; heute finden sich hier im Sommer neben Tagesausflüglern nur noch vereinzelte Wildcamper ein. Von der Küste wandern wir ostwärts ins Tal hinein und passieren dabei rechter Hand den mit 127 Metern höchsten Felsen La Turri des Capo Testa. Der Pfad durch das trockene, grasige Mondtal führt entlang eines Rinnsals hangaufwärts, dabei passieren wir eine tröpfelnde Quelle mit Trinkwasser. Weiter geht es durch hüfthohe, von **Stechwinde** (*Smilax aspersa*) überwucherte Macchie mit singenden **Zaunammern** und **Girlitzen** und unter altem, knorrigen **Phönizischen Wacholder** (*Juniperus phoenicea*) hindurch. Kurz danach verbreitert sich der Pfad zum sandigen Fahrweg, den wir gera-

Auf einen Blick

Empfohlene Jahreszeit: April bis Juni.
Anreise mit dem Auto: Von der Ortschaft Santa Teresa di Gallura ca. 3 km westwärts über eine schmale Autobrücke bis zum Ende der Straße am Leuchtturm.
Öffentliche Verkehrsmittel: Im Sommer verkehren »Badebusse« mehrmals täglich von Santa Teresa di Gallura zum Capo Testa (Fahrpläne im Informationsbüro).
Empfohlene Gebietskarte: Carta topografica d'Italia 1:25.000, Blatt 411-II (Santa Teresa di Gallura).
Unterkunft/Camping: Zahlreiche Unterkünfte jeder Art in und um Santa Teresa di Gallura (beliebter Urlaubsort, in der Saison Buchung unerläßlich). Mehrere Campingplätze, z.B. »La Liccia«, ca. 7 km südlich Santa Teresa (01.5. bis 30.9.), Tel. 755190 und »Marina delle Rose«, ca. 20 km südwestlich von Santa Teresa bei Vignola (1.5. bis 15.10.), Tel. 079/602090).
Einkehrmöglichkeiten: Imbisswagen am Parkplatz (Ausgangspunkt) und gegen Ende der Wanderung eine Bar am Strand und eine Spaghetteria an der Hauptstraße.
Auskunft: Informationsbüro A.A.S.T. in Santa Teresa di Gallura, Piazza Vittorio Emanuele 24, Tel. 0789/754127.
Ausrüstungstipp: Fernglas, Proviant und Trinkwasser, Badesachen.
Sonstiges: Von Santa Teresa di Gallura tägliche Schiffsverbindungen (Autofähren) nach Korsika (Bonifacio).
Hinweis: Eine kinderfreundliche Wanderung mit schönen Bademöglichkeiten.

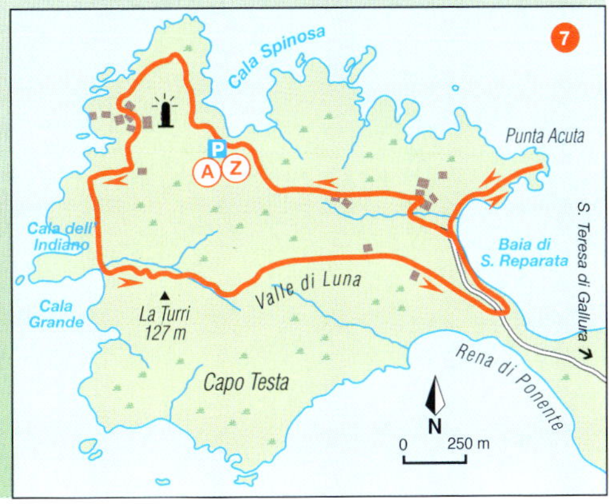

deaus weitergehen. An einigen Häusern gabelt sich der Weg. Wir halten uns links und kurz danach abermals links, wobei wir eine Mauer mit einer schönen Hecke aus **Rosmarin** (*Rosmarinus officinalis*) und **Windendem Geißblatt** (*Lonicera implexa*) passieren. In die wegbegleitende Macchie mischt sich zunehmend auch **Stechwacholder** (*Juniperus oxycedrus ssp. macrocarpa*). Nach vorne eröffnet sich ein weiter Blick auf den weißen Sandstrand Rena di Ponente, rechts führt ein kleiner Stichweg unter altem Phönizischem Wacholder hindurch zu einer malerischen Felsbucht mit herrlich klarem Wasser. Wenig später trifft der Sandweg auf die Asphaltstraße, die zurück zum Leuchtturm führt. Wir queren die Straße und gehen hinter der Tauchschule hinunter an den Strand, dessen linker Teil mit seinem feinen Sand und der flachen Uferzone geradezu ideal für Kinder ist.

An einem felsigen Abschnitt machen wir einen Schlenker hinauf zur Straße und sogleich wieder zurück zum Strand bis zur Strandbar. Hier bietet sich ein Abstecher nach Osten zur felsigen Punta Acuta an, dabei wandern wir am Badestrand Spiaggia Rosa entlang. Dort, wo am Ende der Sandbucht die Felsen beginnen, geht es auf einem Pfad zwischen Zaun und einer Hecke aus **Mastixsträuchern** (*Pistacia lentiscus*) weiter bis zur felsigen Punta Acuta. Von hier auf demselben Weg zurück zur Strandbar und weiter geradeaus auf rot eingefasstem Betonweg zwischen Häusern hindurch bis hinauf zur Straße. Wir passieren eine Spaghetteria und erreichen nach ca. 15 Minuten Asphaltstraße den Parkplatz am Leuchtturm.

Nur zu Fuß oder per Schiff zu erreichen ist die traumhaft schöne Cala di Luna.

8

Von der Cala Gonone zur Cala di Luna

Bucht-zu-Bucht-Wanderung am Golf von Orosei

In der 40 Kilomter langen Bucht »Golf von Orosei« bricht das helle Kalkgestein des Supramonte-Gebirgsmassivs mit bis zu 800 Meter hohen, nahezu senkrechten Steilwänden ins smaragdgrün schimmernde, glasklare Meer ab. Dazwischen öffnen sich zahlreiche Bachschluchten mit weißen Sandstränden und Grotten. Die Wanderung von Cala Gonone zur wohl schönsten Bucht, der Cala di Luna, ermöglicht eine erfrischende Kombination von Wandern und Baden.

INFO

Ausgangsort/Zielort: Der Hafen von Cala Gonone, zu Fuß zur Cala di Luna, zurück zum Hafen per Schiff.

Tourencharakter: Stimmungsvolle Wanderung auf felsigen und steinigen, aber gut begehbaren und sehr schönen Pfaden durch Macchie, auch für Kinder geeignet (besonders wegen schöner Bademöglichkeit am Ziel und Rückfahrt mit dem Schiff).

Gesamtlänge: ca. 10 km von Cala Gonone zur Cala di Luna (kann durch Autofahrt bis zur Caletta Fuili um ca. 4 km abgekürzt werden, in diesem Fall Rücktransport von Cala Gonone zum Auto organisieren) plus Rückfahrt im Schiff oder zu Fuß auf demselben Weg.

Gehzeit: ca. 3,5 Std. (bzw. ca. 2,5 Std. von der Caletta Fuili aus), die Schiffsfahrt von der Cala di Luna nach Cala Gonone dauert ca. 20 Minuten.

Typische Macchien-Pflanze: Der Mastixstrauch.

Oleander wächst wild in den Bachschluchten.

Eingang zur Tropfsteinhöhle »Grotta del Bue Marino«.

Bachschluchten, Oleander und der smaragdgrüne Golf von Orosei

Ausgangspunkt der Wanderung ist der Hafen von Cala Gonone, von wo aus die Schiffe zur Cala di Luna und zur Grotta del Bue Marino abfahren und anlegen. An der kleinen Bar Artigianato lohnt ein Blick an die Außenwände: Das rosafarbene Gebäude ist vollgeklebt mit Nestern von **Mehlschwalben**, die hier im Hafengebiet zu Hunderten durch die Lüfte jagen. Von allen anderen Schwalben sind sie leicht durch ihre leuchtend weißen Bürzel (Bereich oberhalb des Schwanzes) zu unterscheiden. Der erste Abschnitt der Wanderung führt auf ca. vier Kilometern Asphaltstraße bis zum Parkplatz an der Caletta Fuili, wo die Küstenstraße endet. Wer diesen Streckenabschnitt auslassen will (mit Kindern ist das Wandern an der Straße ohne Fußweg nicht zu empfehlen) kann auch die Caletta Fuili als Ausgangspunkt wählen. In diesem Fall muss der Rücktransport vom Hafen Cala Gonone zum Auto organisiert werden. Natürlich kann man auch von der Caletta Fuili zur Cala di Luna wandern und auf demselben Weg wieder zurück. Die landschaftlich reizvolle Schiffahrt ist für sich genommen schon einen Ausflug wert, besonders in Kombination mit einem Besuch in der Tropfsteinhöhle.

Vom Hafen in Cala Gonone folgen wir zunächst der Hauptstraße in Richtung Dorgali und biegen am Ortsausgang an der Straßenkreuzung links in die Asphaltstraße SP26 ein. Durch eine Feriensiedlung gelangen wir zum Meer, wo die Straße nun bis zum Parkplatz an der Caletta Fuili ober-

Die Baumförmige Wolfsmilch setzt farbige Akzente.

halb der malerischen Steilküste verläuft. Immer wieder bieten sich herrliche Ausblicke auf das smaragdgrüne Meer. Die Straße ist gesäumt vom hier zwar angepflanzten, in den Bachschluchten Sardiniens aber heimischen und häufigen **Oleander** (*Nerium oleander*). Ab Mitte Juni bildet er mit seiner rosafarbenen Blütenfülle schon fast kitschige Akzente zum hellen Grünblau des Golfes von Orosei. Vom Parkplatz oberhalb der Caletta Fuili aus können wir weit hinten im Süden der Steilküste schon unser Ziel erahnen, den weißen, sichelförmigen Sandstrand der Cala di Luna. Der Küstenabschnitt bis dahin präsentiert sich wild, zerklüftet und unzugänglich. Die Caletta Fuili ist die Öffnung einer kleinen Bachschlucht, die sich am Meer zu einem schönen Kiesstrand weitet – einladend zum Baden und für eine Rast.

Vom Parkplatz aus führt eine Treppe hinunter in die ausgetrocknete Bachschlucht, die dicht mit **Mastixsträuchern** (*Pistacia lentiscus*) bewachsen ist. Hier beginnt der Hirtenpfad zur Cala di Luna. Nach ca. 25 Metern führt der Weg geradeaus zum Strand der Caletta Fuili (Keramik-Wegweiser), wir halten uns hier rechts. Nach weiteren zehn Metern gabelt sich der Weg, wir folgen dem Wegweiser »Bue Marino/Cala Luna« nach links. Der schmale Pfad windet sich den Hang hinauf, hin und wieder finden wir grüne Pfeilmarkierungen auf Felsen. Aus den Felswänden wachsen knorrige **Phönizische Wacholder** (*Juniperus phoenicea*) und **Baumförmige Wolfsmilch** (*Euphorbia dendroides*) Aus ihnen hört man den Gesang von **Buchfinken** und **Girlitzen**, die gern exponiert von den höchsten Spitzen der Büsche singen. Der steinige Pfad aus der Schlucht gewinnt schnell an Höhe, regelmäßig huschen aufgeschreckte

Per Schiff von Bucht zu Bucht.

Tyrrhenische Mauereidechsen (*Podarcis tiliguerta*) über den sonnenbeschienenen Weg. Oben angekommen, teilt sich unser Weg: Nach links weist ein Keramikschild zur Grotta del Bue Marino (der landseitige Eingang der Grotte ist durch ein Eisengitter versperrt, sie kann nur noch per Schiff im Rahmen von Führungen besichtigt werden), wir folgen dem Wegweiser nach rechts zur Cala di Luna. Von hier oben genießen wir unbeschreibliche Ausblicke auf die Codula (Bachschlucht) Fuili.
Der schmale, regelmäßig durch grüne Pfeile markierte Pfad führt nun weiter landeinwärts durch dichte Macchie aus Mastixsträuchern, **Schmalblättriger Steinlinde** (*Phillyrea angustifolia*) und knorrigen, uralten Wacholderbäumen mit ihren verdrehten und geborstenen Stämmen; dahinter leuchtet blaugrün das Meer. Unvermittelt öffnet sich vor unserem Auge über die Küste hinwegblickend: eine weiße Sandbucht in der Ferne, die Cala di Luna. In leichtem Auf und Ab geht es weiter auf dem stimmungsvollen Pfad durch Macchie mit singenden **Samtkopfgrasmücken** und immer wieder atemberaubenden Blicken auf das azurblaue Meer. Mäßig steil führt uns der Pfad nun wiederholt hinab in kleine Bachschluchten und wieder hangaufwärts, dabei wandern wir durch schöne Bestände aromatisch duftender **Montpellier-Zistrosen** (*Cistus monspeliensis*). Abzweiger zum Meer lassen wir unbeachtet (nicht überall finden wir richtungsweisende grüne Pfeile).
Nach einem recht steilen Abstieg öffnet sich rechter Hand die Grotte Oddoana. Sie ist ca. zehn Meter weit begehbar, ihr Inneres ist schwarz vom Ruß der Lagerfeuer. Viel Müll liegt hier herum, dennoch eignet sie sich gut als kühles, schattiges Plätzchen für eine Rast. Der Pfad führt nun steil bergab mit kleineren, harmlosen Kletterpartien und auf der gegenüberliegenden Seite wieder hangaufwärts mit schönem Blick durch die dicht bewachsene Schlucht Codula di Oddoana auf das blaue Meer. Wir überqueren eine Ebene mit hüfthoher Macchie aus Mastixsträuchern, Steinlinden, Wacholder und Zistrosen, die beim Durchstreifen betörend duften. Der folgende Aufstieg führt durch Wacholder, dessen rund getretene Wurzeln den Weg kreuz und quer duchziehen. Von oben genießen wir weite Blicke über die Küste bis zu den hohen Felsen an der Cala di Luna. Wenig später öffnet sich tief unter uns die überwältigende Aussicht auf die Cala di Luna mit Südsee-Flair; ihr Name leitet sich von dem weißlichen Kalkgestein (»Mondgestein«) ab. Beim Abstieg in die Codula di Luna können wir die letzten Schleifen der Bachschlucht sehen, wenig später dringt schon das Brummen des Stromgenerators vom Restaurant hoch. Der Abstieg endet auf einer kleinen, sandigen Fläche mit zertrümmertem Wegweiser (gemauertes Steinhäufchen). Wegen des Strandsees im Mündungsbereich müssen wir zunächst ca. 100 Meter auf einem kleinen Pfad schluchteinwärts (nach rechts) gehen. Durch hüfthohe Mastixsträucher und vorbei an einem **Feigenbaum** (*Ficus carica*) gelangen wir an zwei Höhlen, die sich in der gegenüberliegenden Felswand zeigen. Hier wechseln wir auf die andere Talseite (im Frühjahr muss der Fluss durchwatet werden) und gehen durch Oleandergebüsch und **Erlen**

Auf einen Blick

Empfohlene Jahreszeit: April bis Juni (im Juli und August füllen sich die Strände am Golf von Orosei).
Öffentliche Verkehrsmittel: In der Saison mehrmals täglich Busverbindungen von Dorgali nach Cala Gonone (Bushaltestelle am Hafen).
Anreise mit dem Auto: Südlich von Dorgali der beschilderten Abfahrt von der SS 125 durch den Tunnel nach Cala Gonone folgen, der Hafen (Porto) ist hier ausgeschildert.
Empfohlene Gebietskarte: Carta topographica d'Italia 1:25.000, Blatt 500-II (Dorgali).
Unterkunft/Camping: Zahlreiche Unterkünfte in Cala Gonone, deutlich teurer als im Binnenland – in der Saison sind Reservierungen unerlässlich! Camping Cala Gonone (April bis Oktober), ebenfalls mit erhöhtem Preisniveau, Tel. 0784/93165. In der Cala di Luna keine Übernachtungsmöglichkeit, Wildzelten im Umkreis von 1 km ist streng verboten.
Einkehrmöglichkeiten: Zahlreiche in Cala Gonone; außerdem gemütliche Bar/Restaurant mit Außenterrasse »Su Neulagi« in der Cala di Luna, geöffnet 1.5.–30.9., täglich ab 8.00 Uhr (open end).
Auskunft: Informationsbüro Cala Gonone im Zentrum an der Straße zur Caletta Fuili, Informationen zum Bootsverkehr am Hafen beim Nuovo Consorzio Trasporti Marittimi Cala Gonone, Tel. 0784-93305 (03).
Ausrüstungstipp: Festes Schuhwerk, leichte Kleidung, reichlich Trinkwasser (eventuell Proviant) und Badesachen.
Abfahrzeiten der Schiffe: In der Regel fahren die ersten Schiffe ab 11.00 Uhr zur Cala di Luna, die letzten zurück um 16.00 Uhr. Es gibt Schiffe, die Zwischenstation an der sehenswerten Grotta del Bue Marino machen (vorher erkundigen). Wer zur Cala di Luna wandert und mit dem Schiff zurückfahren will, sollte sich bei ungünstigen Wetterlagen unbedingt informieren, ob die Schiffe auch wirklich fahren.
Hinweis: In der Ortschaft Cala Gonone gibt es bislang keine Möglichkeit, Geld zu wechseln (keine Bank, kein EC-Automat, nächste Bank in Dorgali).
Sonstiges: Im Restaurant »Su Neulagi« in der Cala di Luna können Boote gemietet werden.

(*Alnus glutinosa*) in Richtung Meer (nach links) bis zur Holzpforte.
Gleich danach erreichen wir das Restaurant »Su Neulagi« und gehen links daran vorbei an den herrlichen, 500 Meter langen Sandstrand der Codula di Luna. An deren Nordufer öffnen sich fünf Karsthöhlen zum Meer, im Süden der Bucht befindet sich ein hölzerner Bootssteg, wo die Schiffe zurück nach Cala Gonone anlegen. An den buchtumschließenden Kalkfelsen wachsen **Meerfenchel** (*Crithmum maritimum*) und Baumförmige Wolfsmilch in schönen Gelb- und Orangetönen. Am Sandstrand finden wir am Rand des Oleandergebüsches **Stranddisteln** (*Eryngium maritimum*) und **Meersenf** (*Cakile maritima*). Im Restaurant können Boote zur Erkundung der benachbarten Felsbuchten entliehen werden.
Die äußerst lohnende Rückfahrt mit dem Schiff bietet uns völlig neue Ansichten der zauberhaften Küste, die wir bisher nur aus der »Macchien-Perspektive« kennen. Im Vordergrund das türkisgrüne Meer mit Sicht bis auf den Grund, dahinter die weiße Felskulisse mit unzähligen Auswaschungen, tiefen Höhlen und Felsabstürzen, darüber die endlos grüne Macchie vor blauem Himmel. Das Schiff bringt uns in ca. 20 Minuten zurück zum Ausgangspunkt am Hafen von Cala Gonone.

Markantes Wahrzeichen der Cala Goloritzé: die bei Sportkletterern beliebte Felsnadel.

Vom Golgo-Hochplateau zur Cala Goloritzé

Durch die Bachschlucht von Goloritzé zur felsgesäumten Strandbucht

Das im äußersten Süden an den Golf von Orosei grenzende und mit dem Auto mühelos zu erreichende Golgo-Hochplateau ist ein guter Ausgangspunkt für zahlreiche Wanderungen unterschiedlicher Längen und Schwierigkeitsgrade. Eine beliebte Spezialität der Hochebene sind Exkursionen durch wilde Bachschluchten an die unverbaute, zerklüftete Küstenlandschaft mit ihren steil aufragenden Felsnadeln (Aguglias) und malerischen Buchten. Die Wanderung durch die Bacu (Schlucht) Goloritzé zum gleichnamigen Strand führt über schöne und gut markierte, von Legesteinmauern gesäumte Pfade unter uralten Steineichen-Riesen hindurch. Dabei lassen sich nicht selten Trupps von Eleonorenfalken bei der Jagd beobachten, daneben die hier brütenden Kolkraben, Felsentauben und Blaumerlen.

INFO

Ausgangsort/Zielort: Parkplatz »As Piscinas« auf dem Golgo-Hochplateau.

Tourencharakter: Genusswanderung auf eindeutig markierten, gut begehbaren Pfaden (550 m Höhenunterschied).

Gesamtlänge: ca. 9 km

Gehzeit: ca. 4 Std.

Knorrige Steineichen, Legesteinmauern und eine entlegene Strandbucht zwischen bizarren Felsen

Ein zentraler Ausgangspunkt für verschiedene Wanderungen auf dem Golgo-Hochplateau ist der an mehreren Teichen gelegene Parkplatz As Piscinas. Für die Wanderung hinab zur Cala Goloritzé kann man mit dem Auto von hier aus noch ca. 700 Meter weiter in östlicher Richtung bis zur Schäferhütte fahren (hier ebenfalls Parkmöglichkeiten). Diese Hütte hat sich in den letzten Jahren als Startplatz vieler Wanderungen etabliert, natürlich kann man auch auf dem Fahrweg durch die Macchie hierher wandern. In jedem Fall lohnt es, sich zunächst an den Teichen am Parkplatz As Piscinas umzusehen. Sie liegen idyllisch unter uralten **Ölbäumen** (*Olea europaea*). Vom Rest der Vegetation ist außer **Montpellier-Zistrosen** (*Cistus monspeliensis*) durch das umherstreifende Weidevieh (Kühe, Esel, Schweine, Ziegen) nicht viel übrig geblieben. Die Wasserlöcher dienen den Weidetieren als Trinkwasserreservoir, aber auch diversen Kleinvögeln wie **Stieglitz, Buchfink, Kohl-** und **Blaumeisen**, die sich hier in flachen Uferbereichen regelmäßig beim Trinken beobachten lassen. Daneben leben an den Teichen zahlreiche Libellen wie die **Große Königslibelle** (*Anax imperator*), der **Südliche Blaupfeil** (*Orthetrum brunneum*), **Feuerlibellen** (*Crocothemis erythraea*), der **Plattbauch** (*Libellula depressa*) und die **Große Pechlibelle** (*Ischnura elegans*). Ausnehmend gut sind hier die Beobachtungs-

An den As Piscinas sonnen sich Sumpfschildkröten.

bedingungen für **Europäische Sumpfschildkröten** (*Emys orbicularis*). Die scheuen Tiere flüchten für gewöhnlich bereits bei Annäherung einer Gefahr aus 30 bis 60 Metern Entfernung mit einem Kopfsprung ins Wasser, wo sie sofort untertauchen und durch den Luftvorrat in ihren Lungen auch längere Zeit verweilen können. An Störungen durch die trinkenden Tiere gewöhnt, sind die Sumpfschildkröten an den Teichen As Piscinas deutlich toleranter gegenüber Tieren und Menschen, und wer sich dem Uferrand vorsichtig nähert, hat die Möglichkeit, die Tiere beim Sonnenbaden auf den dunklen Steinen zu sehen. Es ist übrigens die seltene Gelegenheit, Lebewesen in freier Natur zu treffen, die wahrscheinlich deutlich älter sind als wir selbst: Sumpfschildkröten sind sehr langlebig. Sie erreichen spielend ein Alter von 50 bis 70 Jahren. Vom Parkplatz As Piscinas weist ein Schild nach links zu dem von der Kooperative Golgo betriebenen Centro Escursioni Golgo mit Reitstall (siehe Natur-aktiv-Tipp), nach rechts führt der Sandweg durch Macchie zur Schäferei, unserem Ausgangspunkt für die Wanderung zur Cala Goloritzé.

Ca. 50 Meter hinter der Schäferhütte weist ein in Stein gemeißelter Schriftzug »Goloritzé« nach links in einen Schotterpfad. Der Weg führt zunächst bergan durch Macchie aus Montpellier-Zistrosen, **Phönizischem Wacholder** (*Juniperus phoenicea*), **Erdbeerbäumen** (*Arbutus unedo*) und **Ölbäumen** (*Olea europaea*). Dazwischen leuchten im Mai und Juni als gelbe und orangefarbene Tupfer die Büsche der **Baumförmigen Wolfsmilch** (*Euphorbia dendroides*). Der Pfad ist gut ausgetreten und wir genießen den auf Sardinien seltenen Vorzug einer eindeutigen, intakten Wegmarkierung. Ein Stück hangaufwärts mischen sich in die von den Ziegen in

In Oviles finden Hirten Wetterschutz.

Farbenprächtiger Bienenfresser.

Die Bacu (Schlucht) Goloritzé öffnet sich in den Golf von Orosei.

Kugel- und Säulenformen gebissenen Macchiensträucher auch **Terpentin-Pistazie** (*Pistacia terebinthus*) und **Stechwacholder** (*Juniperus oxycedrus ssp. macrocarpa*).
Bergab führt uns der von Legesteinen gesäumte Pfad durch duftende Wacholder-Bestände und herrliche Gebilde uralter Steineichen zwischen hellen Felsbrocken. Hier treffen wir abermals auf den in Stein gemeißelten Wegweiser zur Cala Goloritzé. Wir passieren einen in Fels gebauten Hirtenunterstand und gehen unter jahrhundertealten Steineichen hindurch mit Blick nach links auf einen steilen Felsabsturz, daraus hallt der melancholisch-flötende Gesang von **Blaumerlen**. Geradeaus öffnet sich vor uns die Bacu (Schlucht) Goloritzé mit Blick bis hin zum türkisfarbenen Golf von Orosei. Wir passieren eine weitere Schäferhütte und wandern gleichmäßig bergab, begleitet von alten Steineichen und steilen Felsabbrüchen. An den Felswänden wächst häufig der **Milzfarn** (*Ceterach officinarum*), ein typischer Bewohner sonniger Fels- und Mauerspalten, der auch längere Trockenperioden übersteht, indem er seine Blätter einrollt, so dass die Schuppen der Blattunterseite nach oben zeigen und einen Verdunstungsschutz bilden. Daneben wächst der dekorative **Braunstielige Streifenfarn** (*Asplenium trichomanes*).
Über den Felswänden kreisen häufig Gruppen von **Eleonorenfalken** in gemeinschaftlichen Jagdflügen, vom ebenfalls hier zu beobachtenden **Wanderfalken** vor allem durch die extrem langen Flügel zu unterscheiden. Leicht zu übersehen sind die zierlichen, fahlbraunen **Felsenschwalben**, typische Mittelmeer-Vögel an felsigen Küsten und im Gebirge, wo sie ihre Lehmnester im Schutz von Felsüberhängen ankleben. Der Weg führt unter einem umgebrochenen

Baumriesen hindurch. Kurz danach fällt unser Blick auf die charakteristische Felsnadel (Aguglia) Punta Goloritzé an der Cala Goloritzé. Unter steilen Felswänden mit mächtigen Aushöhlungen windet sich der Weg nun rasch abwärts in die Schlucht hinein, rechter Hand wächst die giftige **Schwalbenwurz** (*Vincetoxicum hirundinaria*), geradeaus erhebt sich erneut eine imposante Felswand mit tiefen Höhlungen. Aus blankem Fels wachsen hier **Rosmarinbüsche** (*Rosmarinus officinalis*) und stattliche Bäume wie die **Manna-Esche** (*Fraxinus ornus*). Hier können wir auch die **Fadenförmige Flockenblume** (*Centaurea filiformis*) entdecken, einen sardischen Endemiten, der auffällig von den steilen Felswänden herabhängt.

Nach links zweigt ein blau markierter Wanderweg ab, hierbei handelt es sich um den Sentiero Salvaggio Blu, eine mehrtägige, extreme Trekking-Tour parallel zur Steilküste. Wir gehen geradeaus weiter und passieren einen Fels-Torbogen mit der Markierung 04. Kurz danach liegt rechts von uns die Felsnadel, an deren senkrechten Felswänden häufig Sportkletterer zu sehen sind. Am Wegesrand blüht ab Juni der **Oleander** (*Nerium oleander*). An der Steilküste oberhalb der Cala Goloritzé angelangt, genießen wir famose Ausblicke auf das geradezu unglaublich türkisfarbene Meer, die prächtige Steilküste und den Strand aus weißen Kieselsteinen mit verstreuten kalkweißen und glatt gewaschenen Felsklötzen. Einige Meter Kraxelei trennen uns nur noch vom Badestrand mit schönen Rastmöglichkeiten auf den Felsen. An der Steilküste am Strand lohnt ein näherer Blick in die Felswände: Hier leben Scharen von **Felsentauben**, die man immer wieder ein- und ausfliegen sieht. Zurück geht es auf demselben Weg, wobei wir wegen der kontinuierlichen Steigung mehr Zeit einplanen sollten als für den Hinweg.

Auf einen Blick

Empfohlene Jahreszeit: April bis Juni.
Öffentliche Verkehrsmittel: Keine.
Anreise mit dem Auto: Auf der SS125 durch die am Rande des Hochplateaus gelegene Ortschaft Baunei, hier den Hinweisschildern »Bar Restaurant Golgo 8 km« auf steiler Serpentinenstraße hoch folgen. Auf dem Golgo-Hochplateau bis zum beschilderten Parkplatz As Piscinas (ca. 300 m vom Hauptweg nach rechts).
Empfohlene Gebietskarte: Carta topographica d'Italia 1:25 000, Golgo-Hochplateau.
Unterkunft/Camping: Camping-Möglichkeit am Restaurant Golgo mit Duschen und Toiletten (Hotelbetrieb in Planung), Tel. 0782/610675, zahlreiche Campingplätze und Hotels an der Küste zwischen Santa Maria Navarese und Arbarax.
Einkehrmöglichkeiten: Urtümliches Restaurant Golgo (April bis Oktober) mit herzhafter Regionalküche, Tel. 0782/610675.
Auskunft: Centro Escursioni Golgo, Coop. Goloritzé, Tel. 0782/610599.

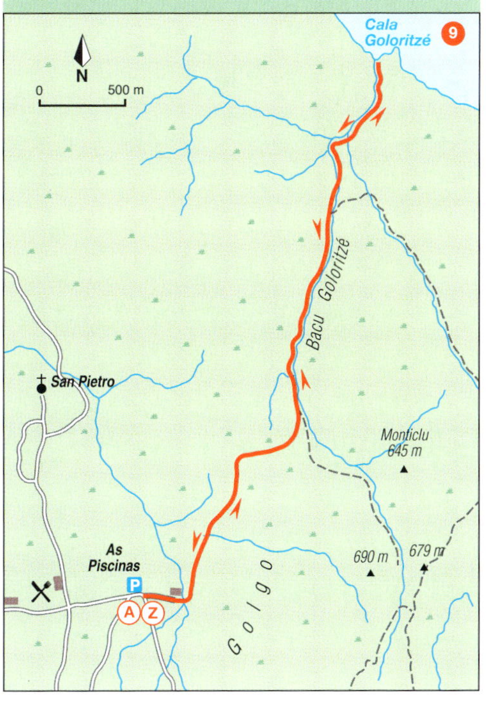

Blick vom Gipfel des Pizzu Margiani Pobusa über die Bergwelt des Gennargentu mit dem charakteristischen Felsturm Perda Liana (»Stein der Ebene«).

10

Naturpark Foresta Demaniale di Montarbu

Waldreiches Bergland der »Tacchi und Tonneri« im südlichen Gennargentu

Im südlichen Gennargentu zwischen dem Monte Tonneri und dem Monte Arbo finden wir ein ausgedehntes Wandergebiet mit sommergrünen Laubmischwäldern und Wildbächen, die auch in der heißen Jahreszeit noch Wasser führen. Auf unserer Wanderung durch den Staatsforst Montarbu entlang des Baches Riu Ermolinus begegnen wir typischen Vertretern der Wärme liebenden, mediterranen Laubmischwälder wie Flaum-Eichen (*Quercus pubescens*), Hopfenbuche (*Ostrya carpinifolia*) und Manna-Esche (*Fraxinus ornus*). Der Aufstieg zum kahlen Gipfel des Pizzu Margiani Pobusa wird mit herrlichem Panorama über die typischen »Tacchi« (Felstürme) und »Tonneri« (Steilabstürze) des südlichen Gennargentu und den tief unten mäandrierenden Riu Flumendosa bis hin zu den höchsten Gipfeln der Insel (Punta La Marmora, 1834 m) belohnt.

INFO

Ausgangsort/Zielort: Forsthaus Mario Falchi (863 m) im Foresta Demaniale di Montarbu.

Tourencharakter: Einfache Wanderung auf beschilderten Waldwegen und felsigen, mit Steinmännern markierten Pfaden.

Gesamtlänge: ca. 11 km

Gehzeit: ca. 3,5 Std.

Großes Nachtpfauenauge bei der Paarung.

Das Rotkehlchen bewohnt Laubmischwälder.

Uralte Steineichen und Hopfenbuchen.

Vorbei an waldreichen Wildbächen zum Gipfel des Pizzu Margiani Pobusa (1324 m)

Ausgangspunkt unserer Wanderung ist die einsam im Wald gelegene Forststation Mario Falchi mit schönen Rastplätzen im Schatten, Grillmöglichkeiten und Trinkwasserquellen. Der Weg hinunter zum Riu Ermolinus führt entlang einer Natursteinmauer rechts am Forsthaus vorbei. Wir folgen dem Schild »Sentiero Ermolinus« nach rechts hinab in den Wald. Schon von oben ist das gleichmäßige Rauschen des Wildbaches zu hören. Der schattige Spazierweg führt durch Wald aus flechtenbewachsenen **Steineichen** (*Quercus ilex*), **Erdbeerbäumen** (*Arbutus unedo*) und **Baumheide** (*Erica arborea*), am Wegrand sieht man deutlich, dass der Gennargentu aus Schiefergestein besteht. Wir lassen einen Abzweiger nach links zum Bach hinunter unbeachtet und erreichen wenig später die über den Riu Ermolinus führende Holzbrücke Ponte Trancalli. In tiefen, klaren Kolken sieht man Forellen schwimmen. Hinter der Brücke rechts beginnt der Botanische Lehrpfad Sentiero Ermolinus, der jedoch lediglich aus Artnamen verschiedener Gehölze auf Holzschildern besteht.

Landschaftlich ist der am Ufer des Riu Ermolinus verlaufende Pfad reizvoll, bachbegleitend wachsen schöne Exemplare von **Stechpalme** (*Ilex aquifolium*) und **Eiben** (*Taxus baccata*). Stufen führen uns hangaufwärts, der Bach fließt hier über mehre-

Der Riu Ermolinus entlang Wanderweges.

Lebt an Bächen: Die Wasseramsel.

Immergrüner Schneeball.

re Kalksinterterrassen, wie man sie aus Tropfsteinhöhlen kennt. Über Sonnenflecken auf dem Wasser flitzen Wasserläufer und aus dem Halbdunkel des Waldes klingt der schluchzende Gesang der **Rotkehlchen**. Der Weg führt vorbei an **Hopfenbuchen** (*Ostrya carpinifolia*) und **Immergrünem Schneeball** (*Viburnum tinus*), bis zu einer Linksabzweigung (»Funtana Doro«). Wir wandern geradeaus weiter, dem Wegweiser »Margiani Pobusa« folgend.

Weiter geht es am Bach entlang, den wir nun mehrfach auf Holzbrücken überqueren. Der Weg führt durch einen Wald aus Stechpalmen und unter eindrucksvollen Baumriesen von Steineiche und Hopfenbuche hindurch. Kontinuierlich ansteigend wird der ehemalige Köhlerweg zunehmend wilder und gerölliger. Wir erreichen eine von Sonne durchflutete Lichtung mit **Rosmarinbüschen** (*Rosmarinus officinalis*), **Stechwacholder** (*Juniperus oxycedrus ssp. macrocarpa*) und **Pankrazlilien** (*Pancratium illyricum*). Nach links führt ein Weg bergan – wir gehen rechts weiter und queren sogleich einen Wasserlauf, der wenige Meter weiter links an der Sorgente su Scurzu austritt. Wir folgen dem Wegweiser »Punta Panoramico« über eine Karsthochfläche. Vor uns erhebt sich der Gipfel des Pizzu Margiani Pobusa (1324 m). Wir queren einen Bachlauf und halten uns dahinter leicht rechts, dem Holzschild »Funtana d'Oru« folgend. Ca. 50 Meter weiter zweigt vom Forstweg scharf nach links ein gemächlich ansteigender Weg zur Margiani Pobusa ab. Durch lichten Steinei-

Manna-Esche in voller Blütenpracht.

Blüten der Flaumeiche.

chenwald mit Pankrazlilien und Stechwacholder im Unterwuchs geht es nun durch helle Gesteinsbrocken kontinuierlich aufwärts in nördlicher Richtung bis zum höchsten Gipfel des Montarbu-Massivs.

Der Weg wird zum zunehmend steiler werdenden Bergpfad mit Steinmännchen-Markierungen. Wir erreichen eine karstige, lichte Hochfläche und wandern geradewegs auf das Steinhäuschen mit Antennen auf dem kahlen Gipfel des Pizzu Margiani Pobusa zu. Von hier oben genießen wir einen herrlichen Rundblick über das Gennargentu-Massiv: Tief unter uns schlängelt sich von Westen kommend der Riu Flumendosa in weiten Mäandern durch das einsame, grüne Bergland. Dahinter ragt im Norden der höchste Gipfel der Insel heraus, die Punta La Marmora (1834 m). In nordöstlicher Richtung sehen wir den charakteristischen Felsturm Perda Liana (Stein der Ebene) mit seiner felsigen »Turmspitze«, dahinter im Osten als schmales, blaues Band das Meer. Im Süden erhebt sich die felsige Nordwand des Monte Tonneri. In der Gipfelregion lassen sich häufig die schönen **Korsischen Schwalbenschwänze** (*Papilio hospiton*) beobachten. Außerdem brütet hier noch der **Zitronengirlitz**, ein für die sardischen Gebirgsregionen typischer Brutvogel, der am ehesten durch seine elektronisch klingenden Rufe auffällt. Die allgegenwärtigen **Kolkraben** warten geduldig, bis die letzten Wanderer ihre Rast beendet haben und vondannen ziehen, um sich über die übrig gebliebenen Köstlichkeiten herzumachen. Zurück zum Forsthaus gelangen wir entweder auf demselben Weg (die schönere Alternative), es gibt aber auch die Möglichkeit, über relativ eintönige Forstwege weiter östlich zurückzuwandern. Für diejenigen, die in jedem Fall Rundwanderungen bevorzugen, sei auch diese Möglichkeit beschrieben: Wir verlassen hierzu den Gipfel statt pfadlos in südlicher Richtung auf dem hochführenden Schotterweg in Richtung Nordosten (den Perda Liana anpeilen). Zunächst passieren wir eine schöne Karsthochfläche mit herumliegenden Felsblöcken, dazu Steineichen, Stechwacholder und vielen Pankrazlilien. Der Schotterweg führt in Serpentinen hinunter bis zu einer Wiese mit singenden **Heidelerchen** und weiter an deren rechtem Rand. Wir lassen einen Linksabzweiger unbeachtet und wandern auf sandiger Fahrpiste durch Steineichenforste. An der nächsten Weggabelung halten wir uns rechts. Der Weg verläuft jetzt an einem hohen Maschendrahtzaun entlang. Wir passieren eine Trinkwasser-Quelle, kurz danach lassen wir den Abzweiger »Margiani Pobusa« (Holzschild mit Pfeil) nach rechts liegen. An der nächsten Weggabelung führt der Weg geradeaus zurück zur Forststation.

Auf einen Blick

Empfohlene Jahreszeit: Mai bis Juli (August).
Öffentliche Verkehrsmittel: Keine.
Anreise mit dem Auto: Auf der SS198 von Tortoli in Richtung Seui zweigt kurz hinter dem Arcueri-Pass (981 m) und 300 m vor einem roten Haus eine beschilderte Straße nach rechts ab: »Montarbu/Tonneri/Perda Liana«. Nach 4,7 km folgen wir dem verrosteten Wegweiser nach rechts in Richtung »Montarbu«. Nach 6,5 km geht es rechts weiter zur »Caserma Montarbu 11 km«, die Straße wird nach 200 m zur Schotterpiste. Nach 2,7 km passieren wir eine Eisenpforte (wenn geschlossen, wieder schließen!) und lassen anschließend mehrere Rechtsabzweiger unbeachtet. Nach weiteren 8,3 km passieren wir wieder eine Eisenpforte, die Schotterpiste endet an der Forststation mit schönen Rastplätzen im Schatten. Kommt man von Seui aus, existiert eine weitere, beschilderte Anfahrtmöglichkeit von der SS 198 aus (den Hinweisschildern »Tonneri, Perda Liana, Montarbu« folgen). In jedem Fall ist es eine lange Anfahrt auf kurvenreicher Strecke.
Empfohlene Gebietskarte: Carta topographica d'Italia 1:25.000, Blatt 218-I-SE (Monte Tonneri).
Unterkunft/Camping: In Seui und Lanusei Zimmer und Restaurants, in Lanusei auch Hotels.
Einkehrmöglichkeiten: Am Weg keine.
Auskunft: Pro Loco in Arbatax, Tel. 0782/667690.
Ausrüstungstipp: Festes Schuhwerk und ausreichend Trinkwasser und Proviant – weit und breit keine Einkehrmöglichkeit!

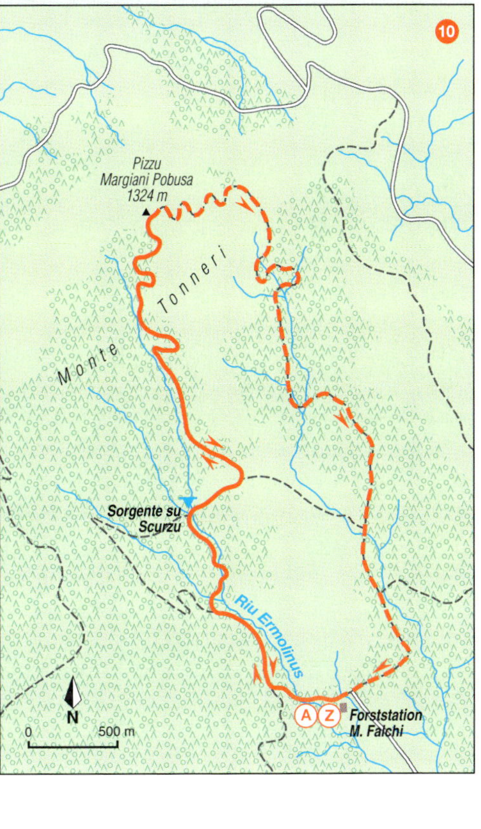

Das 1462 m hohe Kalkmassiv des Supramonte erhebt sich als nahezu senkrechte Felswand über der sanften Ebene von Oliena.

11

Zum höchsten Gipfel des Supramonte

Sardiniens einsames, wildes Herz

Das mächtige Kalkmassiv des Supramonte mit seinen weiß schimmernden Felswänden, tiefen Schluchten, Tropfsteinhöhlen, Karstquellen und weiten Hochtälern zählt sicher zu den imposantesten Naturlandschaften Sardiniens, noch begünstigt durch seine küstennahe Lage am malerischen Golf von Orosei, wo das Gebirgsmassiv steil ins türkisfarbene Meer abfällt. Seit mehr als 30 Jahren ist im Gespräch, den Naturpark gemeinsam mit dem Gennargentu-Massiv und der Küste um Orosei zum Nationalpark zu erklären, doch der existiert bislang nur auf dem Papier. Unsere Wanderung führt von der 1240 Meter hohen Plattform Scala e' Pradu zum höchsten Gipfel des Supramonte, dem 1463 Meter hohen Monte Corrasi, der sich als nahezu senkrechte Felswand über der Ebene von Oliena erhebt.

INFO

Ausgangsort/Zielort: Kooperative ENIS am Monte Maccione (698 m), auf halber Höhe zum Monte Corrasi. Von hier aus zu Fuß oder per Jeep zur Scala e' Pradu auf 1240 m, dem Ausgangspunkt für die Gipfelbesteigung des Monte Corrasi.

Tourencharakter: Einfache Panorama-Wanderung, z. T. pfadlos. Im Gipfelbereich Orientierung erforderlich, etwas Kraxelei, Rückweg auf kaum befahrenem Schotterweg.

Gesamtlänge: ca. 8 km (bzw. ca. 11 km inklusive Fußmarsch hoch zur Scala e' Pradu).

Gehzeit: ca. 4,5 Std. (bzw. ca. 6 Std. inklusive Fußmarsch zur Scala e' Pradu).

Schroffe Felsabstürze und karstige Hochebenen

Es gibt verschiedene Varianten, den höchsten Gipfel des Supramonte zu erklimmen, wobei sich die Kooperative ENIS als Ausgangspunkt anbietet, da mühelos mit dem Auto erreichbar. Von hier aus führt eine zunehmend schlechter befahrbare Schotterpiste (gegen Ende mit tiefen Spülrinnen, blankem Fels und kaum Wendemöglichkeiten an steilen Abhängen) hoch bis zur kleinen Plattform Scala e' Pradu auf 1240 Meter. Wer es seinem Auto zumuten will, kann versuchen, bis hier hinaufzufahren. Auf der Strecke selbst gibt es ansonsten mehrere Möglichkeiten, das Fahrzeug am Wegrand abzustellen und den Rest hinaufzuwandern. Man kann auch von der Kooperative aus den ganzen Weg hinauf- und wieder hinunterwandern (ein Teil des Fahrweges kann auf einem alten Hirtenpfad abgekürzt werden, er zweigt ca. 600 Meter hinter der Kooperative nach links ab und mündet nach einer halben Stunde Gehzeit wieder in die Schotterpiste). Allerdings ist der Aufstieg auf dem Schotterweg bis zur Scala e' Pradu recht steil und sonnig, und in den Vormittagstunden hat man das zweifelhafte Vergnügen, auf weiten Strecken von den hinauffahrenden Jeeps begleitet zu werden. Unser Tipp ist, sich gegen ein Entgelt im Jeep von Mitgliedern der Kooperative zur Scala e' Pradu hinauffahren zu lassen, von hier aus zum Gipfel des Monte Corrasi und wieder zurück zu wandern und dann zu Fuß auf der Schotterpiste hinunter zur Kooperative (in den Nachmittagsstunden fahren nur selten noch Autos) zu gehen. Natürlich kann man sich auch wieder von der Scala e' Pradu im Jeep abholen lassen.

Die Scala e' Pradu ist ein befestigtes Ron-

Das Hochgebirgstal Valle su Campu e` Pradu.

Steinschmätzer-Männchen.

Die Hirschzunge ist ein Farngewächs.

dell am Ende der Straße auf dem Hochplateau des Supramonte. Beeindruckend ist das arenaförmige Hochgebirgspanorama: Links (östlich) sehen wir den von hier sanft wirkenden Felsgipfel Sos Nidos (1348 m), der nach Norden jedoch steil abfällt, rechts (südlich) den schroffen Gipfel des 1463 Meter hohen Monte Corrasi, Ziel unserer Wanderung. Dazwischen erstreckt sich das karstige Valle Su Campu e' Pradu. Wir wandern in südlicher Richtung auf schmalem Pfad direkt am Rande des Hochplateaus auf den Gipfel des Monte Corrasi zu. Über dem Steilabsturz rechts kreisen häufig **Kolkraben**, nach links bieten sich herrliche Ausblicke auf das Tal mit bizarren Felsmonumenten. Der Pfad führt leicht aufwärts und ist mit Steinmännchen markiert. Unvermittelt tun sich vor uns Löcher im felsigen Boden auf, die zu unterirdischen Gängen und Höhlen werden, das ganze Kalkmassiv des Supramonte ist regelrecht durchlöchert wie ein Schweizer Käse.

Wir erreichen eine Senke mit einem so genannten Schluckloch, in dem sich ein Großteil der Niederschläge sammelt und über tiefe Spalten (Vorsicht!) im Inneren des Gesteins versickert. In der feuchten Senke wachsen neben **Eiben** (*Taxus baccata*) die vom Weidevieh verschmähte **Palisaden-Wolfsmilch** (*Euphorbia characias*), **Geschweiftblättrige Alpenveilchen** (*Cyclamen repandum*), **Efeu** (*Hedera helix*) und die in Europa zwar verbreitete, aber seltene und unter Schutz stehende **Hirschzunge** (*Phyllites scolopendrium*). In schmalen Felsspalten blüht der endemische polsterförmige **Hirschgeweih-Steinbrech** (*Saxifraga cervicornis*). Da die meisten Jeep-Ausflügler nur bis zur Scala e' Pradu fahren und sofort wieder hinunter, ist man hier oft allein auf weiter Flur, umgeben von Bergen und Stille, die nur vom Gesang der **Heidelerchen** und dem fernen Geläut der Zie-

Steineichen im Gipfelbereich.

genglocken durchbrochen wird. Auf den Felsen lassen sich **Steinschmätzer, Zaunammern** und **Blaumerlen** beobachten und nicht selten **Zitronengirlitze**, die mit ihren »elektronischen« Rufen meist eher zu hören als zu sehen sind. Allmählich steigt der Pfad steiler bergan, wir halten uns weiterhin rechts (nicht von den Pfadspuren nach links irritieren lassen) entlang der Steinmännchen und peilen eine einzelne, von zwei Felsbrocken flankierte Eibe an. Etwa 100 Meter später schwenkt der Pfad nach links (Osten). Am Sattel angelangt, folgen wir den Steinmännchen in einer Rechtskurve (Richtung Süden) nach oben auf die Felsen, dabei haben wir durch einen Felseinschnitt herrliche Aussicht auf das Gennargentu-Massiv. Am senkrecht abfallenden Plateaurand (Vorsicht!) genießen wir einen herrlichen Rundblick über den ganzen Supramonte. Das Gipfelkreuz war ursprünglich auf dem zweithöchsten Gipfel angebracht, ist aber zwischenzeitlich weggeweht. Zurück geht es auf demselben Weg zur Scala e' Pradu und von hier auf der Schotterpiste bergab, dicht neben, unter und über uns jagen dabei **Felsenschwalben**. Nach etwa einem Kilometer passieren wir eine Schäferhütte mit Schafpferch, ringsherum wachsen zwischen Gesteinsbrocken uralte und außergewöhnlich schöne **Steineichen** (*Quercus ilex*). Hinter den grünen Baumriesen türmen sich die kalkweißen

Zitronengirlitze.

Felswände der Punta Carabidda (links) und des Monte Corrasi (rechts) auf. Wir lassen zwei Abzweiger nach links liegen; vom Weg aus bieten sich weite Ausblicke über Oliena hinweg bis weit hinter Nuoro. Der Steineichenwald wird zunehmend dichter, im Unterwuchs stehen **Erdbeerbäume** (*Arbutus unedo*), **Stechwacholder** (*Juniperus oxycedrus ssp. macrocarpa*), **Phönizischer Wacholder** (*Juniperus phoenicea*), **Baumheide** (*Erica arborea*) und **Geschweiftblättrige Alpenveilchen** (*Cyclamen repandum*).

Ungefähr anderthalb Kilometer hinter der Schäferhütte zweigt nach rechts ein rotgrün markierter Pfad ab. Der alte Hirtenpfad führt uns in 30 Minuten auf einer Abkürzung durch den Steineichenwald zurück zum Hauptweg und von hier rechts haltend nach ca. 600 Metern zur Kooperative.

Die Quelle Su Gologone

Die malerische Quelle Su Gologone entspringt einer natürlichen Spalte im Kalkgestein des Supramonte-Massivs und mündet in einen blaugrünen See. Sie ist die größte oberirdische Karstquelle Sardiniens und mit einer Schüttung von 300 Litern pro Minute auch die ergiebigste. Zu erreichen ist die Quelle von der Straße zwischen Oliena und Dorgali. Etwa sieben Kilometer von Oliena weist ein beschilderter Abzweiger zur Quelle, nun sind es noch ca. zwei Kilometer bis zu den Parkplätzen. Von hier geht man am besten die wenigen Meter am Ufer des Riu d'Oliena mit **Gebirgstelzen, Nachtigallen** und **Tyrrhenischen Laubfröschen** (*Hyla sarda*) durch die Pappelpflanzung bis zu den Steintreppen. Die Treppen hinunter und weiter dem Weg nach rechts folgend, erreicht man die unvermittelt zwischen mächtigen Felsklötzen entspringende Quelle Su Gologone mit tiefen, kristallklaren Gumpen, an denen **Oleander**

Versteckt im Karstgestein liegt der Eingang zur Windgrotte »Su Ventu«.

(*Nerium oleander*) und **Feigenbäume** (*Ficus carica*) wachsen. Das Quellwasser mündet in den Riu d'Oliena, der sich wenig später mit dem Riu de sa Oche aus dem Lanaittu-Tal vereinigt und als Fiume Cedrino bei Orosei ins Meer mündet.

Das Lanaittu-Tal mit der Grotta su Ventu (»Windhöhle«) und der Grotta de sa Oche (»Die Stimme«)

Kurz vor dem Parkplatz an der Quelle Su Gologone führt ein beschilderter Abzweiger nach rechts in das einsame, von hohen Felswänden und Wäldern flankierte Lanaittu-Tal mit dem Riu de sa Oche. Die zunehmend schlechter werdende Straße (die Asphaltierung endet nach anderthalb Kilometern) verläuft oberhalb des Flusses und führt nach gut sieben Kilometern im Talschluss zu einem Parkplatz in unmittelbarer Nähe der beiden Höhlen. Von der Straße aus genießt man immer wieder herrliche Fernsichten auf das steil abfallende Tal mit hellen Felsbrocken und dem natürlich mäandrierenden, grün gesäumten Fluss. Die Straße entfernt sich vom Flusstal und führt ca. viereinhalb Kilometer hinter der Quelle an einer Weggabelung nach rechts zur Grotta de sa Oche. Wir bleiben auf der zusehends schlechter werdenden, staubigen Schotterpiste, lassen mehrere Abzweiger liegen und passieren eine Betonfurt durch das trockene Flussbett des Riu de sa Oche. Das rosafarbene Refugio gehört einer Kooperative, es dient Höhlenforschern und Archäologen als Quartier. Unter den Steineichen befindet sich ein weiträumiger Parkplatz. Zur Grotta de sa Oche (»Die Stimme«) wandern wir ein kurzes Stück durch das trockene Flussbett bis zur Felswand mit einem riesigen Höhleneingang, dem Eingang zur Grotte, in der der Riu de sa Oche entspringt. Schon der Eingangsbereich ist mit seinen feuchten Wänden, den mächtigen Auswaschungen und der durchlöcherten Decke äußerst beeindruckend. Nach starken Regenfällen rauscht hier das Wasser ohrenbetäubend (Name). Mit einer starken Taschenlampe und festem Schuhwerk kann man ein Stück weiter in die Finsternis vordringen, bis zu einem tiefen, dunklen See. Ohne ortskundigen Führer sollte man sich keinesfalls

weiter in die ganzjährig unter Wasser stehende Höhle vorwagen. Wer mehr sehen möchte, kann sich an Mitglieder der Kooperative wenden, sie führen interessierte Besucher mit Grubenlampen ein Stück in die Höhle hinein.
Die Grotta su Ventu (»Windhöhle«) liegt ca. 80 Meter oberhalb des Refugio in der Felswand. Wir gehen rechts an der Grundstücksmauer des Hauses entlang und weiter über Geröll auf einem schmalen Pfad bergauf. Nach etwa 15 Minuten, verbunden mit etwas Kraxelei, erreichen wir den versteckt zwischen Felsbrocken und alten Steineichen liegenden Eingangsbereich der Höhle mit wunderschönem Ausblick auf umliegende, wild zerklüftete Felsgipfel.
Unschwer, sich vorzustellen, wie sich in diesen unzugänglichen Regionen des Supramonte und Gennargentu einst die berüchtigten Barbaren über Monate und Jahre versteckten, zwischenzeitlich Häuser und Höfe der Reichen plünderten, Vieh stahlen und Menschen in die Wälder entführten, um andere zu erpressen, immer auf der Flucht vor den Polizeigeschwadern des italienischen Festlandes. Um zu verstehen, wie es dazu kam, lohnt ein Rückblick in die Geschichte Sardiniens: Es begann 1820 mit einem Gesetz zur Bodenreform, das mit jahrhundertelang gewachsenem sardischen Recht kollidierte. Danach fielen große Teile des bislang freien Weidelandes in den Besitz einiger weniger Großgrundbesitzer, die ab sofort von den Hirten empfindliche Abgaben für das Weiderecht verlangten. Die sardischen Hirten, an den Rand der Existenzmöglichkeiten gedrängt, begannen einen verzweifelten Widerstand, zogen sich mit Schrotflinten in die einsamen Wälder zurück und führten hier, unterstützt von der einheimischen Bevölkerung, eine Art sardisches Robin-Hood-Dasein. Polizei und Ermittler vom italienischen Festland hatten in der unzugänglichen, wilden Barbagia (Land der Barbaren) keine Chancen, den ortskundigen Banditen zu folgen. Und in der Bevölkerung, die mit dem ehrenhaften Banditentum sympathisierte, konnten sie auf keine Unterstützung hoffen. Das berühmteste und berüchtigste Dorf der Barbagia war das südlich von Oliena gelegene Orgosolo, wo heute noch zahllose aussagekräftige Wandbilder von der brisanten Vergangenheit erzählen.
Zurück zu unserer Höhle. Aus ihrem Inneren strömt ein kalter Wind heraus (Name), drinnen herrscht eine fast feierliche kirchenähnliche Stimmung zwischen hohen Gewölben. Abenteuerlustige mit starker Taschenlampe können noch ein Stück der Grotte erforschen: Hinten rechts führt ein schmaler Gang ein Stück aufwärts, mit Hilfe eines Seils gelangt man hinauf in einen schmalen Kanal, aus dem ein regelrechter Sturm bläst. Nach wenigen Metern, am Ende des Windkanals, stürzt der Fels abrupt in die Tiefe (hier ist dringend Vorsicht geboten – Absturzgefahr!) – selbst mit einer starken Taschenlampe ist die ganze Dimension der riesenhaften Tropfsteinhöhle vor uns nicht zu ermessen. Am Höhlenausgang erinnert eine Gedenktafel an einen Abenteuerlustigen, der hier 1959 im Alter von 31 Jahren ertrank.

Die Graubehaarte Zistrose.

Auf einen Blick

Empfohlene Jahreszeit: Mai bis Juli.
Öffentliche Verkehrsmittel: Keine.
Anreise mit dem Auto: Die Kooperative ENIS liegt etwa auf halber Höhe zum Monte Corrasi und ist auf kurviger Asphaltstraße von Oliena aus zu erreichen (ca. 2,5 km ab Oliena, die Beschilderung »Albergo-Ristorante Coop. Tur. ENIS Monte Maccione« ist recht dürftig).
Empfohlene Gebietskarte: Carta topographica d'Italia 1:25.000, Blatt 500-III (Oliena).
Unterkunft/Camping: An der Cooperative ENIS (Tel. 0784/232080) freundliches und sehr gepflegtes Hotel und idyllischer Zeltplatz unter Steineichen. Einen guten Ruf genießt auch das Hotel Su Gologone nahe der gleichnamigen Quelle, Tel. 0784/287512.
Einkehrmöglichkeiten: Café-Kneipe und mustergültiges, preiswertes Restaurant mit Außenterrasse und sardischer Küche an der Cooperative ENIS (täglich ab 8.00 Uhr bis in die Nacht geöffnet) und das für seine gute Küche bekannte Restaurant im Hotel su Gologone an der gleichnamigen Quelle.
Auskunft: Cooperativa Turistica ENIS Monte Maccione, 08025 Oliena, Tel. 0784/288363.
Ausrüstungstipp: Festes Schuhwerk, Trinkwasser und Proviant für die Monte Corrasi-Wanderung. Für die Höhlen im Lanaittu-Tal ist eine starke Taschenlampe unentbehrlich.

Hinweis: Fast alle Mitglieder und Naturführer der Kooperative sprechen Englisch und sogar Deutsch.

Sonstiges: Von der Scala e' Pradu aus kann auch der zweithöchste Supramonte-Gipfel, die Punta sos Nidos (1349 m), in etwa 30 Minuten mühelos bestiegen werden (linker Hand zunächst auf schmalem Pfad, dann über Geröll in Richtung Gipfel).

Der Hirschgeweih-Steinbrech ist ein korsardischer Endemit.

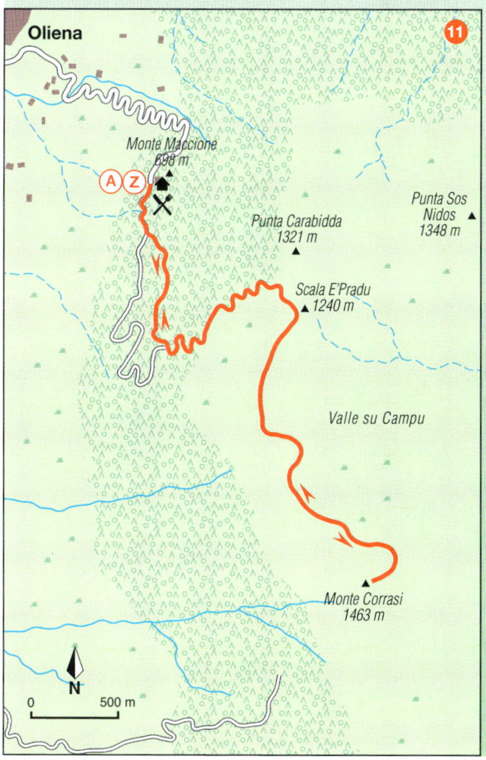

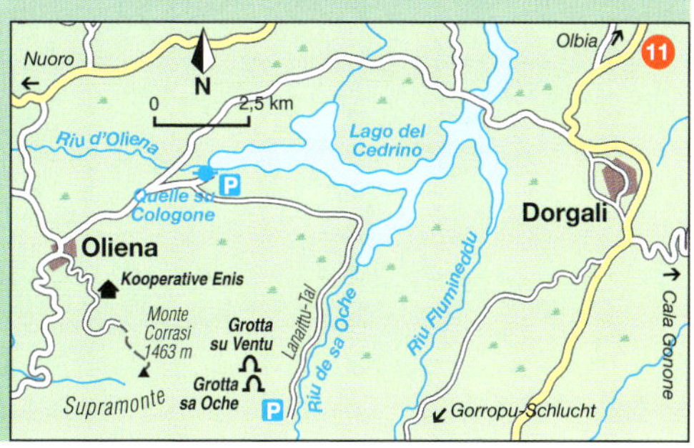

Weite Dünenlandschaften, windgebeugte Wacholder und einsame Küstenabschnitte kennzeichnen die Costa Verde.

Die Costa Verde

12

Einsame Küstenlandschaft mit mächtigen Wanderdünen

Die Küstenregion Costa Verde zählt zu den ökologisch wertvollsten Naturlandschaften Italiens und ist bislang nur über wenige Wege erreichbar. So finden wir hier noch weite, einsame Strände und Dünenlandschaften mit mächtigen Wanderdünen und uralten Wacholderbäumen. Das Hinterland ist von undurchdringlicher Macchienwildnis mit Stein- und Korkeichen, Erdbeerbäumen und Zistrosen bewachsen. Verstreut liegen darin die Ruinen verlassener Bergarbeiter-Dörfer, Zeitzeugen für die einstige Blüte des Bergbaus in dieser uralten Steinlandschaft mit gewaltigen Mineralienvorkommen.
Unsere Wanderungen führen durch die imposante Dünenlandschaft mit Stechwacholder und Phönizischem Wacholder, durch Macchie aus Erdbeerbäumen, Stein- und Korkeichen zum verlassenen Bergwerksdorf und entlang des Riu Piscinas bis zu seiner Mündung ins Mittelmeer.

INFO

Ausgangsort/Zielort: Parkplatz am Hotel Le Dune.

Tourencharakter: Drei einfache Wanderungen durch Dünen, ausgetrocknete Flusstäler und Macchie.

Gesamtlängen: Dünenwanderung: Beliebig nach Lust und Laune. Zum Bergwerksdorf (hin und zurück): ca. 10 km. Rundwanderung am Rio Piscinas: ca. 7 km.

Gehzeiten: Dünenwanderung: Beliebig nach Lust und Laune, zum Bergwerksdorf: ca. 3,5 Std., Rundwanderung am Rio Piscinas: ca. 2,5 Std.

Einsame Dünen, Macchie und verlassene Dörfer

Bereits die Anfahrt mit dem Auto von Marina di Arbus entlang der Costa Verde zum Ausgangspunkt am legendären Hotel Le Dune ist ein Erlebnis für sich. Die schmale und im Frühsommer kaum befahrene Asphaltstraße (die einzige Straße entlang der Costa Verde) windet sich durch macchienbewachsene Bergwildnis vorbei an einsamer Felsküste mit kleinen Sandbuchten und türkisblauem Meer. Farbige Akzente setzen hierzu die am Straßenrand wuchernden, leuchtend pinkfarbenen **Mittagsblumen** (*Carpobrotus acinaciformis*). Nach etwa siebeneinhalb Kilometern endet die Asphaltstraße mit herrlichem Blick auf zwei fast ausgetrocknete, tief eingeschnittene Flusstäler, die hier ins Meer münden, und führt nun noch recht beschwerliche fünf Kilometer weiter bis zum Hotel Le Dune. An der hinteren Mündung können wir es schon von hier aus einsam zwischen mächtigen Dünenbergen erkennen.

Der Weg führt als holperige Schotterpiste zunächst ins Flusstal des Riu Piscinas zu einer Furt – meist mit knietiefem Wasser, der Untergrund besteht aus Schotter (auch mit weniger geländegängigen Fahrzeugen befahrbar). Anschließend führt der Weg wieder bergan, um sich darauf ins Tal des Riu Naracauli hinunterzuwinden, wobei wir herrliche Ausblicke auf die einsame und wilde Küstenlandschaft genießen. An der Weggabelung rechts haltend, erreichen wir entlang des von **Schilf** (*Phragmites australis*) gesäumten, nur noch Restwasser führenden Flusses nach ca. anderthalb Kilometern den Strandparkplatz mit dem historischen Hotel Le Dune, das völlig iso-

Zistrosen-Schmarotzer parasitieren an Zistrosen-Wurzeln.

Stammen ursprünglich aus Afrika: Mittagsblumen.

liert und einsam mitten in den Sanddünen der Costa Verde liegt.

Die Wurzeln des Bruchsteinhauses reichen zurück bis ins letzte Jahrhundert, als im Hinterland der Costa Verde noch Bergbau betrieben wurde. Hier an der Mündung des Riu Piscinas befand sich der Verschiffungshafen mit Lagerräumen für Zink und Blei. Nach Stillegung der Minen verfielen die meisten Gebäude, nur das jetzige Hotel, ein ehemaliges Lagerhaus, wurde als Nationaldenkmal erhalten und zum Hotel ausgebaut.

Unwirklich wie das »Hotel California« und ganz und gar unpassend zum saftig grün klingenden »Costa Verde«, ist die Kulisse rings um das allein stehende Gebäude eher staubtrocken und sandfarben: Bis zu 50 Meter hohe Dünenberge türmen sich direkt dahinter auf, zum Meer mit seiner dunkel rollenden Brandung führt ein breiter Sandstrand, über dem die sengende Sonne und der heftige Wind einen weißen Schleier aus zerstobener Gischt und feinem Sand erzeugen. Das fast ausgetrocknete Flussbett verstärkt noch den wüstenhaften Charakter der Landschaft. Im Kontrast dazu erheben sich landeinwärts dunkle, macchienbewachsene Berge in alle Richtungen. Im Hochsommer ist das Hotel besonders an den Wochenenden ein beliebtes Ausflugsziel, in der Nebensaison begegnet man in der weitläufigen Landschaft kaum je einem Menschen.

Durch Wanderdünen und knorrigen Wacholder

Ausgangspunkt ist der Parkplatz am Hotel Le Dune. Links vom Hotel sieht man schon die Überreste der alten Loren, die zum Transport der abgebauten Erze zu den La-

Unsere Wanderung führt entlang des Riu Piscinas zu seiner Mündung ins Mittelmeer.

gerhäusern und zum Verschiffungshafen an der Küste dienten. Wir queren den Parkplatz und gelangen auf einem Pfad zu den rostigen Eisenbahnwaggons, die auf Überresten des ehemaligen Transportweges stehen, unverkennbar an der regelmäßigen Aneinanderreihung von Steinen und hölzernen Schwellen.
Dieser alte Transportweg führt weiter bis zum verlassenen Bergwerksdorf Ingurtoso, ist aber stellenweise durch mächtige Wanderdünen verschüttet, sodass teilweise neue Wege errichtet werden mussten. Wir wandern ein Stück auf dem alten Transportweg. Wo er sich in weißem Dünensand verläuft, gehen wir rechts in das Dünental am Fuße eines mächtigen Dünenberges. Leider gibt es bislang keine gekennzeichneten Pfade durch die Dünen. Im Laufe des Sommers entwickelt sich jedoch eine Art Trampelpfad, von dem aus man schöne Einblicke in diesen Lebensraum hat. Exkursionen kreuz und quer durch die trittempfindlichen Dünen sollten nach Möglichkeit vermieden werden! Neben typischen Strand- und Dünenpflanzen wie **Stranddistel** (*Eryngium maritimum*), **Strand-Winde** (*Calystegia soldanella*), **Schneeweißer Strandfilzblume** (*Otanthus maritimus*), **Strand-Kreuzblatt** (*Crucianella maritima*) und **Strandnarzisse** (*Pancratium maritimum*) finden wir hier als Besonderheit herrliche Bestände von altem, knorrigem Wacholder. Sowohl **Phönizischem Wacholder** (*Juniperus phoenicea*) als auch **Stechwacholder** (*Juniperus oxycedrus ssp. macrocarpa*) sind in der Lage, auf reinem Sandboden zu wachsen und man kann schön sehen, wie beide mit ihrem weit reichenden Wurzelwerk den Sand festhalten und so ganz entscheidend zur Dünenbefestigung beitragen. Im Gegensatz zur **Pinie** (*Pinus pinea*), die gern an Stränden zur Dünenbefestigung vom Menschen angepflanzt wird, sind diese beiden Wacholderarten als »Urbewohner« der Dünen in der Lage, dem durch Salz und Wind erzeugten Lebensstress langfristig standzuhalten.
Wir wandern auf demselben Pfad zurück und dann links vom Hotel bis an den Strand. Nach Süden (links) können wir nun nach Lust und Laune am einsamen Sandstrand entlangwandern, dabei werden die Dünen nach ca. einem Kilometer von Steilküste abgelöst. Außer gelegentlich überfliegenden **Turmfalken**, **Weißkopfmöwen** und vereinzelt am Strand brütenden **Seeregenpfeifern** begleitet uns dabei nur das Rollen der Brandung.

Zum verlassenen Bergwerksdorf Ingurtosu

Der Weg zum ca. fünf Kilometer entfernt im Landesinneren liegenden, verlassenen Bergarbeiterdorf ist nicht zu verfehlen. Er ist beschildert und führt entlang des Riu Naracauli auf der ehemaligen Transportpiste (heute zum befahrbaren Schotterweg ausgebaut), auf der man früher die abgebauten Erze zum Verschiffungshafen an der Mündung des Riu Piscinas brachte. Unter dem Schotter tritt stellenweise noch der eigentliche Charakter des aufwändig aus Holzplanken und Steinen errichteten Weges zutage. Seit kurzem kann man die Piste von Ingurtosu aus auf asphaltierter Straße weiterfahren, sie führt nach ca. viereinhalb Kilometern auf die SS126 zwischen Guspini und Fluminimaggiore und stellt so eine weitere Zufahrtmöglichkeit zur Costa Verde dar. Die Abfahrt befindet sich ca. acht Kilometer südlich von Arbus und ist ausgeschildert.
Ausgangspunkt unserer Wanderung ist das Hotel Le Dune, von wo aus wir uns auf dem Hauptweg in östlicher Richtung halten. Wir überqueren zwei Brücken und halten uns an der Wegkreuzung nach ca. anderthalb Kilometern geradeaus in Richtung

Verlassenes Bergwerksdorf und Abraumhalden.

Ingurtosu. Der Weg ist gesäumt von niedriger, auf reinem Sandboden wachsender Macchie aus Montpellier-Zistrosen, Schopflavendel, Stechwacholder und Phönizischem Wacholder, aus dem unermüdlich **Girlitze** singen. Das ausgetrocknete Flussbett des Riu Naracauli ist zugewuchert mit Schilf und **Schwarz-Erlen** (*Alnus glutinosa*). Dort, wo nach ungefähr zweieinhalb Kilometern ein Bach in den Fluss mündet, sehen wir rechts Teile des alten, zum Teil eingestürzten Transportweges. Kurz danach führen nach rechts mehrere Abzweiger in Richtung Küste, die aber gesperrt sind und keinesfalls betreten werden sollten, am Ende befindet sich ein Gefängnis. Früher wurden die Häftlinge der Strafkolonie Bau Gennamari zur Zwangsarbeit in den Bergwerken eingesetzt.

Nach ca. drei Kilometern passieren wir einen von Eukalyptusbäumen und Schwarz-Erlen gerahmten Bach; das Wasser ist nicht trinkbar! Die leuchtend gelben Farbtupfer auf den umliegenden macchienbewachsenen Hängen stammen von der im April blühenden **Baumförmigen Wolfsmilch** (*Euphorbia dendroides*). Schon im Mai tragen die kugelig wachsenden Büsche ihr Herbstkleid aus prächtigen Orange- und Rottönen, um im Sommer ganz kahl dazustehen: Eine hervorragende Anpassung ans sommertrockene Mittelmeerklima. Geschützt vor den heftigen Westwinden im Strandbereich hat sich hier eine mehrere Meter hohe Macchie aus **Steineichen** (*Quercus ilex*), **Korkeichen** (*Quercus suber*), **Kermeseichen** (*Quercus coccifera*), **Mastixstrauch** (*Pistacia lentiscus*) und **Erdbeerbaum** (*Arbutus unedo*) gebildet. Der immergrüne, niedrige Baum zählt zu den typischen Hartlaubgehölzen einer gut entwickelten Mittelmeer-Macchie und ist an seinen erdbeerähnlichen Früchten leicht zu erkennen. Die Beeren sind essbar, tragen ihren lateinischen Namenszusatz aber zu Recht (»unedo« – »nur eine esse ich«). Im Unterwuchs der Macchie verstecken sich **Glöckchen-Lauch** (*Allium triquetrum*) und **Geschweiftblättrige Alpenveilchen** (*Cyclamen repandum*).

Kurz bevor wir Ingurtosu erreichen, liegen rechts am Wegrand mehrere schöne Rastplätze im Schatten. Von hier aus ist bereits die gespenstische Szenerie des verlassenen Dorfes zu sehen: Halb verfallene Häuser mit leeren Fensterlöchern, stillgelegte Fördertürme, eingestürzte Schächte und kahle Hänge, auf denen bis heute nichts wächst. Im Dorf stehen malerische Rotstein-Ruinen mit aufwändig gemauerten, halbrunden Fenstern, die ehemaligen Palazzi der Minenbesitzer. Heute leben hier **Turmfalken** und **Grauschnäpper**, in den ehemaligen Gärten wachsen prächtige Exemplare von **Feigenbäumen** (*Ficus carica*). Wir wandern auf demselben Weg zurück zum Hotel.

Rundwanderung durch Macchie und am Sandstrand zum Tal des Riu Piscinas

Wir starten am Parkplatz des Hotel Le Dune und wandern zunächst auf dem Hauptweg in östlicher Richtung am Rande des Riu Naracauli. Nach ca. 400 Metern überqueren wir eine Brücke, eine zweite nach weiteren 350 Metern. Dichte Schilf-

Das Hotel »Le Dune« liegt inmitten der einsamen, weiten Dünenlandschaft an der Costa Verde.

bestände und **Schwarz-Erlen** (*Alnus glutinosa*) im oberflächlich ausgetrockneten Flussbett zeigen, dass der Grundwasserspiegel hier nicht tief liegt. Der Weg ist gesäumt von Phönizischem Wacholder und Stechwacholder.

An der Weggabelung nach ca. anderthalb Kilometern halten wir uns links in Richtung Marina di Arbus. Wir queren den Fluss in einer Furt, danach links weiter auf dem Weg durchs ausgetrocknete Flussbett. Vor der Eukalyptus-Pflanzung verlassen wir den Hauptweg und zweigen in einen Sandweg nach links ab, nach ca. 200 Metern geht es rechts weiter. Der Sandweg führt uns zu einem lichten **Pinienwald** (*Pinus pinea*) mit einer mächtigen, sich dahinter auftürmenden Wanderdüne. Die schirmförmigen Kronen der Pinien spenden wohltuenden Schatten, ein schönes Plätzchen für eine Rast. Aus den Pinien singen **Buchfinken**, aus dem umliegenden Buschwerk hört man häufig **Girlitze**, deren Gesang am ehesten einem quietschenden Kinderwagen ähnelt. Vom Pinienhain aus führt nach rechts ein relativ steiler Schotterweg durch Macchie hinauf und nach ca. 100 Metern zurück auf den Hauptweg.

Auf dem südexponierten Hang umfängt uns die sonnendurchglühte Macchie mit ihren charakteristischen, schweren und süßen Düften. Dabei duften nicht nur die Blüten: Der Sonnenbestrahlung ausgesetzt, sondern die Blätter vieler typischer Macchienpflanzen wie **Zistrosen** (*Cistaceae*), **Rosmarin** (*Rosmarinus officinalis*) oder **Schopflavendel** (*Lavendula stoechas*) aromatisch duftende ätherische Öle ab. Sie umgeben die Pflanze mit einer Art Dunstglocke, die die Sonnenstrahlen reflektiert und die Verdunstung kostbaren Wassers vermindert. Am Hauptweg gehen wir links weiter, von April bis Juni blüht hier ein Meer von **Montpellier-Zistrosen** (*Cistus monspeliensis*) mit ihren kleinen, weißen Blüten, daneben die rosafarbene, zerknittert aussehende **Graubehaarte Zistrose** (*Cistus incanus*). Unter den Montpellier-Zistrosen finden wir bei genauerem Hinsehen den **Gelben Zistrosenschmarotzer** (*Cytinus hypocistis*). Er kommt als einziger Vertreter der tropischen Familie der Schmarotzerblumengewächse Rafflesiaceae in Europa vor und zapft hier hauptsächlich die Wurzeln weiß blühender Zistrosen an. Als kleine, leuchtend gelbe Nester bricht er im Wurzelbereich der Pflanzen aus der Erde hervor. Häufig in der Macchie sind außerdem **Mastixstrauch** (*Pistacia lentiscus*), **Erdbeerbaum** (*Arbutus unedo*), **Phönizischer Wacholder, Windendes Geißblatt** (*Lonicera implexa*), **Schmalblättrige Steinlinde** (*Phillyrea angustifoli*a) und Schopflavendel.

Nach ca. 100 Metern lohnt in einer Rechtskurve mit zerschossenem Schild ein Abstecher nach links einen Schotterweg hinauf: Er endet kurz danach mit fantastischem Weitblick auf die Costa Verde und auf beide Flusstäler (am eingezäunten Areal mit Häuschen links vorbei durch die Macchie schlüpfend).

Zurück auf den Hauptweg; windet sich dieser allmählich hinunter ins Flusstal des Riu Piscinas. An der Furt mit Ruine und schönem altem **Feigenbaum** (*Ficus carica*) wandern wir links am Fluss (wenig Restwasser) entlang in Richtung Meer. Im gerölligen Flussbett blüht ab Juli **Oleander** (*Nerium oleander*) und über dem Wasser fliegen Große **Königslibellen** (*Anax imperator*), mit brummenden Fluggeräuschen sausen **Pillendreher** (*Scarabaeus laticollis*) durch die Luft. Nach ca. anderthalb Kilometern erreichen wir die Flussmündung mit Überresten einer Brücke. Am Strand geht es links zurück zum Hotel.

Auf einen Blick

Empfohlene Jahreszeit: April bis Juni.
Öffentliche Verkehrsmittel: Keine. Im Hochsommer verkehrt lediglich einmal täglich ein Bus von Guspini bis Marina di Arbus.
Anreise mit dem Auto: Von Guspini über Monteveccio in Richtung Costa Verde (ausgeschildert). Wo die Straße ans Meer stößt, liegt Marina di Arbus. Links abbiegend ca. 7,5 km auf Asphaltstraße in Richtung Süden und weitere ca. 3,5 km auf Schotterpiste bis zur Weggabelung. Hier der Beschilderung nach rechts »Hotel Le Dune« folgen, die Straße endet nach 1,5 km am Hotel-Parkplatz.
Empfohlene Gebietskarte: Carta topografica d`Italia 1:25000, »Costa Verde«.
Einkehrmöglichkeiten: Hotel mit Restaurant »Le Dune« (ganzjährig), Tel. 070/977130, die wenigen Restaurants/Bars in Marina di Arbus sind nur im Hochsommer geöffnet.
Unterkunft/Camping: Camping Costa Verde in Marina di Arbus (1.6. bis 30.9.), Tel. 070/977009.
Auskunft: Pro Loco in Iglesias, Tel. 0782/41902, Ente Sardo Industrie Turistiche in Cagliari, Tel. 070/60231.
Ausrüstungstipp: Fernglas, Proviant und ausreichend Trinkwasser. Leichtes Schuhwerk genügt auf allen Wanderungen.

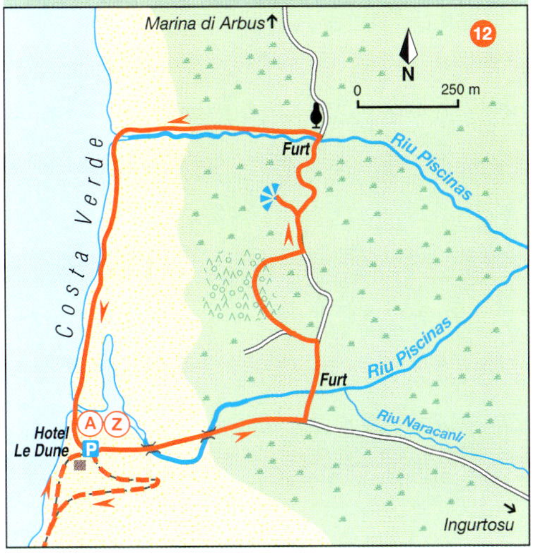

13 Die Vulkaninsel Isola di San Pietro

Die ca. 50 Quadratkilometer große Isola di San Pietro liegt im äußersten Südwesten Sardiniens und ist eine Insel vulkanischen Ursprungs. Ihr Landesinneres ist überwiegend von Macchie bewachsen, darin liegen verstreut kleine, weiß gekalkte Gehöfte und stellenweise Weingärten und Olivenhaine. Spektakulär sind die Küsten: Auf der gesamten Insel gibt es kaum Badebuchten oder längere Sandstrände, stattdessen wilde Felsküste mit Steilabfällen und tiefen Höhlen, in denen bis vor wenigen Jahren noch die seltenen, mittlerweile wohl überall auf Sardinien ausgestorbenen Mönchsrobben ihre Jungen zur Welt brachten.

Heute noch zu beobachten sind dagegen die am Vogelfelsen der Cala Fica lebenden **Eleonorenfalken**. Die Wärme liebende Falkenart brütet nur sehr lokal in kleinen Kolonien an unzugänglichen Felsküsten auf Mittelmeerinseln und auf den Kanaren und hat eine bemerkenswerte Strategie entwickelt, um in dem kargen Felslebensraum ausreichend Nahrung für seinen Nachwuchs zu finden: Die Altvögel kehren bereits im April aus ihren Winterquartieren auf Madagaskar zurück, legen ihre Eier aber erst spät im Juli. So schlüpfen ihre Jungen pünktlich zum Höhepunkt des ab August einsetzenden Herbstzuges europäischer Kleinvögel. Eleonorenfalken schließen sich zur Jagd zusammen und sperren mit nicht weniger als 30 Tieren ganze Küstenabschnitte in Form eines Fangriegels regelrecht ab. Die einzelnen Falken fliegen dabei locker verteilt auf der Stelle gegen den Wind und warten auf die einzeln ankommenden Zugvögel. Benannt wurden die Eleonorenfalken nach der sardischen Regentin Eleonora von Arborea, die sich weitblickend schon im 14. Jahrhundert für den Schutz von Greifvögeln einsetzte.

Wir gelangen zum Vogelfelsen, indem wir vom Parkplatz an der Hauptstraße dem Wegweiser zur Cala Fico folgen. Nach ca. 400 Metern auf kurviger Asphaltstraße erreichen wir die Beobachtungsstation des italienischen Vogelschutzbundes LIPU, der seit Oktober 1991 die unter Naturschutz stehende Westküste von der Punta della Borrona bis zum Capo Rosso betreut.

INFO

Ausgangsort/Zielort: Parkplatz an der Beobachtungsstation des italienischen Vogelschutzbundes LIPU an der Cala Fico.

Tourencharakter: Trittsicherheit erforderlich, für Kinder ungeeignet (scharfkantiger Fels und Steilabstürze).

Anfahrt: Mit der Fähre in 45 Min. vom sardischen Festland aus (Portovesme) oder von der Insel Sant'Antioco (Calasetta) in 30 Min. nach Carloforte (in der Saison verkehren die Fähren etwa stündlich). Von hier aus ca. 13 km in Richtung Capo Sandalo, ca. 1,5 km vorher liegt rechts die Cala Fico (Wegweiser) 400 m von der Straße entfernt (Parkbucht an der Hauptstraße, in der Bucht keine Park- und Wendemöglichkeit!).

Unterkunft: Camping La Caletta (1.6. bis 30.9.), Tel. 0781/852112.

Auskunft: Pro Loco gegenüber dem Fähranleger, Tel. 0781/854009.

Ausrüstungstipp: Vergrößerungsstarkes Fernglas und festes Schuhwerk.

Gesamtlänge: ca. 3 km.

Gehzeit: ca. 1,5 Std.

Sehenswertes in der Umgebung: Capo Sandalo (Leuchtturm an einsamer Felsküste) und die Salinen südlich des Fähranlegers in Carloforte (Flamingos und Watvögel).

Im Westen der Isola di San Pietro liegt der Vogelfelsen an der Cala Fico.

Die Station ist nur im Sommer besetzt, doch ist die kleine Beobachtungsplattform jederzeit begehbar. Herrliche Ausblicke bieten sich von hier auf die schmale Meereseinbuchtung, an deren äußerstem Zipfel sich die gigantische, kahle und zerklüftete Punta di Cala Fico erhebt. Schon von hier aus lassen sich die allerdings recht weit entfernt fliegenden Eleonorenfalken beobachten, daneben zahlreiche **Weißkopfmöwen**. In unmittelbarer Umgebung der Beobachtungsstation brüten mehrere Paare **Blaumerlen**, ihr melancholischer, amselartiger Gesang hallt weit durch die Felslandschaft.

Von der Station aus führt ein schmaler, grün markierter Pfad ca. anderthalb Kilometer weit hinauf in die Felsen. Er endet an einem Steilabsturz. Neben gnadenlos heftigen Winden, die sämtliche Vegetation flach rasieren, und scharfkantigem Vulkangestein erwartet uns hier eine grandiose Aussicht über das türkis und blau schimmernde, kristallklare Meer mit faszinierenden Steilabstürzen und in kleinen Kolonien jagenden Eleonorenfalken.

Wir wandern denselben Weg zurück zur Parkbucht. Von hier aus weiterfahren in Richtung Küste, nach etwa anderthalb Kilometern erreichen wir das malerische Capo Sandalo mit seinem Leuchtturm und einem fantastischen Blick übers Meer.

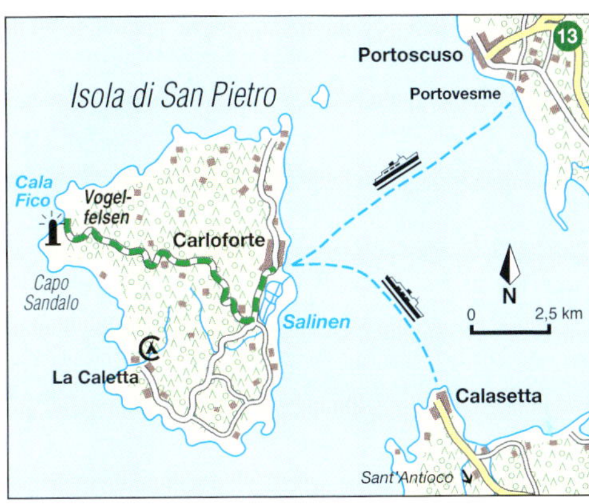

14 Die Grotte Is Zuddas

Tropfsteinhöhlen entstehen, wo leicht lösbares Kalkgestein einem milden und ausreichend feuchten Klima ausgesetzt ist. Hier genügt schon versickerndes Regenwasser, das sich im Boden mit der schwachen Kohlensäure anreichert, um den Kalk (Kalziumkarbonat) aufzulösen. Im Laufe von Jahrmillionen können so mächtige, unterirdische Gänge und Höhlen entstehen. In diesen Höhlen bilden sich häufig durch das Verdunsten des tropfenden, kalkhaltigen Wassers eiszapfenähnliche Gebilde aus Kalkspat, sie wachsen als so genannte Stalaktite von der Decke herab oder als Stalagmite durch hinunterfallende Tropfen vom Boden in Richtung Decke. Experten schätzen, dass es etwa 100 Jahre dauert, bis ein Tropfstein um einen Kubikzentimeter angewachsen ist.
Die im rund 600 Millionen Jahre alten Urgestein Sardiniens liegende Grotte Is Zuddas ist eine der ältesten und imposantesten

Stalaktiten und Stalagmiten haben eine »Orgel« gebildet.

Höhlen Europas, ihre Bedeutung reicht weit über europäische Grenzen hinaus. Erst 1971 wurde der wichtigste und schönste Teil der Grotte entdeckt, 1973 wurde sie als erste Tropfsteinhöhle Italiens unter staatlichen Schutz gestellt. Durch dunkle und feuchte Tunnel führt der Weg aus sonnig heißer Macchie in die sommers wie winters konstant 16 Grad Celsius kühle Grotte zum »Großen Orgelsaal« mit einer mächtigen, aus Stalaktiten und Stalagmiten geformten Riesenqualle (»Medusa«) und aus scharfen, weißen Kristallnadeln bestehende Aragoniten an den Wänden. Im darauf folgenden, bis zu 60 Meter hohen »Theatersaal« lassen die Tropfstein-Gebilde der Fantasie freien Lauf: Kaktus-Landschaften wachsen hier neben riesigen Haifischmäulern und menschlich anmutenden Figuren. Der »Saal der Exzentrischen Aragoniten« ist nur über künstlich geschaffene Gänge zu erreichen und eine märchenhafte Welt für sich. Glitzernde Aragonitkristalle wachsen hier scheinbar unbeirrt von der Schwerkraft in alle Himmelsrichtungen und lassen das Gewölbe wie ein überirdisches Korallenriff erscheinen.

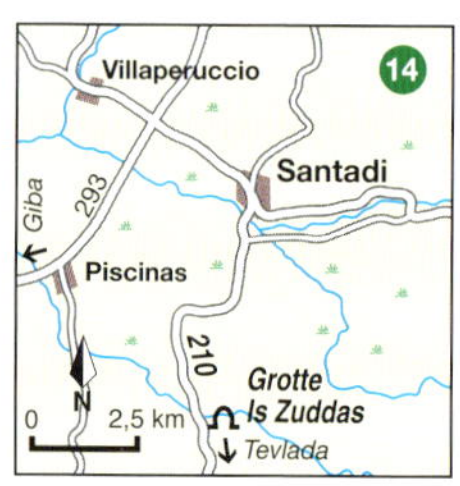

INFO

Anfahrt: Auf der SS nach Santadi, weiter ca. 6 km in Richtung Süden auf der Bundesstraße 210 in Richtung Teulada (die Grotte ist ausgeschildert).

Öffnungszeiten: Besuche nur unter Führung. April bis September: täglich 9.00 Uhr bis 12.00 Uhr, 14.30 Uhr bis 18.00 Uhr. Oktober bis März: Wochentags 9.00 bis 12.00 Uhr, 14.30 Uhr bis 18.00 Uhr, Sonntag 12.00 Uhr, 16.00 Uhr. Dauer der Führung ca. 1 Std.

Auskunft: Cooperativa Monte Meana, Tel. 0781/955741

Hinweis: Die Führungen sind mehrsprachig (auch in Deutsch) und auch für Kinder spannend.

Der Naturpark Monte Arcosu

Das Schutzgebiet Monte Arcosu umfaßt 3600 Hektar Berge und Wälder und zählt zu den wichtigsten unberührten Waldregionen Sardiniens. 1985 wurde das Gebiet vom WWF (World Wide Fund for Nature) Italien gekauft, um eine der letzten Herden des vom Aussterben bedrohten **Sardischen Hirsches** (*Cervus elaphus corsicanus*) zu bewahren. Außerdem wurde der bereits ausgerottete **Damhirsch** (*Cervus dama*) wieder eingebürgert. Am Besucherzentrum befinden sich Fütterungplätze für die frei in den umliegenden Wäldern lebenden Hirsche, die bisweilen in den Dämmerungsstunden zum Fressen herunterkommen und dann von Observationshütten aus beobachtet werden können. Eher begegnet man aber der Mittelmeerrasse des häufigen **Wildschweines** (*Sus scrofa meridionalis*). Daneben finden sich in dem weitläufigen Schutzgebiet Naturlehrpfade (auf Italienisch), Damwild- und Schildkrötengehege und zahlreiche, überwiegend gut markierte Wanderwege. Ein Faltblatt hierzu mit verschiedenen Touren-Vorschlägen ist am Informationszentrum des WWF erhältlich, zusätzlich bietet man von hier aus regelmäßig geführte Exkursionen an.

Außer für die Hirsche, zweifelsohne die Attraktion des Naturparks, ist das Waldgebiet von großer Bedeutung für die Pflanzen- und Tierwelt: 492 verschiedene Pflanzenarten aus 90 Familien wurden bislang gefunden, darunter 46 endemische Arten. Unter den Brutvögeln sind **Weißbart-, Sarden-, Provence-, Brillen-** und **Samtkopfgrasmücke** am häufigsten, auf Lichtungen kann man eher selten **Zitronengirlitze** und **Felsenhühner** beobachten. Nur mit viel Glück und ausnahmsweise wird man einen **Steinadler**, **Habichtsadler** oder **Wanderfalken** zu sehen bekommen.

Unsere Waldwanderung beginnt am Informationszentrum des WWF mit einem aus Hunderten eingesammelter Wildererfallen errichteten Kunstwerk. Wir folgen der Beschilderung »Peppi Meloni« (Wanderweg A2) und »Genna Strinta« (Wanderweg A3) nach links, überqueren den Riu Perdu Melis und wandern auf breitem Forstweg in Richtung Westen am linken Ufer des Flusses auf die gezackten Felsgipfel des Monte Lattias zu. Der Weg ist gesäumt von **Mastixstrauch** (*Pistacia lentiscus*), **Breit-**

INFO

Ausgangsort/Zielort: Informationszentrum des WWF.

Gesamtlänge: Waldwanderung ca. 10 km, Naturpfad ca. 2 km.

Gehzeit: ca. 3,5 Std. für die Waldwanderung, ca. 1 Std. für den Naturpfad.

Anfahrt: Von Cagliari auf der SS 195 in Richtung Süden (Pula), nach ca. 10 km rechts in Richtung Capoterra. Nach 4,7 km führt die Straße zur Kapelle Santa Lucia. Nächster Abzweiger rechts zur Oasi WWF. Nach ca. 3 km auf Schotter erreichen wir eine Schranke (Eintrittskarten zum Park). Hier beginnt rechts einer der beschilderten Naturpfade mit Damhirsch- und Schildkrötengehegen. Geradeaus führt die holperige Schotterpiste nach ca. 8 km zur »Foresteria« und dem Besucherzentrum des WWF.

Öffnungszeiten: Der Naturpark ist nur an den Wochenenden von 8.00 Uhr bis 18.00 Uhr geöffnet (Ausnahmen bestätigen die Regel).

Auskunft: WWF Sardinien, Tel. 070/670308 und 968714.

Ausrüstungstipp: Da weit und breit keine Einkehrmöglichkeiten bestehen, sind ausreichend Proviant und Trinkwasser notwendig.

Im Schutzgebiet häufig: Die Mittelmeer-Rasse des Wildschweins.

blättriger Steinlinde (*Phillyrea latifolia*), **Baumheide** (*Erica arborea*), **Erdbeerbaum** (*Arbutus unedo*), **Baumförmiger Wolfsmilch** (*Euphorbia dendroides*), **Pankrazlilien** (*Pancratium illyricum*), **Schopflavendel** (*Lavendula stoechas*) und **Affodill** (*Asphodelus aestivus*). Wir lassen den Abzweiger »Peppi Meloni« nach links liegen und folgen von nun an den Hinweisschildern »Sentiero Genna Strinta«, bis wir auf einen schmalen Pfad, einen ehemaligen Köhlerweg, gelangen. Ab hier folgen wir den Holzschildern »Percorso Natura«. Vom Weg aus bieten sich immer wieder schöne Ausblicke auf die waldreichen Hänge und schroffen Gipfel des Monte Genna Strinta (847 m) und des Monte Lattias (1086 m). Am Hinweisschild »Alle Case« können wir nach links eine Abkürzung zum Forsthaus nehmen oder nach rechts weiter auf dem Sentiero Peppi Meloni gehen. Wir folgen den Schildern »Sentiero Natura« und roten Pfeilen auf Fels und können am nächsten Abzweiger »Peppi Meloni« einen kleinen Abstecher zur tröpfelnden, gefassten Quelle machen. Weiter geht es auf dem Sentiero Natura, bis wir auf breitem Sandweg dem Schild »Foresteria Perdu Melis« nach links zurück zum Ausgangspunkt folgen.

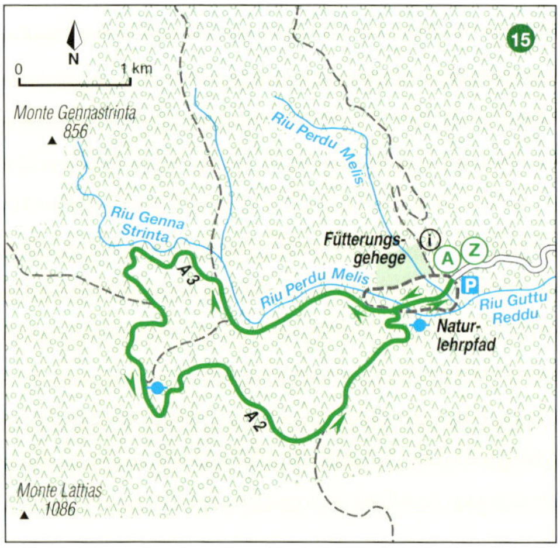

Der idyllische Naturlehrpfad Su Bacino beginnt ebenfalls am Informationszentrum des WWF, wir folgen hier dem Sentiero Natura nach rechts. Der schöne, gut markierte Rundwanderweg führt an einen Bach mit kleinen Wasserfällen und über mehrere Holzbrücken. Am Weg befinden sich Informationstafeln zu Pflanzen und Tieren des Waldes (auf Italienisch).

Das Capo Caccia mit der Neptunsgrotte

Eine Landschaft wie gemalt: Weißer Fels, struppige Macchie und ein Meer aus Türkis und Blau mit schaukelnden Fischkuttern. Daraus erhebt sich der mächtige, 168 Meter hohe Kalkklotz des Capo Caccia. Über einen spektakulären Abstieg auf 652 Stufen der »Escala del Cabriol«, eine in die senkrechte Felswand gehauene Steintreppe, gelangen wir zum Eingang der Neptunsgrotte. Dabei lassen sich **Alpensegler**, **Felsenschwalben**, **Felsentauben** und **Weißkopfmöwen** aus nächster Nähe beobachten.

652 Stufen führen steil hinab zur Neptunsgrotte.

INFO

Ausgangsort/Zielort: Parkplatz am Ende der Straße zum Capo Caccia.

Tourencharakter: In Fels gehauene Treppe mit 652 Stufen.

Öffnungszeiten: Besichtigung der Grotte nur mit Führung (stündlich), April bis September täglich 9 bis 19 Uhr, Oktober 9 bis 17 Uhr, November bis März 9 bis 14 Uhr. Dauer der Führung ca. 30 Minuten.

Öffentliche Verkehrsmittel: Von Alghero aus verkehren im Sommer mehrmals täglich Busse ans Capo Caccia und Schiffe direkt zur Neptunsgrotte, außerdem Bootsverkehr zur Grotte von der Cala Dragunara (kleine Bucht ca. 1 km vor dem Parkplatz).

Anfahrt mit dem Auto: Von Alghero auf der 127 westwärts bis zum Ende der Straße.

Einkehrmöglichkeiten: Snackbar am Parkplatz

Unterkunft: Camping Torre del Porticciolo (Mai bis Oktober), Tel. 079/919007.

Gesamtlänge: ca. 1 km.

Gehzeit: ca. 45 Min. (ohne Führung)

Im Frühjahr erstrahlt Korsika im Glanz blühender Bäume wie am Col du Quilico, im Hintergrund des Rotondo-Massiv.

Naturwandern auf Korsika

Korsika ist eine große Ansammlung von Gebirgen, die mit kargen Waldungen umkränzt und von tiefen Tälern durchfurcht sind«, schrieb Stendhal 1837. Er war einer der vielen Literaten, die dieses bekannte Eiland besuchten. Korsika gilt unbestritten als eine der vielfältigsten Inseln des Mittelmeerraumes, der es nicht an Beinamen mangelt: Ob »Insel der Schönheit«, »Insel der Düfte« oder »Insel der Gegensätze«, alle beschreiben die wildreiche Landschaft und Natur, aber auch die Vielgestaltigkeit der Bevölkerung. Grundsätzlich herrscht mediterranes Klima, doch die rauen Gebirgsketten im Inneren lassen Vergleiche mit den mitteleuropäischen Alpen zu. Mehr als 70 Gipfel klettern über 2000 Meter und stellen für Bergwanderer und Naturfreunde ein wahres Eldorado dar.

Der Naturraum Korsikas wird durch zwei Gebirgsmassive gegliedert, den zentralen Gebirgsstock mit dem Monte Cinto im Zentrum und Westen und den korsischen Schiefergebirge mit Monte San Petrone im Osten. Im Süden schließen die flachen, sanft zum Meer hin ausrollenden Blocklandschaften des Alta Rocca an. Ein Großteil der Insel steht im »Parc Naturel Régional de la Corse« unter Naturschutz. Im Nordwesten gehören 80 Kilometer Küste mit den grandiosen Buchten von Porto und dem Naturschutzgebiet der Halbinsel Scandola dazu. Quer über die Insel um-

In den extensiv bewirtschafteten Weiden wie hier bei Caporalino blühen im Frühjahr zahllose Orchideen.

fasst das Schutzgebiet den zentralen Bergrücken mit den dichten Wäldern, den bizarren Schluchten und den schütteren hochalpinen Felsgraten.

Die Touren dieses Naturwanderführers geleiten den Leser/die Leserin durch alle Landschaften und Vegetationszonen der Insel und stellen den enormen naturräumlichen Reichtum vor. Die Wanderungen führen durch tiefe Cañons wie Restonica-, Tavignano- und Spelunca-Schlucht, aber auch durch die Blocklandschaften des Südens und zu den Kalkklippen des Capu Pertusato. Die Hochgebirgsszenerien rund um den Bavella-Pass und den höchsten Berg Korsikas, den Monte Cinto, sind ebenso beschrieben wie die einsamen Caps an der Nordspitze mit den streng geschützten Iles Finocchiarola. Auf unseren Wanderungen entdecken wir die endemismenreiche Flora, die sowohl mediterrane Dünenpflanzen, undurchdringliche Macchie, geschlossene Hartlaubwälder, aber auch windgeformte Bergwälder, Erlengebüsch und im Gipfelbereich Hochgebirgsfluren umfasst. Dabei begegnen uns verwilderte Schweine, Ziegen, Mufflons und eine reichhaltige Vogelwelt. Wandern auf Korsika wird aber auch zu einem kulturellen und historischen Ereignis, denn stets erzählen Kleinode, die wir am Weg finden von der unruhigen Geschichte und den Traditionen der Insel; Korsika-Besucher werden also auch dem insularen »Anderssein«, der sprichwörtlichen *corsitude* begegnen, die sich besonders auf den alten und zum Teil wieder hergestellten Saumpfaden erschließen lässt.

Das Restonicatal zeigt sich am Talschluß mit den steilen Felsbarrieren und Schuttfeldern besonders wildreich.

Geologie

Zu Frankreich gehörend liegt Korsika zwischen dem 41. und 43. nördlichen Breitengrad und weist eine Nord-Süd-Erstreckung von 183 Kilometer bei einer maximalen Breite von 83 Kilometer auf. Die mit 8722 Quadratkilometer viertgrößte Insel des Mittelmeerraumes wird im Norden vom Ligurischen Meer, im Osten und Süden vom Tyrrhenischen Meer und an der Westküste vom westlichen Mittelmeer umspült. Von der französischen Küste liegt es 180 Kilometer, von der italienischen 83 Kilometer entfernt. Die zerklüftete Küstenlinie macht mehr als 1000 Kilometer aus und besteht aus Felsklippen und feinen Sandstränden. Im Inneren erreichen die Gebirge, die die Insel wie ein steinernes Rückgrat von Nord nach Süd durchziehen, mit Höhen bis 2706 Meter (Monte Cinto) absolut alpine Verhältnisse.

Die Insel wird in insgesamt 12 Naturlandschaften unterteilt, die im Wesentlichen den naturräumlichen Vorgaben folgen:
Korsika war im Erdaltertum ein Teil des Urkontinent Tyrrhenis und somit mit Festland-Europa und Afrika verbunden. Im Zuge der Kontinentaldrift und der Auffaltung der mitteleuropäischen Alpen brach dieser Kontinent auseinander. Geologisch betrachtet steht es mit den Pyrenäen im Westen ebenso in Verbindung wie mit der Insel Elba im Osten.
Zwei Gebirge bestimmen die geologische Gliederung der Insel. Das größere erhebt sich im Nordwesten bei Calvi und L'Ile Rousse aus dem Meer und erreicht schon 25 Kilometer im Landesinneren mit dem Monte Cinto den höchsten Gipfel Korsikas. Nach Südosten folgen mehrere Gipfel, die über 2000 Meter hoch sind, ehe die diagonal verlaufende Bergkette sanft nach Süden ausrollt und zwischen Solenzara und

TypischeTafoni-Felsen bei Roccapina in der Sartène.

Bonifacio im Meer verschwindet. Es besteht hauptsächlich aus Granit, Gneis, Porphyr und Rhyolith, auch wenn die Südspitze Korsikas rund um Bonifacio aus reinen Kalken aufgebaut ist. Mineralische Zusätze führten zu bizarren Färbungen, wie wir sie in der Calanche, auf der Halbinsel Scandola oder in der Restonica-Schlucht antreffen. Zu den interessantesten Phänomenen gehören aber die Tafoni-Verwitterungen (siehe Wanderung 6). In den waldreichen Felsgebieten liegen die Quellen der meisten Flüsse, die zerklüftete Schluchten und Täler in die Felsketten gegraben haben. Der längste ist der Golo, der nahe dem Col de Verghio entspringt und nach 84 Kilometern südlich von Bastia ins Tyrrhenische Meer mündet. Ein tektonischer Graben, der sich etwa auf der Linie L'Ile Rousse – Corte – Solenzara erstreckt, teilt das zweite Gebirge nach Nordosten ab. Dabei handelt es sich um das jüngere korsische Schiefergebirge, das aus kristallinem Schiefer und Serpentinit aufgebaut ist. Dieser Höhenzug ist wesentlich kleiner und niedriger und erreicht am Monte San Petrone mit 1767 Meter seine höchste Erhebung. Südlich von Bastia schließt an der Ostküste ein Schwemmland aus Sedimenten und Schottern an, das die einzige echte Ebene der Insel, die Plaine Orientale, bildet und bis Solenzara reicht.

Parc Naturel Régional de la Corse

Information: 2 rue Major Lambroschini, B.P. 417, F-20184 Ajaccio CEDEX 1, Tel. 04 95 51 79 10

Der Parc Naturel Régional de la Corse wurde 1972 als 3500 Quadratkilometer großes Schutzgebiet gegründet und beinhaltet die markantesten und schönsten Landschaften Korsikas im Zentrum und an den Küsten. Zum Parkgebiet gehören die höchsten Berge wie Monte Cinto, Monte d'Oro, Monte Renoso, Monte Inducine sowie das Bavella-Massiv bis hin zum Massif de l' Ospédale. Im Nordwesten schließt er Küstenlandschaften am Golf von Porto und Girolata, die Calanche de Piana und die Halbinsel Scandola ein. Auch die schönsten Waldgebiete wie die Forêts von Aitone, Bavella, Ospédale und Valdu-Niellu liegen genauso auf dem Gebiet wie die bizarren Schluchten Restonica, Spelunca und Tavignano. Wie überall in Frankreich dient der Regionalpark aber nicht nur ökologischen Zwecken, vielmehr soll er die wirtschaftlichen Grundlagen einer von Auswanderung und Verfall bedrohten Region fördern. Er verfolgt aber auch das Ziel, die noch einigermaßen naturnahen Wälder vor Zersiedelung und Erschließungen zu bewahren. Die Schutzprogramme versuchen also auch das kulturelle Erbe mit den alten Kulturlandschaften, den traditionellen Bauformen wie Bergerien, alten Mühlen und Häusern zu bewahren. Dabei werden auch Restaurierungsmaßnahmen von jungsteinzeitlichen Baudenkmälern vorgenommen und historische Bauwerke der Öffentlichkeit zugänglich gemacht. Eine wichtige Aufgabe ist auch der Kampf gegen Waldbrände und Buschfeuer. Als vorrangiges Ziel wird aber der Erhalt der vielfältigen Fauna und Flora angesehen. Die Region weist mehr als 800 Tierarten, darunter seltene Schmetterlinge, Bartgeier, Fischadler, Kormoran und Mufflon sowie mehr als 2000 Blütenpflanzen mit zahlreichen endemischen und seltenen Arten auf.

Pflanzenwelt

Schon Napoleon erkannte den Reichtum der korsischen Flora, als er die Worte aussprach: »Wer sich im Frühjahr und Sommer der Insel nähert, kann Korsika schon aus großer Distanz am Duft der Macchie erkennen, die nirgends so schön blüht wie hier.« Die Vielfalt der Pflanzenwelt mit mehr als 2000 Arten ist erstaunlich und resultiert aus den unterschiedlichen Klimaverhältnissen und Höhenstufen, die von Küsten- und Dünenlandschaften bis zum Hochgebirge reichen. 350 Blütenpflanzen sind endemisch, kommen also ausschließlich auf Korsika und/oder Sardinien vor. Darüber hinaus gilt die Insel als Standort von Orchideen, die mit mehr als 40 Arten vertreten sind. Die Vegetation Korsikas wurde von Jacques Gamisans bearbeitet und als Buch veröffentlicht (La Végétation de la Corse, Edition Édisud, Aix-en-Provenve, 1999). Zusätzlich hat Gamisans einen Katalog der endemischen Pflanzen aufgelegt (La Flore endemique de la Corse, Édisud, 1996).

Küsten und Sanddünen

Sand- und Felsküste sind ökologisch betrachtet so genannte Sonderstandorte, an denen nicht das Großklima die entscheidenden Akzente setzt, sondern extreme Umweltfaktoren wie Salzgehalt und Wind. Trotzdem können diese Wuchsorte von einigen Spezialisten bevölkert werden, so genannte Halophyten, die es gelernt haben, der herangepeitschten Salzgischt physiologische Mechanismen entgegen zu halten. Einige Pioniere begegnen der hohen Salzkonzentration mit fleischigen Blättern, in denen sie Wasser speichern und so im Zellinneren das zwangsläufig mit aufgenommene Kochsalz verdünnen. Etwas im Hinterland folgen Küstengarrigues mit niederliegenden Zwergsträuchern. Einen besonderen Standort stellen auch die Sandstrände mit den Dünen dar, die entlang der korsischen Küsten an manchen Stellen noch unvermutet unberührt anzutreffen sind (wie zum Beispiel der Ostriconi-Strand in der Balagne oder die Sandbucht bei Galéria). Wiederum werden Salz und Wind entscheidend wirksam, der Sand verstärkt aber alle Probleme. Er wird ständig verlagert und bietet den Pflanzen ein unzuverlässiges Substrat. Nach einer Sturmnacht kann die gesamte Blütenpracht zugedeckt und ein Teil des Strandes verlagert sein. Die Pflanzen lösen dieses Problem durch die Bildung von Kriechtrieben, die sie stets an die Oberfläche zurückbringen. Die Pankrazlilie besitzt eine Zwiebelwurzel, die die Pflanze mit einem speziellen Mechanismus stets über der Oberfläche halten kann. Die gleißende Sonne bewältigen die Küstenpflanzen mit speziellen Pigmenten, die in der Oberhaut der Blätter die gefährlichen UV-Strahlen absorbieren können.

Strandschneckenklee überwuchert die Sekundärdünen.

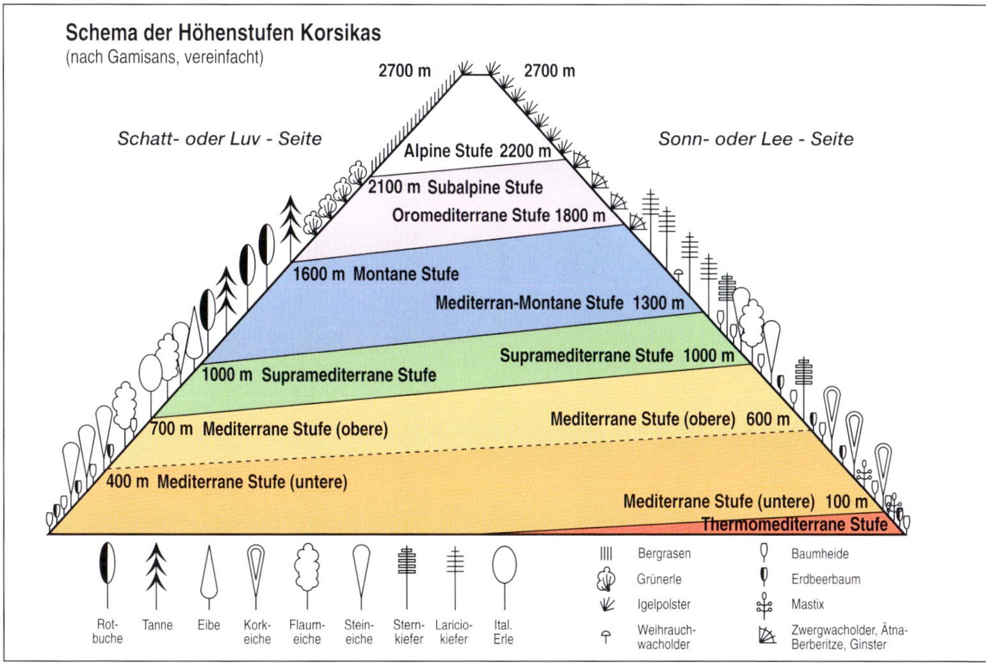

Macchie und Garrigue

Die Macchie ist so etwas wie ein Markenzeichen der Insel, die nirgendwo im Mittelmeergebiet so artenreich und üppig auftritt. Sie breitet sich ab etwa 200 Meter Seehöhe aus und dringt landeinwärts in die Schluchttäler und auf die Anhöhen bis etwa 900 Meter vor. Die Macchie ersetzt oft Waldgebiete, die in früherer Zeit der Rodung zum Opfer gefallen sind. Die dichten, bis zu zehn Meter hohen Gebüsche werden von dornenbewerten, stacheligen und hartlaubigen Gewächsen gebildet, vor allem Zistrosen, Ginster-Arten, Pistazie, Myrte, Schmal- und Breitblättrige Steinlinde, Baumerika und Erdbeerbaum. Der bestechende Duft entsteht durch ätherische Öle und würzige Harze, die von den Pflanzen als Verdunstungsschutz abgegeben werden. Deshalb erhielt Korsika auch den Beinamen: »L'Ile parfumée« (Duftende Insel). Im Frühjahr (April und Mai) leuchten die Küsten durch ein wahres Blütenmeer auf: Gleichsam als Kümmerform der Macchie kann die Garrigue bezeichnet werden, die maximal 1,5 Meter hoch wird und die küstennahen Felsstandorte einnimmt. Die Garrigue besteht aus einem lockeren kugelbuschartigen Bewuchs, der noch sperriger und stacheliger wirkt als die Macchie selbst.

Blühende Macchie mit Montpelier-Zistrose im Frühjahr.

Wälder

Die gesamte Waldfläche von Korsika beträgt etwa 70 000 Hektar. Manchmal ist auch von mehr als 200 000 Hektar die Rede, dann werden allerdings die Regionen mit Macchienbewuchs hinzugezählt. In Wäldern, die vom Menschen nicht oder wenig verändert wurden, herrschen Laubgehölze vor, in mittleren Lagen wurden diese jedoch durch ertragreichere Nadelholzarten ersetzt. Die wichtigsten Laubbaumarten sind Steineiche, Korkeiche, Edelkastanie und Buche. Die Verteilung der Waldtypen entlang der Höhenstufen ist ungleichmäßig und richtet sich nach der Geomorphologie und der Exposition des Standortes. Starke klimatische Unterschiede auf den Sonnen- und Schattenseiten führen zu verschobenen Verbreitungsgrenzen der einzelnen Baumarten.

Mesomediterrane Stufe

In der unteren und oberen mesomediterranen Stufe zwischen Meeresniveau und 1000 Meter Seehöhe treffen wir in Meeresnähe Ölbaumbestände an. Darüber folgt zwischen 300 und 500 Meter das Hauptverbreitungsgebiet des Korkeichenwaldes. Die Korkeiche wurde wegen der guten Nutzbarkeit der Rinde vor allem im Süden und Südosten rund um Porto Vecchio stark gefördert, sie kommt bei ausreichend feuchtem und wintermildem Klima auf kalkfreien, tiefgründigen Silikatböden vor. Die Reinbestände erreichen bei 250 Meter ihre Höhenverbreitungsgrenze. Sind Korkeichen mit Steineichen vermischt steigt sie jedoch bis 600 Meter an. Steineichenwälder treffen wir von Küstennähe bis 1000 Meter Seehöhe an. Entlang der Flüsse, die von dauerhaften Schwemm- und Schotterböden begleitet werden, haben sich Auen- oder Galerienwälder mit mitteleuropäischen Arten wie Schwarzerle und Grauweide entwickelt.

Supramediterrane Stufe

Die supramediterrane Stufe zwischen 600 und 1300 Meter ist auf Korsika nicht deutlich ausgeprägt. Der standorttypische Flaumeichenwald fehlt fast zur Gänze und wird in den Schattenseiten durch Buchenwälder ersetzt, die aber mit den Steineichenwäldern in Kontakt stehen. An den Sonnenseiten kommen Strandkiefernwälder vor, die im Wald von Ospédale, bei Ghisoni, im Restonica-Tal und in der Montagne di Cagna zwischen 600 und 1300 Meter ihre Hauptverbreitung besitzen. Zwischen 600 und 1000 Meter ist die Strandkiefer eine häufige Mischbaumart, die auch in die von Steineichen geprägte Macchie vordringt. Die Höhenstufe wird aber vor allem durch Laricio-Kiefernwälder geprägt, die von der endemischen Unterart der Schwarzkiefer (*Pinus nigra ssp. laricio)* gebildet werden.

Mediterran-montane Stufe

Die mediterran-montane Stufe reicht von 1100 bis 1800 Meter und ist im nordöstlichen Schiefergebirge der Castagniccia, aber auch an der Westseite der Granitgebirge durch das Vorkommen mitteleuropäisch geprägter Buchenwälder dominiert. Besonders auffällig ist dieses Vorkommen in niederschlagsreichen Luv-Nebelstaulagen an Pässen und feuchten Schattenseiten. In der zentralen Gebirgskette herrschen Laricio-Kiefernwälder vor, die hier jedoch mit der Buche und Tanne in Konkurrenz treten. Diese beiden Baumarten dominieren an den Schattenseiten und in kühleren Lagen. Der Expositionsunterschied zwischen Sonn- und Schattseite wirkt sich auch auf die Waldgrenze aus, die auf den warmen Südhängen der Leeseiten bei 1800 Metern von der Laricio-Kiefer und an der Luvseite bei 1600 Metern von Tannen und Buchen gebildet wird.

Die Bavella-Türme vom Süden aus gesehen, mit Korsischen Ginster.

Die Vegetation der Gebirge

Korsikas Gebirgsvegetation findet Standortbedingungen wie in den mitteleuropäischen Alpen vor, die von starken Temperaturschwankungen, scharfen Winden und humuslosen Wuchsorten geprägt sind. Dennoch herrscht eine Artengarnitur vor, die nichts mit den Alpen zu tun hat und sehr wohl zum mediterranen Formenkreis gehört. Wir finden weder Edelweiß noch Alpenrose, weder Soldanelle noch Enzian, sondern Endemiten wie Korsischen Krokus, Korsisches Edelweiß oder die Korsische Bergzwiebel (*Brimeura fastigiata.*) Die Ursache dafür ist in der Entstehungsgeschichte der Insel zu suchen. Korsika war schon lange vom Festland getrennt, als die Alpenblumen vermutlich während der letzten Eiszeit in die mitteleuropäischen Gebirge eingewandert sind. Der Sprung über das Meer gelang diesen Arten nicht mehr, so dass sich eine eigenständige Gebirgsflora ausgebildet hat. Die hochalpinen Standortbedingungen sind aber wiederum dafür verantwortlich, dass wir dieselben Wuchsformen wie in den Gebirgen Mitteleuropas vorfinden: Kugelgebüsche, Zwergsträucher, Polsterpflanzen oder Einzelpflanzen mit mächtigen Wurzelsystemen. Denn die Pflanzen müssen ebenfalls mit Nachtfrösten, monatelanger Schneebedeckung, herabgesetzter Bodenaktivität und verringerter Nährstoffversorgung fertig werden.

Endemische Pflanzen

Inseln besitzen wegen ihrer isolierten Lage und der meist sehr langen Trennung vom Festland die besten Voraussetzungen für eine endemitenreichen Flora. Die korsische Pflanzenwelt entwickelte sich seit dem Miozän eigenständig und weist 350 endemische Arten auf. Endemiten kommen in allen Höhenstufen vor, sie häufen sich aber in der montanen Stufe.

Endemische Pflanzen

	Wissenschaftl. Bezeichnung	Monate
Küstenzone		
Strand-Leimkraut	*Silene succulenta ssp. corsica*	5–6
Korsischer Storchschnabel	*Erodium corsicum*	4–6
Rundblättr. Zwergedelweiß	*Evax rotundata*	4–5
Leimkraut	*Silene sericea*	5–6
Mesomediterrane Stufe		
Felsen-Trichterlilie	*Pancratium illyricum*	5–6
Gamander	*Teucrium marum*	5–7
Dreiblättrige Braunwurz	*Scrophularia trifoliata*	5–6
Tyrrhenischer Dornfarn	*Dryopteris tyrrhena*	3–10
Korsischer Ginster	*Genista corsica*	5–6
Supramediterrane Stufe		
Korsische Nieswurz	*Helleborus lividus ssp. corsicus*	12–5
Herzblättrige Erle	*Alnus cordata*	3–4
Korsisches Veilchen	*Viola Corsica ssp. corsica*	5–7
Korsischer Gelbstern	*Gagea bohemica ssp. corsica*	4–6
Korsischer Steinbrech	*Saxifraga corsica*	5–6
Montane Stufe		
Korsische Akelei	*Aquilegia bernardii*	6–8
Salzmanns Ginster	*Genista salzmannii var. lobelioides*	6–7
Ätna-Berberitze	*Berberis aetnensis*	5–7
Thymian	*Thymus herba-barona*	5–8
Genargentu-Tragant	*Astragalus genargenteus*	6–7
Korsische Teufelskralle	*Phyteuma serratum*	6–8
Korsisches Edelweiß	*Helichrysum frigidum*	7–8
Weißkopf-Grasnelke	*Armeria leucocephala*	6–8
Korsische Gemswurz	*Doronicum corsicum*	7–8
Korsischer Krokus	*Crocus corsicus*	2–8
Roter Fingerhut	*Digitalis purpurea var. gyspergerae*	5–8
Laricio-Kiefer	*Pinus nigra ssp. Laricio*	5–6
Subalpine, alpine Stufe		
Korsische Grünerle	*Alnus viridis ssp. suaveolens*	4–7
Korsisches Fettkraut	*Pinguicula corsica*	6–8
Korsische Osterglocke	*Pulsatilla alpina cyrnea*	6–7
Korsischer Steinquendel	*Acinos corsicus*	7–8
Hornkraut	*Cerastium soleirolii*	5–8

Tierwelt

Die korsische Fauna fällt eher durch das Fehlen einiger Arten wie Fischotter, Dachs, Eichhörnchen, Bär, Wolf, Blindschleiche oder Rehe auf als durch eine hohe Artenzahl. Der Grund für diese Beschränkung ist in der Isolation der Insel zu suchen: Wer nicht vor Millionen von Jahren über das ausgetrocknete Mittelmeer eingewandert ist, musste fern bleiben oder vom Menschen importiert werden. Andererseits haben die vorhandenen Tiere ihre ökologischen Nischen oft mit großem Erfolg genutzt und eigene, endemische Arten gebildet: Der Fuchs ist kleiner, das Wiesel größer, die Kohlmeise fahler gefärbt, der Salamander gelb gefleckt. Aber auch neue Arten wie der Korsenkleiber oder der Korsische Gebirgsmolch sind entstanden.

Säugetiere

Die Säugetierfauna umfasst 17 Arten, die sich vor allem aus verwilderten Haustierrassen zusammensetzen. Halbwilde Schafe, Schweine und Ziegen bevölkern am häufigsten die Waldgebiete entlang der Wanderwege und machen durch die massiven Flurschäden auf sich aufmerksam, die sie beim Ausgraben der Wurzelknollen und Eicheln hervorrufen. Als Besonderheit gilt der scheue Mufflon,

Halbwilde Ziegen gehören zum Bild Korsikas.

eine verwilderte Hausschafart, der im Asco-Tal und rund um das Bavella-Massiv vorkommt. Im Dickicht der Macchie und Wälder verbirgt sich das Wildschwein, das zum begehrtesten Objekt der Jäger gehört. Daneben finden wir Wiesel, Fuchs, Siebenschläfer und seit kurzem den wieder angesiedelten Korsischen Rothirsch (ca. 70 Tiere in Reservaten im Alta Rocca bei Quenza).

Vögel

Es gibt 127 Brutvogelarten auf Korsika, zu denen seltene wie der Fischadler und Seeadler im Reserve Scandola, die Korallenmöwe auf den Finocchiarola-Inseln oder der Korsenkleiber in den Bergtälern des Niolu und des Forêt d'Aitone gehören. An den geschützten Steilküsten und Felseninseln wie Lavezzi, Sanguinaires und Scandola finden Kolonien von Mittelmeer-Silbermöwen, Krähenscharben sowie Gelb- und Schwarzschnabel-Sturmtaucher noch ungestörte Nistplätze vor. In den Gipfelregionen rund um den Monte Cinto und Monte Rotondo hat sich eine Vogelfauna entwickelt, die mit der der mitteleuropäischen Alpen vergleichbar ist und mehr als 20 Brutpaare des Steinadlers enthält. Weitere vertretene Greifvogelarten sind Habicht, Schwarzmilan, Wanderfalke, Schlangenadler und der seltene, wieder angesiedelte Bartgeier, der im Asco-Tal und rund um den Monte Rotondo zu sehen ist.

Amphibien, Reptilien

Die zahlreichen turbulenten Gebirgsflüsse sind der ideale Lebensraum für den seltenen und endemischen Korsischen Gebirgsmolch, der in Höhen zwischen 600 und 2000 Meter zu finden ist, aber auch für den Korsischen Scheibenzüngler, der mit den Unken verwandt ist. Der endemische Feuersalamander bevorzugt feuchtkühle Lagen bis 1700 Meter. Am häufigsten sind jedoch die Eidechsen zu beobachten. In den Tieflagen ist als Kulturfolger die Ruineneidechse anzutreffen, während von der Küste bis 1500 Meter die häufigste Eidechsenart, die Tyrrhenische Mauereidechse, vorkommt. In den Gebirgen lebt die Tyrrhenische Gebirgseidechse, während die kleine Zwerg-Kieleidechse, wenn überhaupt, nur rund um Bonifacio erspäht werden kann. Die häufigste Schlange ist die ungiftige und flinke Gelbgrüne Zornnatter, die von der Küste bis in die Gebirge vorkommt.

Insekten

Die duftenden Macchien bilden die Basis für eine reiche Schmetterlingsfauna, die auch endemische Arten wie den Korsischen Perlmuttfalter und Korsischen Schwalbenschwanz, aber auch Erdbeerbaumfalter, Distelfalter, Segelfalter und Kardinal aufweist. Macchie, Kastanienblüten und andere Baumblüten locken in den Tälern und an den sanften Berghängen zahlreiche Bienen an.

Die wichtigsten geografischen Begriffe für Wanderer

Ortsnamen und Begriffe können auf Korsika unterschiedliche Schreibweisen haben. Dies resultiert aus der Besiedlungsgeschichte der Insel, die stets zwischen Italien und Frankreich schwankte. Das Korsische entspricht einem toskanischen Dialekt, während Französisch heute natürlich die offizielle Landessprache ist.

Hier eine Zusammenstellung der wichtigsten Begriffe.

Anse	Kleine Bucht
Auberge	Gasthof
Balisage	Markierung
Bergerie	Schäferei, Almhütte
Bocca	Pass, Sattel
Brocciu	Frischkäse
Buvette	Erfrischungskiosk (nur Sommer)
Cairns	Steinhaufen zur Markierung von Wanderwegen
Calanche	Steilküste mit Buchten und senkrechten Felswänden
Capu	Bergkuppe
Cascade	Wasserfall
Chemin	Weg
Col	Gebirgspass
Etang	Lagune, Brackwasserteich
Fiume	Fluss
Foce	Pass
Forêt	Waldgebiet
Gare	Bahnhof
Garrigue	kugelbuschförmiger Bewuchs mit max. 1,5 Meter Höhe
Gîte d'Etappe	Wanderhütte
Golfe	Golf, Meeresbusen
Gorge	Gebirgsschlucht
GR 20	Bekanntester Weitwanderweg (Nord-Süd)
Lac	See
Macchie	Geschlossene Gebüschflur
Piaghia	Küstenzone
Pont	Brücke
Pozzine	Mooráhnliche Gebirgsseen
Punta	Berggipfel, aber auch Landzunge
Refuge	Schutzhütte
Rocca	Fels
Spelunca	Höhle
Tafoni	Bizarr verwitterte Felsformationen
Torre	Prähistorischer Turmbau
Vallú	Tal

Tipps für Wanderer

Wandern auf Korsika bedeutet, dass man sich trotz der Lage der Insel im Mittelmeerraum in meist alpiner Umgebung bewegt. Dementsprechend ist mit raschem Witterungswechsel, Temperaturunterschieden, starken Winden und Gewittern zu rechnen. Bei Wanderungen in die zentrale Gebirgskette müssen die objektiven Gefahren bei der Planung der Tour unbedingt berücksichtigt werden. Gewitter treten am häufigsten im späten Frühjahr sowie im September und Oktober auf. Dennoch kann auch im Hochsommer ein plötzlicher Schlechtwettereinbruch in der zweiten Tageshälfte eintreten und eine Wanderung in baumfreiem Gelände zu einem gefährlichen Abenteuer werden lassen. Wegen der Nähe zum Meer können rasch passatnebelähnliche Wolken einfallen, die zwar keine Gewitter mit sich bringen, aber die Orientierung in der schroffen Gebirgswelt erschweren. Auch die Wanderausrüstung muss dem alpinen Gelände entsprechen. Für leichte Touren genügen feste Wanderschuhe und ein leichter Tagesrucksack mit Regen- und Windschutz sowie Proviant. Für Touren im alpinen Gelände oberhalb der Waldgrenze sind zusätzlich Sonnenbrille, Sonnencreme und ein Kälteschutz mitzunehmen. Eine kleine Wanderapotheke sollte als fester Bestandteil jeder Wanderausrüstung ebenso selbstverständlich sein wie Bergschuhe. Das Verwenden von langen Hosen wird wegen der sperrigen Gebüsche und Macchien generell empfohlen. Die Beschreibungen weisen stets darauf hin, wenn Wege nur für Geübte zu begehen sind. Die Wanderwege sind in Bereichen, die mit Weitwanderwegen zusammenfallen, grundsätzlich gut erhalten. Andere Routen können aber auch undeutlicher markiert und schlechter ausgebaut sein. Die Beschilderung ist nur innerhalb des Parc Naturel Régional konsequent. Eine Wanderkarte, die in Korsika im Maßstab 1:25 000 von jeder Region erhältlich ist (in Supermärkten, Zeitungsläden, Buchgeschäften), sollte stets zur Wanderausrüstung gehören.

Klima

Auf Grund seiner Lage herrscht in Korsika das typische Mittelmeerklima vor, das von heißen, trockenen Sommern und milden Wintern geprägt ist. Der Hauptniederschlag fällt zwischen Oktober und April. Wegen der bis 2700 Meter aufsteigenden Gebirge herrschen im Zentrum der Insel ab 1500 Meter Seehöhe alpine Verhältnisse vor, wie diese aus den mitteleuropäischen Gebirgen bekannt sind. Zwischen November und März fällt reichlich Schnee, der in schattigen Lagen bis in den Sommer hinein liegen bleiben kann. In den Lagen um 1000 Meter befindet sich die Übergangszone mit einem gemäßigten Klima. So ist es nicht selten, dass wir im Juni im Restonica-Tal eine Tour unternehmen, die über Schneefelder führt und uns nachmittags am Sandstrand von Ostriconi bei einem angenehmen Bad in der mediterranen Sonne ausrasten können. Dieser Kontrast bestätigt auch, warum Korsika den Beinamen »Insel der Gegensätze« trägt. Die schönste Jahreszeit, um die Blütenwelt der Macchie zu erfahren, ist der Frühling. Die Sonne zeigt sich von ihrer angenehmsten Seite und die Luft ist vom ebenfalls sprichwörtlichen Duft der Zistrosen und würzigen Sträucher erfüllt. Zu dieser Zeit wird aber in den Hochgebirgen meist noch Schnee liegen, so dass ein Aufenthalt im Mai nie das gesamte Spektrum der korsischen Naturschönheiten zeigen wird. Im Herbst lohnen sich Wanderungen in den bunt gefärbten Waldungen der Castagniccia oder im Aitone-Wald, wenn die Edelkastanien und Buchen alle Schattierungen von Braun zu Gelbtönen annehmen. Im Winter stehen vier Skigebiete und ein Langlaufgebiet (Col de Verghio) zur Verfügung, zahlreiche Berge werden zum Ziel der Tourengeher.

Zu den Touren

Bei der Beschreibung der Tiere und Pflanzen werden – soweit vorhanden – die deutschen Namen verwendet. Bei den Pflanzen wird auch der lateinische Name genannt, da dieser beispielsweise in botanischen Gärten neben der landesüblichen Bezeichnung angegeben ist. Somit wird das Bestimmen der Pflanzen erleichtert. Die bei den Wanderungen angegebenen Piktogramme weisen den Benutzer dieses Buches auf die Themenschwerpunkte der jeweiligen Wanderung hin.

Die Tourenpiktogramme

- Landschaft
- Geologie
- Pflanzen
- Insekten
- Fische
- Kulturlandschaft
- Amphibien
- Vögel
- Säugetiere
- Schutzgebiet
- Aussicht
- Meeressäuger
- Reptilien

Entlang der Wanderung bekommt man einen erhabenen Blick auf die Bucht von Calvi, besonders während des Aufstieges zur Wallfahrtskirche.

Von Calvi zum Capu di a Veta und zur Halbinsel Revellata

Aussichtsgipfel und ein entlegenes Kap im Nordwesten

Das mondäne Calvi mit der historischen Oberstadt (Cittadella), der lebhaften Unterstadt und dem reizvollen Golf, gehört zu den beliebtesten Urlaubsgebieten Korsikas. Es liegt im Zentrum der Balagne, einer lieblichen Hügellandschaft im Nordwesten der Insel und lädt zu ausgedehnten Erkundungstouren ein. Unsere Wanderung beginnt unmittelbar am Hafen bei der Bahnstation und führt zuerst durch Macchienhänge zur Wallfahrtskirche Notre Dame de la Serra. Von hier besteigen wir den Capu di a Veta, den Hausberg von Calvi. Der zweite Teil der Wanderung bringt uns die entlegene Küstenlandschaft des Cap Revellata näher. Hier finden wir neben ausgedehnten Macchiengebüschen einige seltene Blütenpflanzen. Entlang des Golfs von Revellata kehren wir nach Calvi zurück.

INFO

Ausgangsort/Zielort:
Calvi (Meereshöhe); Calvi.

Tourencharakter:
Rundwanderung; Einfache Wanderung auf Schotterwegen und Bergpfaden, nur der Gipfelanstieg auf den Capu di a Veta führt steil durch felsiges Gelände; 700 m Höhenunterschied.

Gesamtlänge: 16 km (nur zum Gipfel 9 km).

Gehzeit: 6 Std. 30 Min. (nur zum Gipfel 4 Std.).

Kronen-Wucherblumen an den Wegrändern.

Durch Macchiengebüsche auf Calvis Hausberg

Wir beginnen die Wanderung unmittelbar an der Hafenmole neben dem Bahnhof und verlassen den mondänen Ort über die Avenue de la Republique. Am Ende der Straße mit kleinen Geschäften und Restaurants biegen wir rechts in die erstmögliche Seitenstraße ab und wandern in dieser aufwärts. Bei der nächsten Straßenkreuzung schwenken wir links und folgen der Straße, die in ein Wohnviertel führt. Wenn wir am Gebäude der EDF (Französische Energiegesellschaft) vorbeikommen, sind wir am richtigen Weg. Die Straße vollzieht eine leichte Rechtskurve und kommt zu einer weiteren Kreuzung, bei der wir nach links in eine Sackgasse einbiegen. Am Ende beginnt unser Wanderweg, der zuerst von Steinmauern gesäumt durch die Gärten von Calvi führt und den alten Fußweg zur Wallfahrtskirche »Notre Dame de la Serra« darstellt. Aus den Gärten haben sich einige bunt blühende Pflanzen am Wegesrand versammelt, die als Ruderalflora bezeichnet werden. Dazu gehören die **Milchfleckdistel** (*Galactites tomentosa*), **Roter Mohn** (*Papaver dubium*), **Nickender Sauerklee** (*Oxalis pes-caprae*), **Kronen-Wucherblume** (*Chrysanthemum coronarium*) und **Pechklee** (*Psoralea bituminosa*). Bald setzt sich aber entlang des stetig aufsteigenden Weges die im Frühjahr bunt blühende Macchie durch. Wir passieren glatt geschliffene Granitfelsen, die nur mit der **Fetthenne** (*Sedum brevifolium*) bewachsen sind. Die Macchie setzt sich aus **Montpellier-Zistrose** (*Cistus monspeliensis*), **Weißlicher Zistrose** (*Cistus albidus*), **Pistazie** (*Pistacea lentiscus*) und **Myrte**

Der Weg zum Gipfel bietet herrliche Ausblicke.

Polster der Roten Mittagsblume.

Der Blick vom Gipfel über das Cap Revellata.

(*Myrtus communis*) zusammen. Das Panorama der Stadt mit der Zitadelle und der fast kreisrunden Bucht rückt, je höher wir aufsteigen, immer weiter in den Hintergrund. Ab und zu führt der Weg durch altes Kulturland, das von Steinmauern eingefasst und mit Ölbäumen bewachsen ist. In der zweiten Hälfte wird die Wegführung etwas steiler und mündet schließlich in eine Geländesenke unterhalb der Wallfahrtskirche. Nach 55 Minuten erreichen wir das reizvoll auf einem breiten Sattel gelegene Gotteshaus (243 m) aus dem 19. Jahrhundert, das von zahlreichen Tafoni-Felsen umgeben ist. Daneben erkennen wir die Reste einer Kapelle aus dem 15. Jahrhundert, die 1794 während der Belagerung von Calvi zerstört wurde. Wir benützen nun die staubige Schotterstraße, die in Richtung des Berges Capu di a Veta verläuft und mit leichtem Auf und Ab die üppigen Macchienhänge durchquert. **Erdbeerbaum** (*Arbutus unedo*), **Baumerika** (*Erica arborea*) und **Schmalblättrige Steinlinde** (*Phillyrea angustifolia*) tragen dazu bei, dass die Macchie hochwüchsiger und dichter wird. Nach einiger Zeit halten wir uns bei einer Abzweigung links und wenige Minuten später bei einer weiteren rechts. Der hier abgehende Weg führt in 45 Minuten nach Calvi zurück und erreicht den Ort im Hinterland des Ferienclubs »Zum störrischen Esel« (Abstiegsvariante für Halbtagestour bzw. für Wanderer, die nur den Gipfel besuchen, und nicht am gleichen Weg nach Calvi zurückkehren wollen.)
Wir folgen weiterhin der aufwärts führenden Schotterpiste, durchlaufen eine Talsenke, um anschließend in einer weit ausladenen Serpentine zu einem Sattel unterhalb des Capu di a Veta aufwärts zu steigen. Die Wegränder sind von Kugel-

sträuchern der **Italienischen Immortelle** (*Helichrysum italicum*) in ein leuchtendes Gelb getaucht. Wir befinden uns auf knapp 400 Meter Seehöhe und verlassen die Piste auf einem Bergpfad, der linker Hand in die Felslandschaft führt. Nun wird die Route etwas schroffer und wir steigen in den Steilhang an der Südwestseite des Capigliolo di Prunu ein. Der Quergang führt über Grobblöcke und Felsplatten, bereitet aber bei einiger Vorsicht keinerlei Schwierigkeiten. Nach 30 Minuten ab dem Strommasten erreichen wir den Sattel Bocca Scassata und beginnen mit dem Gipfelanstieg. Ein steiler Felspfad führt mehr oder weniger senkrecht durch eine felsschuttgefüllte Rinne, in der **Felsen-Trichterlilie** (*Pancratium illyricum*), **Nizza-Fetthenne** (*Sedum sediformae*), **Kleinfrüchtiger Affodill** *(Asphodelus aestivus),* **Flug-Hafer** (*Avena fatula*) und **Kugelköp-figer Lauch** (*Allium sphaerocephalon*) vorkommen. Nach 30 Minuten erreichen wir nach einer letzten felsigen Steilstufe, die mit **Stern-Fetthenne** (*Sedum stellatum*) überzogen ist, den 703 Meter hohen Gipfel und genießen einen grandiosen Rundblick auf die Bucht von Calvi, auf das Hinterland der Balagne um Calenzara sowie auf die unberührte Westseite mit den schroffen Kaps und einsamen Buchten.

Zur Halbinsel La Revellata

Der Abstieg bis zur Notre Dame de la Serra erfolgt am selben Weg. Hier besteht die Möglichkeit, nicht gleich nach Calvi zurückzukehren, sondern die Tour bis zum einsamen Cap la Revellata auszudehnen. Wir biegen nach links auf die asphaltierte Fahrstraße ein und folgen dieser abwärts. Sie verläuft durch ein sehr ursprüngliches Gelände mit zahlreichen Tafoni-Felsen. ist. Nach einer halben Stunde treffen wir nach einer Rechtskurve auf die D 81 b von Calvi nach Galéria. Unser Weg setzt sich etwa 100 Meter oberhalb am nördlichen Straßenrand bei einem Eisentor fort, das den Beginn der Schotterpiste zum Cap la Revellata kennzeichnet. Wir wandern zuerst über vier Serpentinen abwärts bis zu einem Sattel oberhalb der Anse Recisa. Die Wegränder werden von typischen Garriguesträuchern wie **Rosmarin**, **Montpellier-Zistrose**, **Behaartem Dornginster** (*Calycotome villosa*) und **Italienischer Immortelle** gesäumt. Verwilderte **Rote Mittagsblumen** (*Mesembryanthemum acinaciformae*) bilden regelrechte Blütenteppiche und verwandeln die Landschaft mit den leuchtend rot und violett blühenden Pölstern beinahe in eine Gartenanlage. An krautigen Arten haben sich **Reichardie (***Reichardia picroides)*, **Weißfilziges Greiskraut** (*Senecio bicolor ssp. cineraria*), **Katzen-Gamander** (*Teucrium marum*), **Französischer Lein** (*Linum gallicum*), **Römisches Gliedkraut** (*Sideritis romana*) und **Spanische Möhre** (*Daucus carota ssp. hispanicus*) versammelt. Rechts steigt ein Weg zum Plage de l'Alga ab und trifft dort auf den Rückweg nach Calvi. Wer ausreichend Kondition mitbringt, kann die Wanderung bis zum Leuchtturm an der Kapspitze ausdehnen. Dazu wandern wir etwa 1 Stunde entlang der Schotterpiste und beobachten an den Wegrändern zahlreiche Orchideen wie **Pflugschar-Zungenstendel**

Ostseite des Kaps mit dem gleichnamigen Golf.

Auf einen Blick

Empfohlene Jahreszeit: Die Macchie blüht Anfang Mai am schönsten; Gipfelbesteigung von April bis Juni; September, Oktober.
Öffentliche Verkehrsmittel: Eisenbahnlinie Ponte Leccia – Calvi mit Anschlussmöglichkeiten nach Bastia und Ajaccio.
Anfahrt mit dem Auto: Calvi ist über die D 81 von Ponte Leccia, l'Île Rousse zu erreichen; die Küstenstraße D 81 b führt beinahe endlos über Galéria nach Porto.
Empfohlene Gebietskarte: ign 4149 OT, Calvi, M = 125 000.
Wegmarkierung: Die Aufstiegsroute zum Gipfel ist mit roten Punkten gekennzeichnet, ansonsten keine Markierungen, Orientierung bei gutem Wetter aber problemlos.
Unterkunft: Hotels und Appartments aller Kategorien in Calvi, 10 Campingplätze, Ferien- und Hüttendörfer.
Ausrüstungshinweis: Ausreichend Proviant und Flüssigkeit, Bergschuhe, Sonnenschutz, lange Hose wegen der Fels- und Macchienpassagen empfohlen.
Einkehrmöglichkeiten: Zahlreiche Bars, Pizzerias, Restaurants, Supermärkte und Geschäfte in Calvi. Im Verlauf der Wanderung keinerlei Einkehrmöglichkeiten.

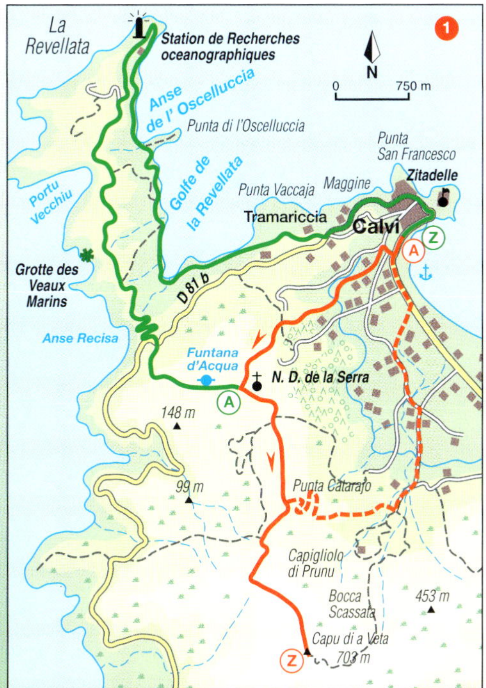

(*Serapias vomeracea*) und Pflanzen der Trockenstandorte und Küstenfelsfluren wie **Wegerichblättriger Natternkopf** (*Echiumplanatgineum*), **Pfriemen-Wegerich** (*Planatgo subulata*), **Kegel-Leimkraut** (*Silene conica*), **Gefranste Raute** (*Ruta chalepensis*), **Geflecktes Sandröschen** (*Tuberariaguttata*), **Thymianblättriges Nadelröschen** (*Fumana thymifolia*), **Acker-Gauchheil** (*Anagallis arvensis*), **Strauchige Kugelblume** (*Globularia alypum*) und **Weichhaariges Schwefelkörbchen** *(Urospermum dalechampii)*. In Spalten auf eingestreuten Felsen wächst der endemische **Korsische Reiherschnabel** (*Erodium corsicum*), eine Rarität für die Halbinsel. Beim Leuchtturm angekommen, wenden wir nach rechts und folgen dem Pfad, der entlang der Küste zuerst zu einer Forschungsstation und später vorbei an der Punta di l'Oscelluccia zum Golfe de la Revellata führt. Nach einer weiteren Stunde erreichen wir eine kleine Ferienhaussiedlung und wenig später den Sandstrand am Plage de l'Alga. Hier beginnt ein alter Küstenweg, der uns mit äußerst reizvollem Verlauf durch Macchiengebüsch nach Calvi zurückbringt. Dabei genießen wir den Blick auf den Golf und die nun in die Ferne rückende Halbinsel von Revellata. Der Wanderweg mündet beim Ortsteil Tramariccia in eine Asphaltstraße, der wir aufwärts bis zur D 81 b folgen. Die letzten 1,5 Kilometer verlaufen entlang der Hauptstraße, wobei wir herrlichen Blicken auf die Zitadelle entgegen gehen. Wir beenden unsere vielfältige Tageswanderung direkt am Hafen von Calvi.

Das Mündungsgebiet des Ostriconi am Westrand der Désert des Agriates gehört zu den schönsten Plätzen an Korsikas Küsten.

Der Sentier Littoral und die Ostriconi-Bucht

Einsame Küstenwanderung am Rande der Désert des Agriates

Am Rande der Balagne im Nordwesten Korsikas verbirgt sich zwischen der pittoresken Hafenstadt St. Florent und dem mondänen l'Ile Rousse das einsame Wildnisgebiet des Désert des Agriates. Unsere Wanderung verläuft auf dem alten »Sentier Littoral« der wildreichen, zur Gänze unberührten Küste des Agriates entlang. Schon am Einstieg der Wanderung treffen wir auf außergewöhnliche Naturlandschaften und besuchen den Strand von Ostriconi mit den Sanddünen und den landeinwärts liegenden Süßwasserlagunen des Ostriconi-Flusses. Neben hoch spezialisierter Dünenvegetation treffen wir auf schöne Feuchtgebiete. Später wandern wir durch Macchie und Felsengarrigue und haben die Gelegenheit, in der Anse de Pinzuta die Vegetation der korsischen Felsküsten kennen zu lernen. Entlegene Sandstrände, bizarre Landschaftsformen und verfallene Steingehöfte runden das Spektrum dieser vielfältigen Küstenwanderung ab.

INFO

Ausgangsort/Zielort: Strand von Ostriconi (Meeresniveau); Ostriconi.

Tourencharakter: Einfache Wanderung, die nur durch die Hitze in den Sommermonaten anstrengend werden kann.

Gesamtlänge: 7 km (Variante 14 km).

Gehzeit: 3 Std. (Variante 6 Std.).

Einsame Wanderung entlang der wildreichen Küste

Als Désert des Agriates wird ein 160 Quadratkilometer großes, karges Granit-Gneis-Wildnisgebiet im Norden Korsikas bezeichnet, das heute zur Gänze unbesiedelt ist. Das macchienbewachsene, gebirgige Gelände hat jedoch nichts mit einer Wüste zu tun, wie der Name vermeintlich ausdrücken könnte. Es handelt sich vielmehr um eine steppenartige Einöde, die in früherer Zeit vom Menschen kultiviert wurde und die Kornkammer der Balagne darstellte. Heute finden wir die eine oder andere verfallene Bergerie inmitten der einsamen Küsten- und Berglandschaften vor. Das macchienbewachsene Gelände, das früher durch Brandrodung zu Kulturland umgebaut wurde, wird vom 418 Meter hohen Granitkegel des Monte Genova beherrscht, der auch die höchste Erhebung darstellt. Der Sentier Littoral, der stets in Küstennähe verläuft, ist nicht die einzige Möglichkeit, den Désert kennen zu lernen. Mehrere Stichwege, die von der Verbindungsstraße D 81 (l'Ile Rousse – St. Florent) ausgehen, ermöglichen stundenlange Wanderungen oder ausgedehnte Mountainbike-Touren. Die Agriates lässt sich natürlich auch über das Meer erreichen. Von St. Florent aus steuern im Sommer Ausflugsboote einige Strände wie den Plage de Loto an. Derzeit laufen Bestrebungen, den Désert des Agriates, der bereits als »Site du Conservatoire du littoral« ausgewiesen ist, in den Rang eines Nationalparkes (Parco Nationale del Circeo) zu erheben.

Der Ausgangspunkt zu unserer Küstenwanderung liegt an der alten Trassenführung der D 81, die beim Feriendorf Ostriconi von der Neutrassierung abzweigt

Die Lagune des Ostriconi-Flusses.

Am Beginn des Sentier Littoral.

Der Strand-Schneckenklee.

Strandlevkoien haben behaarte Blätter.

und oberhalb des Delta des Ostriconi-Flusses in Richtung Küste verläuft. Knapp vor der Felsenküste des Guardiola befinden sich kleinere Parkplätze am Straßenrand und deutlich ausgetretene Pfade führen durch die Macchie zum Strand hinab. Zugleich erlangen wir einen eindrucksvollen Überblick der Küstenlandschaft mit den Sanddünen, den Lagunen und der dahinter aufragenden Désert des Agriates. Wir steigen durch Macchie der mesomediterranen Stufe auf Meeresniveau hinab und finden zwischen den dichten Gebüschen die **Zungenstendel-**Art (*Serapias cordigera)*, eine Orchidee. Um zum Dünenstrand zu kommen, müssen wir vor allem im Frühjahr den mehr oder weniger breiten Abfluss des Ostriconi überwinden. Dahinter breitet sich der etwa 1000 Meter lange Sandstrand mit der eindrucksvollen Dünenvegetation aus. Neben den klassischen Pflanzen treffen wir auch die endemischen **Nelken (***Silene succulenta ssp. corsica*) und (*Silene sericea*) an, die eher als zarte Pflänzchen zu bezeichnen sind. Weit auffälliger blüht die **Levkoje** (*Matthiola tricuspidata)*, die bis 50 Zentimeter groß werden kann. Der Ostriconi-Fluss, der die Landschaft der Balagne vom Tenda-Gebirge trennt und den Désert des Agriates im Westen begrenzt, bildet im Hinterland der Anse de Peraiola ein lagunenartiges Delta aus. Vom Strand aus können wir unmittelbar an die weitgehend mit Süßwasser gefüllten und **Stechender Binse** bewachsenen Mäanderschlingen herangehen. Die Gewässer werden von zahlreichen Wasservögeln aufgesucht, die im brackigen Wasser ihre Nahrung finden.

Wir können entweder über den Strand oder auf versteckten Pfaden durch das mit **Großfrüchtigem Wacholder** bewachsene Hinterland bis an den Nordrand des Strandes schlendern und treffen auf den Beginn des Sentier Littoral. Der alte Saumpfad, der vor kurzem restauriert und mit neuen

Die felsige Steilküste an der Anse de Pinzuta.

Markierungssteinen versehen wurde, windet sich der gesamten Küstenlinie des Désert des Agriates entlang bis nach St. Florent. Die hier beschriebene Route stellt eine Rundwanderung dar, die am ersten Abschnitt des Küstenpfades bis zum Monte Orlandu verläuft. Wir steigen am Gegenhang etwa 20 Höhenmeter vom Meer weg. Die Vegetation wechselt allmählich zu einer Felsengarrigue, obwohl der von den Dünen stammende Feinsand vom Wind weit landeinwärts verfrachtet wurde und an den Hängen des Punta Liatoggiu (222 m) eine Fläche von mehr als zwei Quadratkilometer bedeckt. Die Instabilität der Dünenlandschaften wird hier besonders deutlich unter Beweis gestellt. Unser Pfad schlängelt sich nun durch ein dichtes, aber nicht allzu hohes Gebüsch aus **Montpellier-Zistrose**, **Pistazie** und **Myrte** (*Myrtus communis*), in der Krautschicht finden wir vor allem **Großes Zittergras** (*Briza maxima*) und **Hasenohr** (*Lagurus ovatus*). Wir durchschreiten kleinere Einsenkungen und steuern auf einen Landsporn oberhalb der Anse de Vana zu. Der Weg schwenkt nach rechts und beginnt auf einem steinigem Pfad zur kleinen Bucht abzusteigen. Hinter dem kleinen Sandstrand hat sich im verlandenden Mündungsgebiet des Ruisseau Sualelli, einem austrocknenden Fluss, ein Dickicht aus **Schilf** (*Phragmites australis*), **Afrikanischer Tamariske** (*Tamarix africana*) und **Stechender Binse** (*Juncus acutus*) entwickelt. Der Weg läuft in einem kleinen Bogen elegant um das Feuchtgebiet herum und lässt uns aus etwas erhöhter Position ein wenig in das Gestrüpp Einsicht nehmen. Danach führt der Pfad durch einen aus dicht wachsendem **Vielfrüchtigem Wacholder**, **Steineiche** und **Buchsbaum** gebildeten »Tunnel«, ehe wir dem Flusslauf des Sualelli entlang an Höhe gewinnen. Wir steigen über einige Steilstufen im felsigen, mit Garrigue bewachsenen Gelände zum verfallenen Gehöft der Bergerie Sualelli auf und gelangen über einen Quergang zu einer Geländekante oberhalb der Bergerie Chimia. Ein kurzer Abstieg bringt uns durch das Flusstal zur Ruine, der etwas unübersichtliche Wegverlauf wird hier durch Wegweiser eindeutig. Alsbald erreichen wir eine Abzweigung: Geradeaus verläuft der Weg dem Bocca d'Affacadojo auf den Monte Orlando zu, nach links geht ein Pfad zur Anse de Pinzuta ab. Wir folgen diesem, um an den Steilhängen der Küste die Felsvegetation zu studieren. Auf den offenen, steilen Böden stellen der geringe Humusanteil, niedrige Luftfeuchtigkeit und die extreme Sonneneinstrahlung die begrenzenden Faktoren dar. Dazu kommt noch starker Wind, der zwischen den Felsnasen landeinwärts bläst. Nach der Einsattelung öffnet sich die eindrucksvolle Küstenlandschaft, die aus senkrecht ins Meer fallenden Felswänden und zerklüfteten Kaps besteht. Die Pflanzen müssen jede Möglichkeit ausnützen, Halt zu finden und gleichzeitig dem salzigen Milieu widerstehen. Am häufigsten sind **Meerfenchel** (*Crithmum maritimum*), **Mittelmeer-Strohblume** (*Helichrysum stoechas*), eine Unterart des **Weißfilzigen Greiskrautes** (*Senecio bicolor ssp. cineraria*) und **Behaarte Spatzenzunge** (*Thymelea hirsuta*) anzutreffen. Etwas seltener kommen **Pithyusen-Wolfsmilch** (*Euphorbia pithyusa*), die beinahe in Kugelbuschform wächst, und der endemische **Wegerich** *Plantago coronopus ssp. humilis* vor, der mit fleischigen, gesägten Blättern ein Spezialist für Wuchsorte in Meeresnähe ist. Er kommt auf Korsika nur an der Küste zwischen Calvi und Propriano vor. Ein auf losem Sand angelegter, beschwerlich begehbarer Fahrweg verbindet die Bucht von Pinzuta mit der Anse de Vana, wo wir wieder auf den Sentier Littoral stoßen. Entlang des direkt an der Küstenlinie angelegten Pfades kehren wir wieder zum Ostriconi-Strand zurück.

Variante: Wer 5 Stunden unterwegs sein will, folgt vom Monte Orlandu alten Wirtschaftswegen landeinwärts zum verlassenen Hirtendorf Terricie verläuft. Durch den Désert des Agriates kehrt man über den Bocca di Mercuriu und vorbei an der Bergerie Monticellacciu zum Village de Vacances de l'Ostriconi.

Auf einen Blick

Empfohlene Jahreszeit: April bis Juni, September, Oktober; Macchie und Dünen blühen von Mitte April bis Mitte Mai; für Seevögel sind April und Oktober die besten Monate; die Wanderung kann aber das ganze Jahr über gemacht werden.
Öffentliche Verkehrsmittel: Keine.
Anfahrt mit dem Auto: Von Bastia aus dem Osten bis Ponte Leccia, auf der D 81 in Richtung Calvi bis Ostriconi, von Calvi / L'Ile Rousse aus dem Westen auf der D 81 nach Ostriconi.
Empfohlene Gebietskarte: ign 4249, L'Ile Rousse M = 1:25000.
Wegmarkierung: Niedrige Steinsäulen mit Pfeilen an allen wichtigen Verzweigungen, Hinweisschild am Beginn der Wanderung.
Auskunft: Syndicat Mixte Agriate in Casta, F-20246 San-Pietro-di-Tenda, Tel. 04 95 37 72 51; Syndicat d'Initiative de Saint Florent, Tel. 04 95 37 06 04, April–Oktober täglich 8–12, 14–17.
Unterkunft: Camping-, Feriendorf Ostriconi an der D 81; Hotels in L'Ile Rousse (15 km entfernt), Hotels in St. Florent (28 km entfernt).
Ausrüstungshinweis: Sonnenschutz, ausreichend Trinkwasser mitnehmen, unterwegs keinerlei Möglichkeiten, Erfrischungen zu bekommen.
Einkehrmöglichkeiten: Keine.
Hinweis: Der Sentier Littoral stellt einen 35 km langen Wanderweg dar, der in drei Etappen bewältigt werden kann. Die erste Etappe (6 Std. 30 Min.) geht bis Ghignu, wo im Sommer ein Hébergement zur Verfügung steht (Reservierung 04 95 37 06 04). Die zweite Etappe erreicht nach 2 Std. 45 Min. Saleccia, wo sich ein Zeltplatz und ein kleines Besucherzentrum befindet (Accueil Exposition Saleccia 04 95 37 82 51). Die letzte Etappe bis St. Florent dauert 5 Std. 30 Min. und folgt der Küstenlinie am Golf von St.-Florent. Dabei kommt man an mehreren einsamen Buchten wie dem Plage du Loto, dem Plage de Santu, dem Plage de Buggiu und der Anse de Fornali vorbei. An der Route liegen auch Feuchtgebiete wie der Etang du Loto sowie die eindrucksvolle Mündung des Santu mit Dünenstrand und Lagune.

Während im Frühjahr die Macchie die Küste mit einem bunten Blütenflor überzieht, verwandelt die Vielblütige Erika im Herbst die Hänge in ein Farbenmeer.

3

Sentier de Douaniers und die Finocchiarola-Inseln

Wanderung an der Nordspitze des Cap Corse

Das einsame, entlegene Cap Corse wird von einer sehr ursprünglichen Landschaft geprägt, in der das Meer allerorts eine große Rolle spielt. Unsere Wanderung erschließt entlang des alten Zöllnerpfades ein wenig die Nordspitze dieses »verlassenen Landes«. Vom mittlerweile etwas mondänen Macinaggio verläuft ein gemütlicher Wanderpfad durch die wildreiche, aber auch kultivierte Küstenlandschaft. Neben eindrucksvollen Macchienformationen und entlegenen Buchten mit Kies- und Sandstränden liegen auch kulturelle Sehenswürdigkeiten wie die Kapelle Santa Maria und ein alter Genueserturm an unserer Route. Als Höhepunkt kommen wir am Rückweg an den Iles Finocchiarola vorbei, die als Vogelschutzgebiet streng unter Naturschutz stehen. Im Frühsommer brüten hier neben verschiedenen Seevögeln die seltenen Korallenmöwen. Die eindrucksvolle Küstenwanderung endet schließlich wieder in Macinaggio.

INFO

Ausgangsort/Zielort: Macinaggio (Meereshöhe); Macinaggio.

Tourencharakter: Leichte Wanderung auf Macchien-Pfaden, Feldwegen und Schotterstraßen mit geringen Höhenunterschieden.

Gesamtlänge: 10 km.

Gehzeit: 3 Std. 30 Min.

Alter Saumpfad zu den Vogelinseln

Unsere Wanderung beginnt in Macinaggio, dem größten und traditionsreichen Hafen des Cap Corse. Früher machten hier Kriegsschiffe fest, 1869 aber auch die auf Korsika sehr beliebte Kaiserin Eugéne. Heute bilden die Segeljachten und Motorboote ein buntes Bild. Wir folgen der Hauptstraße, die den Beinamen »Chemin de l'Impératrice« erhielt, etwa 200 Meter landeinwärts, um nach einem Supermarkt auf die schmale Zufahrtsstraße zum Campingplatz »U Strazzu« einzubiegen. Wir folgen dieser Asphaltstraße ein wenig verwinkelt etwa 1200 Meter lang, ehe die Straße nach dem Campingplatz zu einem geschotterten Feldweg wird. Gleich fallen uns die dichten Feldgehölze auf, die den Weg säumen. Vor allem **Steineiche** (*Quercus ilex*), **Terpentin-Pistazie** (*Pistacea terebinthus*), **Buchsbaum** (*Buxus sempervirens*), **Heckenrose** (*Rosa sp.*) und **Brombeere** (*Rubus sp.*) bilden einen undurchdringlichen Saum, der zusätzlich noch von den Lianen (*Smilax aspera*) und dem **Spitzblättrigen Spargel** (*Asparagus acutifolius*) überwachsen werden. Nach einem kurzen Anstieg queren wir ein Wiesengelände, um danach zu einem Sattel nördlich der Bucht von Macinaggio aufzusteigen. Ab sofort befinden wir uns im Reich der Macchie, die entlang der Nordküste des Cap Corse besonders schön ausgeprägt ist. Der Weg schwenkt an die Steilküste heran und fällt zur Bucht von Tamarone ab, die vor uns bereits ins Blickfeld gerückt ist. Die feine Badebucht wird von einer kleinen, aus Stein gebauten Buvette geziert. Um den Weiterweg zu finden, müssen wir vor der Bar den Steintreppen folgen, die zum Strand führen und mit einem Wegweiser »Sentier des Douaniers« gekennzeichnet sind. Im fol-

Der Genoveser-Turm in der Cala Genovese.

Die Bucht von Tamarone mit dem Sandstrand.

genden Abschnitt haben wir die Gelegenheit, die Vegetation der Sandstrände aus nächster Nähe kennen zu lernen. Alle Pflanzen, die sich hier angesiedelt haben, müssen mit dem oft starken, salzhaltigen Wind fertig werden, der vom Meer landeinwärts strömt. Am Gebüschsaum, der im Hintergrund den Strand vom umliegenden Wiesengelände abgrenzt, wird die Wucht des Windes besonders deutlich. Die Sträucher scheinen regelrecht landeinwärts gekämmt und strecken der Windrichtung eine dicht verwachsene Stirnseite aus zahllosen Blättern entgegen. Auch im lockeren Sand, der von der Brandung immer wieder durchgewirbelt wird, können sich nur Spezialisten aufhalten. Zu ihnen gehören **Strand-Wolfsmilch** (*Euphobia paralias*), **Stranddistel** und **Pankrazlilie**. An der Rückseite des Sandwalls haben sich kleinere Süßwassertümpel gebildet, die durch abfließendes Wasser aus den umgebenden Wiesen gespeist werden. Aus dem seichten Wasser ragen die mächtigen Bulte der **Stechenden Binse** (*Juncus acutus*). Während wir dem Strand in nördlicher Richtung entlang wandern, werden uns braune Pakete aus Pflanzenresten auffallen. Dabei handelt es sich um das **Neptungras** (*Posidonia oceanica*), das im flachen Meer vor dem Strand dichte Unterwasserrasen bildet. Durch die Brandung werden Blattreste, aber auch Teile der Wurzeln ans Ufer geschwemmt und zu dicken Paketen geformt. Aus den Feinwurzeln entstehen durch die rollende Bewegung des Meeres eiförmige bis kugelige Gebilde, die seit jeher zu mystischen Deutungen Anlass gaben. Sollen es im 16. Jahrhundert Früchte des Meeresgottes Poseidon – daher auch der Name – gewesen sein, sprach man den Gebilden im 17. Jahrhundert eine tierische Herkunft zu. Die Sarden vermuteten ihre Herkunft gar in Afrika. Erst der berühmte Naturforscher

Die Stechwinde rankt sich um einen Zaun.

Gefalteter Schiefer in der Cala Genovese.

Karl von Linné löste das Rätsel und deutete sie als Haarwurzeln des Neptungrases.
Am Ende des Strandes treffen wir auf einen Holzpflock, der über die Wanderungen Auskunft gibt. Geradeaus geht es der Küste entlang (45 Minuten), nach links ins Hinterland (25 Minuten bis zur Kapelle). Wir wählen den zweiten Weg und wandern innerhalb von Zäunen durch Pferdeweiden. Dabei fällt der gelb blühende **Klebrige Alant** (*Inula viscosa*) auf, der bis zu einem Meter hoch werden kann. Ein Saum aus Pistazien-Sträuchern verdeckt ab und zu den Stacheldraht, ehe uns der Pfad auf einen breiteren Fahrweg entlässt. Wir befinden uns nun auf dem direkten Verbindungsweg von der Punta de Tamarone zur Santa Maria und durchqueren wie auf einem Hohlweg das dichte Macchiengebüsch. **Erdbeerbaum** (*Arbutus unedo*), **Baumerika** (*Erica arborea*), **Herbst-Seidelbast** (*Daphne gnidium*), **Myrte**, **Montpellier-Zistrose**, **Rosmarin** (*Rosmarinus officinalis*), **Schmalblättrige Steinlinde** (*Phillyrea angustifolia*) und **Terpentin-Pistazie** bilden ein dichtes, wohlriechendes Gebüsch. Durch den ins Gestein geschnittenen Weg wurden Böschungsanbrüche geschaffen, an denen wir das typische mediterrane Bodenprofil studieren können. Meist ist ein humoser, rotbrauner Oberboden, der A-Horizont, ausgeprägt, der unmittelbar auf dem Gesteinsuntergrund,

Blühender Rosmarin.

Die Macchie an der Küste.

dem C-Horizont, aufliegt. Dieser Bodentyp wird auch »Terra rossa-Boden« genannt. Etwa 20 Minuten wandern wir durch die Macchie, ehe der Fahrweg an Höhe verliert und sich zur Steinkapelle Santa Maria senkt, die vor uns aus dem grünen Dickicht ragt. Wir folgen noch ein wenig dem Fahrweg nordwärts, queren trocken gefallene Bachgräben und gelangen zur Bucht von Santa Maria, in der die verfallenen Reste eines Genueserturmes zu sehen sind.
Zurück zur Kirche folgen wir beim kleinen Wegweiser dem Pfad, der nach links durch die Macchie zur Küste führt. Dies ist nun der Abschnitt des eigentlichen Zöllnerpfades, der sich entlang der Küstenlinie in Richtung Macinaggio bewegt. Herrliche Formationen aus **Vielblütiger Erika** (*Erica multiflora*), die im Herbst violett blüht, sowie **Montpellier-Zistrose** und **Weißliche Zistrose** (*Cistus albidus*), die im Frühjahr die Hänge in ein weiß-rosa Farbenkleid tauchen, begleiten uns. Die Zwischenräume besetzen **Schmalblättrige Steinlinde** und **Herbst-Seidelbast** und bilden ein geschlossenes Gebüsch. Dazwischen wachsen der gelb blühende **Strahlige Schweinssalat** (*Hyoseris radiata*) und der **Gekniete Walch**

(*Aegilops geniculata*), ein typisches Gras der lockeren Felsfluren. Wir erreichen einen Sattel, auf dem wir sofort wieder entlang der Stirnseite absteigen. Nun rücken die Iles Finocchiarola ins Bild, die als Vogelinseln streng unter Naturschutz stehen und auf Korsika den Ruf besitzen, ein Archipel im Kleinen zu sein. An der Küste treten zur Macchie kugelpolsterförmige Gebüsche des Rosmarin und der **Pistazie** (*Pistacea lentiscus*) hinzu. Entlang eines Kieselstrandes, der mit dem **Wegerich** (*Plantago coronopus)*, **Strand-Winde** (*Calystegia soldanella*) und **Meerfenchel** (*Crithmum maritimum*) bewachsen ist, erreichen wir einen weiteren kleinen Anstieg, der zu einem Hangrücken oberhalb der Bucht von Tamarone führt. An felsigen Stellen tritt die **Behaarte Spatzenzunge** (*Thymelea hirsuta*) hinzu, die der erhöhten Salzkonzentration widerstehen kann. Ganz vereinzelt kommen kleine Gebüsche des **Phönizischen Wacholders** (*Juniperus phoenicea*) hinzu. Wir folgen dem Pfad bis zum Strand von Tamarone und treffen auf die Abzweigung, wo wir vor etwa anderthalb Stunden landeinwärts abgebogen sind. Der Rückweg nach Macinaggio ist mit dem Anmarsch identisch. Als kleine Variante können wir oberhalb der Bucht einen weiteren Abschnitt des Zöllnerpfades benützen, der die kleine Landspitze zwischen der Tamaronebucht und der Baie de Macinaggio umrundet. Von einer Aussichtsplattform haben wir einen herrlichen Blick auf den kleinen Hafenort, auf die Küstenlinie und die dahinterliegenden Sümpfe mit dem hoch aufragenden **Schilfrohr** (*Phragmites australis*). Durch ein kleines **Steineichenwäldchen** (*Quercus ilex*) gelangen wir wieder zum Fahrweg und kehren auf diesem nach Macinaggio zurück.

Auf einen Blick

Empfohlene Jahreszeit: April bis Juni, September, Oktober; Hauptblütezeit der Macchie Mitte April bis Mitte Mai.
Öffentliche Verkehrsmittel: Keine.
Anfahrt mit dem Auto: Von Bastia auf der D 80 über Erbalunga ca. 40 km bis Macinaggio; Parkplätze am Hafen und in der Nähe des Campingplatzes .
Empfohlene Gebietskarte: ign 4347 OT.
Wegmarkierung: Holzpflöcke und kleinere Richtungswegweiser.
Auskunft: Informationen zu den Finocchiarola-Inseln unter 04 95 35 47 23.
Unterkunft: Kleinere Hotels in Macinaggio, Camping U Stazzu .
Ausrüstungshinweis: Im Sommer kann es an der Küste ziemlich warm werden, deshalb sollte man einen Sonnenschutz und ausreichend Wasser mitnehmen; Fernglas zum Beobachten der Vögel; Badehose.
Einkehrmöglichkeiten: Mehrere Bars und Restaurants in Macinaggio, Buvette am Strand von Tamarone, nur in der Hochsaison.

Nach zweieinhalb Stunden kommen wir auf den baumfreien Sattel, der einen herrlichen Blick über die Castagniccia gewährt.

4

Monte San Petrone

Einfacher Aussichtsgipfel in der Waldlandschaft der Castagniccia

Die sanfte und liebliche Landschaft der Castagniccia gilt als eine der ursprünglichsten Gegenden Korsikas, die sich aus kleinen Dörfern, bewaldeten Talkesseln und sanften Bergrücken zusammensetzt. Der höchste und schönste Gipfel dieser Waldlandschaft ist der Monte San Petrone, den wir über einen nicht allzu beschwerlichen Aufstiegsweg erreichen. Dabei durchqueren wir einen der eindrucksvollsten Buchenwälder Korsikas, der bis knapp unter den Gipfel reicht, und lernen einiges über die frühere landwirtschaftliche Nutzung dieses Gebietes kennen. Zuletzt bietet der luftige Felsaufbau nicht nur eine Felsengarrigue aus einigen Polsterpflanzen, sondern auch einen grandiosen Rundblick über den Nordosten bis zum Cap Corse und die Orientale-Ebene. Im Westen rundet der felsige Monte Cinto das Panorama ab. Als Variante können wir auf der Ostseite des San Petrone nach Campana absteigen. Die Wanderung erhält im Herbst, wenn sich die Laubbäume goldgelb bis rotbraun verfärben, noch einen zusätzlichen Anreiz.

INFO

Ausgangsort/Zielort: Col de Prato (985 m); Col de Prato.

Tourencharakter: Leichte Bergwanderung vorwiegend in Waldgebiet mit 782 m Höhenunterschied.

Gesamtlänge: 12 km (Variante 16 km).

Gehzeit: 5 Std. (Variante 6 Std. 30 Min.).

Schattiger Aufstieg zum sonnigen Aussichtsgipfel

Unsere Wanderung beginnt am Col de Prato unmittelbar bei der kleinen Bar »Snack U Magu«, die im Sommer auf einer primitiven Holzveranda Getränke anbietet. Am Hauseck an der Straße D 71 weist ein Schild auf unser Wanderziel hin und wir folgen zunächst einem breiten Fahrweg, der von den Häusern wegführt. Sofort begleiten uns ein dichter Saum aus Gebüschen, vor allem **Schwarzerlen** (*Alnus glutinosa*), **Brombeeren** (*Rubus sp.*) und **Schlehen** (*Prunus spinosa*), die von der **Waldrebe** (*Clematis vitalba*), einer Liane, überwuchert werden. Immer wieder mischen sich aber auch **Laricio-Kiefern** (*Pinus nigra ssp. laricio*) und **Wacholdergebüsche** (*Juniperus communis*) ein. Dieses Dickicht, das ab und zu von Adlerfarnlichtungen abgelöst wird, zeigt uns die frühere Nutzung dieser Landschaft unterhalb der Buchenwaldstufe an. Hier wurde der Wald gerodet und zu Weideflächen umgebaut. Später verließen die Menschen im Zuge der Landflucht die Gegend und die Weideflächen verbuschten allmählich. Wir wandern ein wenig aufwärts und kommen bald an Holzverschlägen vorbei, die Schweine beherbergen. Etwa 10 bis 15 Minuten nach dem Schweinepferch biegen wir bei einer Abzweigung in den mittleren, nach oben führenden Weg ein und lassen den rechten, abwärts verlaufenden und den linken unberücksichtigt. Unser Wanderpfad besitzt immer noch die Breite eines Fahrweges, wird aber zunehmend steiler und erreicht den geschlossenen Wald. Mächtige **Kastanienbäume** (*Castanea sativa*) beherrschen nun den Wegesrand, werden aber immer wieder von Spalieren aus **Schlehe, Eingriffeligem Weißdorn** (*Crataegus monogyna*) und **Brombeere** aufgelockert. Hier können uns jederzeit die halbwilden, frei herum laufenden Schweine begegnen, die alle Farbschattierungen von rosa bis schwarz einnehmen. Sie sind durchwegs ungefährlich, außer man trifft auf eine fürsorgliche Mutter, die ihre Schar an Jungschweinen verteidigt. Wir nähern uns nach 30 bis 40 Minuten einem weiteren Schweinepferch, bei dem unter einer großen Kastanie ein blaues Autowrack zu sehen ist. Mit Farbe ist unser Ziel samt Richtungspfeil aufgemalt und bestätigt, dass wir uns auf dem rechten Weg befinden. Mittlerweile sind die Buchen immer dominanter geworden und lassen uns nun in der Kühle des geschlossenen Blätterdaches dahinwandern. Die spärliche Bodenvegetation, die wir im kommenden Abschnitt der Wanderung immer wieder beobachten können, setzt sich aus **Waldveilchen** (*Cyclamen repandum*) und **Korsischer Nieswurz** (*Helleborus lividus corsicus*) zusammen. Hin und wieder wächst auf kleineren Felsblöcken, die lose am Wegrand liegen, der **Venusnabel** (*Umbilicus sp.*). Immer wieder fallen uns die hoch gewachsenen **Stechpalmen** auf, die als immergrüner Baum vor allem im Herbst besonders hervorstechen. Diese auffälligen Gewächse mit den zugespitzten Blättern und den roten Früchten bilden gleichsam eine zweite Baumschicht innerhalb des Buchenwaldes.

Nach ungefähr einer guten Stunde erreichen wir einen schwach ausgeprägten Sattel, bei dem der Waldpfad zum Monte San Petrone nach links abzweigt. Ein verwaschenes Metallschild macht samt Aufschrift zusätzlich darauf aufmerksam. Wir steigen nun etwas steiler und teilweise langatmig durch den Buchenwald aufwärts. Unsere Route führt den bewaldeten Hängen zu Füßen des Gipfels stetig aufwärts, ohne aber übermäßig anstrengend zu werden. Dennoch wirkt dieser Abschnitt bis

Vom Gipfel hat man einen grandiosen Ausblick, der weit in den Norden der Insel reicht.

Die mächtigen Stechpalmen.

Die Blätter der Edelkastanie in Herbstfärbung.

Flechtenbewuchs auf Schieferfelsen.

zum Wiesensattel auf 1544 Meter eher eintönig. Größere Felsblöcke, die mit einem dichten Flor aus **Südlichem Tüpfelfarn** (*Polypodium cambricum*) bewachsen sind, lockern den Wald ein wenig auf. Infolge der dichten Laubauflage im Winter und der starken Beschattung im Sommer, können sich im Buchenwald nur wenige Kräuter ansiedeln. Wer die Wanderung im Herbst unternimmt, muss in diesem Abschnitt konzentriert auf den Verlauf des Weges achten, der durch das bereits abgefallene Laub schwer ersichtlich und oft nur an den roten Markierungen zu erkennen ist. Einige steilere Stellen des Weges bringen uns nach eindreiviertel bis zwei Stunden zu einem Sattel, der plötzlich den Blick auf die Waldlandschaft der Castagniccia freigibt. Es handelt sich um eine ehemalige Hochweide, die großteils aber bereits wieder verbuscht ist. Breite, flach an den Boden gepresste **Wacholdergebüsche** (*Juniperus communis*) bedecken den Weiderasen, dazwischen hat sich die **Korsische Nieswurz** zu stattlichen Exemplaren entwickelt. Ferner finden wir Gebüsche aus **Korsischem Ginster** (*Genista corsica*) und **Schlehe**. Nur wenige Blütenpflanzen können dieses etwa 50 Zentimeter hohe Dickicht an Sträuchern durchdringen. Am auffälligsten ist die **Großblütige Eberwurz** (*Carlina macrocephala*), die zwar eine typische Pflanze des Mittelmeerraumes ist, in Korsika und Sardinien aber ein bis vier Blütenköpfe ausbildet. Vor allem im östlichen Bereich des Sattels haben sich dichte Adlerfarnfluren entwickelt.

Der Weg schwenkt nun nach Norden und durchquert das locker verbuschte Weidegebiet. Im Hintergrund überragt der silbergraue Gipfelaufbau des Monte San Petrone den Buchenwald, in den wir gleich wieder hineinwandern. Nach einem kurzen Quergang folgen wir nun dem steil ansteigenden Steig durch eine Geländerinne und

Am Sattel unterhalb des Monte San Petrone.

müssen auf dem teils losen Schiefergeröll Halt suchen. Nach dieser Anstrengung erreichen wir eine letzte Abflachung unterhalb des Gipfels, auf der der Wegverlauf kurzzeitig unübersichtlich wird. Wir können uns aber auf die rote Markierung verlassen, die uns nach rechts zur Südostecke des Gipfelaufbaus leitet. Die letzten 40 Höhenmeter, die uns über den geschlossenen Buchenwald heben, verlaufen durch Steilstufen und Blockschutt. Hier ist Vorsicht angebracht und wir müssen ein wenig die Hände Zuhilfe nehmen. Schließlich erreichen wir nach etwas mehr als zweieinhalb Stunden Gehzeit den 1767 Meter hohen Gipfel des Monte San Petrone, der wie ein Sonnenbalkon über der bewaldeten Landschaft der Castagniccia schwebt. Umgeben vom dichten Flor aus Buchen- und Kastanienwald reichen unsere Blicke im Norden bis zum Cap Corse und die Küsten rund um Bastia. Im Osten wirkt die Orientale-Ebene mit dem Etang de Biguglia wie eine ferne Landschaft. Nach Süden breitet sich die wellige Waldlandschaft der Castagniccia aus, während im Westen das schroffe Felsengebälk des Zentralmassivs mit Monte Cinto und Paglia Orba in den Himmel ragt. Nicht umsonst gilt der Monte San Petrone bei klarem Wetter als einer der beliebtesten Aussichtsberge Korsikas. Der etwas schroffe Felsaufbau ist mit Polsterpflanzen bewachsen, die zur Felsengarrigue vermitteln. In den Spalten des grau-silbernen Schiefergesteins hat sich der sehr würzig riechende **Echte Thymian** (*Thymus vulgaris*) angesiedelt, der eine Charakterpflanze der Felsengarrigue ist. In geschützteren Nischen kommt die **Nizza-Fetthenne** (*Sedum sediformae*) mit ihren gelben Blütenköpfen vor. Auf exponierteren Stellen lässt die **Weißköpfige Grasnelke** (*Armeria leucocephala*) die Blütenköpfe im Wind wiegen. Knapp unterhalb des Gipfels leiten niederliegende Gebüsche aus **Grünerlen** (*Alnus viridis*) zum geschlossenen Buchenwald über. In diesem Bereich wachsen auch mächtige Stöcke der **Korsischen Nieswurz**. Wir erkennen aber auch Pflanzen, die durch die frei herumlaufenden Ziegen und Schweine vom Tal bis auf den Gipfel gebracht wurden, vor allem **Brennnessel** (*Urtica dioica*) und **Langblättrige Königskerze** (*Verbascum longifolium*). Diese zeichnen sich durch erhöhten Nährstoffbedarf aus und nützen die Ausscheidungen der zahlreichen Weidetiere.

Wenn wir uns am Panorama ausreichend satt gesehen haben, beginnen wir am selben Weg den Abstieg ins Tal. Am Wiesensattel entscheiden wir, ob wir nach rechts auf unserer Aufstiegsroute zum Ausgangspunkt zurückkehren, oder den Pfad nach links wählen, der über die Ostflanke des Petrone nach Campana verläuft. Diese Variante quert zuerst mächtige Adlerfarnfelder und führt später durch Buchenwald abwärts. Der landschaftlich schöne Abstieg führt aber leider nur bis zur D 71, auf der wir 7,5 Kilometer ab Campana bis zum Col de Prato zurückkehren müssen. Dafür sind etwa 1Std. 15 Min. vorzusehen.

Auf einen Blick

Empfohlene Jahreszeit: April bis Juni (Blütezeit), Ende September, Oktober (Verfärbung der Blätter).
Öffentliche Verkehrsmittel: Keine.
Anfahrt mit dem Auto: Von Ponte Leccia auf der D 71, 14 km nach Morosaglia, von dort 3 km weiter bis zum Col de Prato; wenige Parkplätze unmittelbar am Straßenrand oder bei der Bar U Mago
Empfohlene Gebietskarte: ign 4349, Vescovato, M = 125 000.
Wegmarkierung: Steinmännchen, am Beginn blaue Punkte, zweite Hälfte rote Punkte; vereinzelt Wegweiser.
Unterkunft: Hotels in Ponte Leccia, Campingplatz 5 km nach Ponte Leccia in Richtung Corte.
Ausrüstungshinweis: Unterwegs keine Einkehrmöglichkeit, im Frühsommer genügend Wasser mitnehmen; Fernglas.
Einkehrmöglichkeiten: In der Hauptsaison Bar Snack U Magu am Col de Prato, Bars in Morosaglia und Ponte Leccia.

Im Forêt de Bonifatu

Rundwanderung durch den Bocca die Erbaghiolu und Bonassa

Im oberen Teil des Wanderweges können wir durch den Kiefernwald hindurch auf die Crête de Muntunaghiu blicken.

Der Cirque de Bonifatu mit der eindrucksvollen Wald- und Gebirgslandschaft ist von Calvi aus leicht zu erreichen und stellt im Sommer eine kühle und ruhige Alternative zum belebten Badeort an der Küste dar. Wir wählen die Rundwanderung zu den Satteln von Erbaghiolu und Bonassa, die auf 1258 und 1153 Metern hoch über dem Talkessel liegen. Dabei lernen wir den eindrucksvollen Forêt de Bonifatu, einen Laricio-Kiefernwald, kennen, der als »Forêt Domaniale« unter Schutz gestellt ist. Der Rückweg zum Ausgangspunkt verläuft über einen Abschnitt des Weitwanderweges »Tra Mare e Monti Nord«. Seltene Pflanzen wie Korsischer Krokus, Orchideen oder Waldveilchen begegnen uns ebenso wie die reiche Vogelwelt des Cirque, die vom endemischen Korsenkleiber über Spechtarten bis zum Steinadler reicht. Am Ende der fünfstündigen Wanderung können wir im wildreichen Figarella-Bach ein kühles Bad nehmen.

INFO

Ausgangsort/Zielort: Auberge Cirque de Bonifatu (540 m); Auberge.

Tourencharakter: Rundwanderung auf gut trassierten, aber teilweise steilen Bergpfaden, 617 m Höhenunterschied.

Gesamtlänge: 10 km.

Gehzeit: 5 Std.

Die Korsische Nieswurz kommt überall im Kiefernwald vor.

Detail der Laricio-Kiefer.

Der Wanderweg im unteren Abschnitt.

Dichte Eichenhaine und lichte Kiefernwälder

Schon die Fahrt von Calvi, die dem Flusstal des Figarella entlangführt, ist reizvoll. Zuerst liegen Weinberge und Felder am Straßenrand, die aber bald von immer dichter werdenden Macchiengebüschen und später Kiefernwäldern abgelöst werden. Die schmale Fahrstraße endet bei der kleinen Auberge nach dem Maison Forestière de Bonifato und plötzlich ist man verwundert, dass man sich auf 540 Meter Seehöhe befindet. Im Hintergrund ragen die mächtigen Gebirgsstöcke der Muvrella und Spasimata auf, die den Talkessel umschließen. Der beliebteste und stark frequentierte Wanderweg führt der Bachschlucht entlang bis zur Carozza-Hütte und stellt eine gebirgige Variante des GR 20 dar. Über den Muvrella-Pass kann man dann nach Haut-Asco oder über Tuarelli ins Fangotal absteigen.

Die vorgeschlagene Wanderroute stellt eine weit weniger begangene Alternative zum Aufstieg zur Carozza-Hütte dar. Wir starten bei der kleinen Auberge Cirque de Bonifatu (Gîte d'Etappe), wo ein Parkplatz mit 150 Stellplätzen zur Verfügung steht. Wir gehen auf der Fahrstraße in Richtung des Maison Forestière zurück, bis wir nach 100 Metern zu einer Brücke kommen. Links führt ein etwas undeutlicher Pfad in den Wald hinein. Vorbei an einer Quellfassung und einem undeutlichen Holzschild (»109«) beginnen wir parallel zum Graben des Nocaghia-Baches aufzusteigen. Ab und zu verraten uns rote Farbpunkte, dass wir uns auf der richtigen Route befinden.

Die Ruine des Chalet Prince de Pierre ist heute verfallen und vom Wald überwuchert.

Nach zehn Minuten stoßen wir auf eine deutlichere Wegtrasse, die früher vom Parkplatz ausging und durch den Bau der Auberge durchschnitten wurde. Der schattige Steig führt durch einen dichten Wald aus **Steineichen** (*Quercus ilex*) und **Eiben** (*Taxus baccata*), der für die mesomediterrane Stufe zwischen 400 und 700 Meter charakteristisch ist. Im Unterwuchs kommen **Macchiensträucher** wie **Baumerika** (*Erica arborea*), **Schmalblättrige Steinlinde** (*Phillyrea angustifolia*), **Schopf-Lavendel** (*Lavandula stoechas*) und **Pistazie** (*Pistacea lentiscus*) vor. Auffallend ist auch der Reichtum an Waldmoosen wie **Rotstengelmoos** (*Pleurozium schreberi*) und **Stockwerkmoos** (*Hylocomium splendens*), die Rückschlüsse auf die erhöhte Luftfeuchte zulassen. Der Weg steigt stetig aufwärts dem Sattel Bocca di u Calataghiu entgegen und erreicht nach etwa 40 Minuten die Ruine des Jagd-Chalet von Prinz Pierre. Der Wald lichtet sich und wird immer mehr von **Laricio-Kiefern** durchsetzt, ein Anzeichen dafür, dass wir mehr als 700 Meter Seehöhe erreicht haben und die mesomediterrane Stufe verlassen. Wir queren das grobblockige Bachbett des Nocaghia, das von **Schwarzerlen** (*Alnus glutinosa*) eingefasst ist – in der Umgebung fallen die großen Pflanzen der **Korsischen Nieswurz** (*Helleborus lividus ssp. corsicus*) auf – und steuern auf einem etwas flacheren Wegstück auf einen Aussichtspunkt zu. Etwa 50 Meter abseits des Pfades ermöglicht eine Lichtung einen herrlichen Blick auf das Flusstal des Figarella, im Hintergrund taucht die Bucht von Calvi aus dem Dunst. Unser Pfad schwenkt hier nach Westen und quert die bewaldeten Hänge oberhalb

Eine kleine Kaskade des Frassigna-Baches am Weitwandereg des »Tra Mare e Monti«.

eines weiten Geröllfeldes. Die Blockhalde, die von einem Felssturz stammen dürfte, ist vereinzelt mit mächtigen **Laricio-Kiefern** (*Pinus nigra ssp. laricio*) und **Buchen** (*Fagus sylvatica*) bewachsen. Wir sind nun bereits anderthalb Stunden unterwegs und beginnen den etwas mühevollen und langatmigen Aufstieg zum Sattel von Erbaghiolu. Der Weg ist ab und zu deutlich trassiert, bildet zahllose Serpentinen aus und durchquert die steiler werdenden Hänge. Die Macchiengebüsche sind fast zur Gänze zurückgetreten und geben einem lichten, hochwüchsigen Kiefernwald Raum, der im Unterwuchs immer mehr **Adlerfarn** (*Pteridium aquilinum*) enthält. Ab und zu können Stellen des Weges leicht verwachsen sein, die rote Markierung ist aber während des gesamten Verlaufes eine verlässliche Hilfe. Immer wieder fallen die enormen Flurschäden am Waldboden auf, die von den halbwilden Schweinen auf der Suche nach Nahrung angerichtet werden. Die Tiere graben nach den Wurzelknollen der krautigen Pflanzen wie **Waldveilchen** (*Cyclamen repandum*) oder **Korsischer Nieswurz** und durchwühlen die obere Bodenschicht. Sobald der Weg in immer häufigeren Serpentinen nach oben führt, kommen wir dem ersten Etappenziel näher. Durch die mächtigen Kiefern sehen wir zu den zerklüfteten Felshängen der Crête de Muntunaghiu hinüber. Nach zweieinhalb bis drei Stunden erreichen wir den Bocca di E'Erbaghiolu auf 1258 Meter und genießen zuerst den bizarren Blick auf die Bergwelt des Cirque de Bonifatu. **Korsischer Krokus** (*Crocus corsicus*) und **Korsischer Milchstern** (*Gagea bohemica*) durchsetzen die niederwüchsigen Weiderasen zwischen den Felsformationen.

Ein Quergang durch lichten Kiefernwald geleitet uns in 20 Minuten zum Bocca di Bonassa. Der 1153 Meter hohe Sattel hält neben einem herrlichen Panorama auf das Fangu-Tal im Süden und dem Figarella-Tal im Norden schöne Picknickplätze bereit. Denn der Sattel stellt eine Raststätte des Weitwanderweges Tra Mare e Monti dar, der von Calenzana aus der Balagne über Bonifatu nach Galéria auf diese Anhöhe führt. Dichte Fluren des **Korsischen Ginsters** (*Genista corsica*), der durch Wind und Wildverbiss kurze, kugelige Gebüsche aus-

Orchis provincialis ssp. pauciflora.

bildet, überziehen den baumlosen Sattel. Auf den grasigen Stellen wachsen wiederum **Korsische Krokusse**. Wir wählen für unseren Abstieg die Route des Tra Mare e Monti, und durchwandern den markanten Felseneinschnitt am Kamm des Sattels. Gleich anschließend gelangen wir zu einer Quelle, die von **efeuberankten Felsen** (*Hedera helix*) und uralten **Eiben** (*Taxus baccata*) umgeben ist. Nach mehreren Wegschlingen kommen wir an einem romantischen, kleinen Wasserfall des Frassigna-Baches vorbei. Dass wir stark an Höhe verloren haben, merken wir an der Zunahme der **Macchiengebüsche** und der **Steineichen**. Die Kiefern nehmen ab und wir erreichen in umgekehrter Form als beim Aufstieg die Grenze zwischen supra- und mesomediterraner Stufe. Im untersten Abschnitt nehmen Felsstandorte innerhalb der Gebüschfluren zu, die mit **Felsen-Trichterlilien** (*Pancratium illyricum*) bewachsen sind. Im gesamten Wegverlauf können wir **Waldveilchen** und **Korsische Nieswurz** beobachten, die nun von **Orchideen** wie der **Gefleckten Waldwurz** (*Neotinea maculata*) und der kleinblütigen Unterart des **Französischen Knabenkrautes** (*Orchis provincialis ssp. pauciflora*) begleitet werden. Bei einer mit Baumerika bewachsenen Geländekuppe schwenken wir nach rechts und sind bei der Fahrstraße zum Forsthaus angekommen. Wir folgen dieser taleinwärts, erreichen nach 15 Minuten das Maison Forestière, nach weiteren 5 Minuten unseren Ausgangspunkt.

Auf einen Blick

Empfohlene Jahreszeit: Mai bis Juli, September, Oktober.
Öffentliche Verkehrsmittel: Keine.
Anfahrt mit dem Auto: Von Calvi über die Route zum Flughafen und weiter auf der D 251 zur Auberge im Forêt de Bonifatu (23 km von Calvi).
Empfohlene Gebietskarte: ign 4149 OT, Calvi, M = 125 000.
Wegmarkierung: Rote Farbpunkte am Aufstieg, orange entlang des Abstieges.
Auskunft: Auberge Cirque de Bonifatu (Gîte d'Etappe)
Unterkunft: Auberge Cirque de Bonifatu,

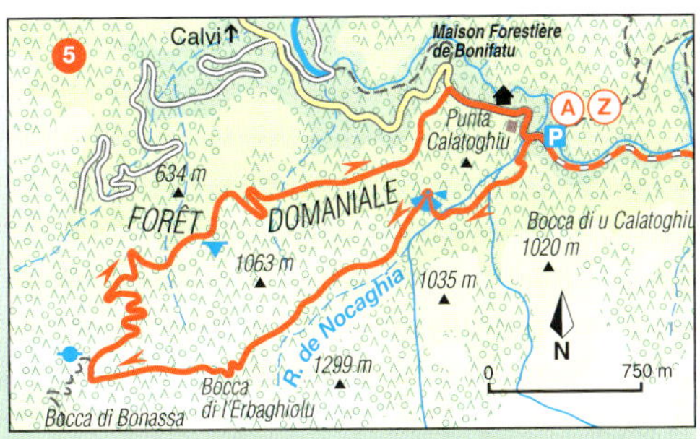

Hotels, Feriendörfer und Campingplätze aller Kategorien in Calvi.
Ausrüstungshinweis: Wasserflasche, Fernglas.
Einkehrmöglichkeiten: Auberge Cirque de Bonifatu; entlang der Wanderung keine Einkehrmöglichkeiten.

Der kühne Sentier de Muletiers ermöglicht einen herrlichen Blick über die Calanche de Piana bis zur Anse de Dardo.

Die Calanche

Auf aussichtsreichen Höhenwegen durch den Felsengarten

Eine der herausragendsten Küstenlandschaften der Insel befindet sich im Westen Korsikas zwischen dem romantischen Hafenort Porto und dem pittoresken Bergdörfchen Piana. Die Natur »zelebriert« hier eine ihrer schönsten Seiten, heißt es in einer Beschreibung Korsikas. Und wahrlich, die Landschaft der Calanche fesselt jeden Betrachter. Vor allem in den Abendstunden, wenn die untergehende Sonne das Rot der Felsen in unglaubliche Farbtöne taucht und die Touristenströme nachlassen, entfaltet sich der gesamte Charme der Calanche und lässt beinahe unwirkliche Bilder entstehen. Unsere beiden Wanderrouten schlängeln sich zum Teil über Felsgalerien, aber auch entlang alter Saumpfade wie dem Chemin des Muletiers, vorbei an fantasievollen Tafoni-Felsen. Die eindrucksvolle Vegetation, die aus Steineichenwäldern, Strandkiefern und Macchie besteht, hält im Frühjahr Orchideen und den endemischen rot blühenden Fingerhut bereit.

INFO

Ausgangsort/Zielort: Parkplatz beim Tête de Chien (380 m); Parkplatz.

Tourencharakter: Einfache, zum Teil jedoch steile, unbequeme Wanderpfade, die am Sentier des Muletiers befestigt sind; Trittsicherheit ist jedoch von Vorteil.

Gesamtlänge: Château Fort 3 km, Sentier de la Corniche und Sentier des Muletiers 7 km.

Gehzeit: Zum Château Fort 1 Std., Sentier de la Corniche und Sentier des Muletiers 2 Std. 30 Min.

Felsformationen und alte Saumpfade

Die Calanche gehört zu den bekanntesten Natursehenswürdigkeiten Korsikas. Da sie leicht mit dem Auto zu erreichen sind, entkommt der Wanderer und Naturfreund nur sehr schwer dem Touristenansturm. Die einzige Möglichkeit ist eine Wanderung ins Hinterland des Felsgartens. Die zwei hier vorgestellten Wege starten am Parkplatz beim Tête de Chien (Hundekopf), der sich in einer Spitzkehre vier Kilometer oberhalb von Porto unmittelbar an der D 81 befindet. Eine Informationstafel samt Lageplan gibt hier über die Wandermöglichkeiten, die bis zum 1294 Meter hohen Gipfel des Capu d'Ortu reichen, Auskunft.

Zum Château Fort

Der stark frequentierte, blau markierte Wanderpfad beginnt rechts des Hundekopfes. Zuerst dominiert Strandkiefernwald, der auf den trockenen Südwesthängen der eumediterranen Stufe vorkommt. Den Unterwuchs bilden die typischen Macchiensträucher **Erdbeerbaum** (*Arbutus unedo*) und **Baumerika** (*Erica arborea*). Nach einer kleinen Abflachung tritt der Wald zurück und der Weg schlängelt sich den schroffen Felsgraten entlang. Dennoch ist diese Route völlig ungefährlich und niemals den tiefen Abhängen ausgesetzt, die mehr als 300 Meter ins tosende Meer stürzen. Der Wanderpfad kann aber auch nicht als bequem bezeichnet werden, da immer wieder steilere Geländestufen und größere Felsen zu überwinden sind. Immer wieder eröffnen sich begeisternde Durchblicke auf den Golf von Porto und die Anse de Dardo. In etwa 25 Minuten ist der mächtige Felsen des Château Fort erreicht, von dessen vorgelagertem Plateau man einen grandiosen Ausblick auf den Golf von Porto genießt. Im Westen ragen die Felsklippen von Scan-

Der Korsische Ginster wächst aus den Felsspalten.

Das liebliche Örtchen Piana.

dola weit ins Meer. Überall klammert sich der **Korsische Ginster** (*Genista corsica*) in den Fels. Der Rückweg verläuft wiederum über die Felsgalerie bis zum Parkplatz am Hundekopf, wobei wir naturgemäß aufwärts steigen müssen und etwa 35 Minuten benötigen.

Sentier de la Corniche und Sentier des Muletiers

Die zweite Wanderroute nimmt ebenfalls am Parkplatz ihren Ausgang. Wir folgen 200 Meter lang der Fahrstraße aufwärts in Richtung Piana und gelangen ans Ende des Felsrückens, auf dem das Château Fort liegt. Plötzlich gibt die Straße bizarre Blicke ins tiefe Tal frei, das zur Anse de Dardo abfällt. Hier können wir auf den ersten Abschnitt des Chemin de la Corniche abbiegen, der nach links steil durchs Unterholz auf eine Klippe der Calanche führt. Nach einem 20-minütigen Aufstieg wandern wir durch einen Steilhang auf das Chalet bei den Roches Bleues zu und treffen wieder auf die D 81. Wir können diesen mühevollen Weg aber abkürzen, wenn wir ca. 500 Meter der Fahrstraße bis zum Chalet folgen. Unmittelbar gegenüber dem Chalet, bei dem sich ein Trinkwasserbrunnen befindet, beginnt ein rot und blau markierter Wanderpfad, der bis zum Capu d'Ortu und zum Foce d'Ortu, aber auch nach Piana führt (moderne Wegweiser). Wir steigen durch mit Macchie und Kiefern durchsetzte Hänge etwa 25 Minuten steil aufwärts. Schon nach zehn Minuten bietet sich ein herrlicher Blick auf die Dardo-Bucht und den Felsgrat mit dem Château. Steineichen und Stechpalmen machen den Weg etwas schattiger, der in der Hitze des Tages umso beschwerlicher sein kann. Im Unterwuchs erkennen wir **Baumerika** (*Erica arborea*), **Pistazie** (*Pistacea lentiscus*), **Stech-Wacholder** (*Juniperus oxycedrus*) und **Erdbeerbaum** (*Arbutus unedo*),

Der Bergpfad zum Capu d'Ortu.

Das Chateau Fort über der Anse de Dardo.

typische Vertreter der mesomediterranen Macchie. Der Weg verlässt allmählich den Steilhang und zieht am nördlichen Abhang in einen Bachgraben hinein. Plötzlich ist kaum mehr der Verkehrslärm der Calanche-Straße zu hören und die Macchie wird durch einen lichten Wald aus **Lariciokiefern** (*Pinus nigra ssp. laricio*) ersetzt, der auf Grund der Nordexposition und der damit verbundenen erhöhten Luftfeuchtigkeit aufkommen konnte.

Nach 45 Minuten, nachdem wir auf einigen Serpentinen eine weitere Steilstufe erklommen haben, stoßen wir auf eine Abzweigung. Nach links gehen die Wege zum so genannten »Kastanienwäldchen« und der Quelle Fontaine d'Oliva Bona (von hier 25 Minuten), aber auch zum Capu d'Ortu, dem höchsten Gipfel im Hinterland der Calanche ab (von hier 2 Stunden 15 Minuten.). Wir folgen aber dem rechten Weg, der über das Hochplateau zu Füßen des Rocher Lion in Richtung Piana verläuft. Nach wenigen Minuten verlassen wir den Wald und betreten die karge Hochfläche, die hinter den Felstürmen der Calanche liegt. Links erkennen wir die markante Felsformation des Rocher Lion, der einem zu Stein gewordenen liegenden Löwen gleicht. **Korsischer Ginster** (*Genista corsica*), **Stech-Wacholder** und niedere Gebüsche des **Erdbeerbaumes** beherrschen nun die Vegetation, die hier hart um das lebensnotwendige Wasser ringt. Gleich darauf beginnt sich der Weg in eine Talung abzusenken und verläuft durch eine verschwiegene, von Tafoni-Felsen übersäte Heidelandschaft. Rechter Hand taucht vor uns das liebliche Dörfchen Piana auf, während der Weg gleich wieder den etwas kühleren Kiefernwald erreicht hat. Durch diesen steigen wir über einen Abhang bis zum Beginn des Sentier des Muletiers ab, den wir bei einer Weggabelung samt Wegweiser erreichen. Der steingepflasterte Saumpfad stellt einen Abschnitt des alten Verbindungsweges dar, der von Ota aus der Spelunca-Schlucht nach Piana führte. Wir biegen nach rechts auf den mittlerweile restaurierten Pfad ein –und gelangen sogleich in schroffes Felsgelände. Vereinzelte **Erdbeerbäume** und **Korsischer Ginster** scheinen direkt aus dem Gestein zu sprießen. Daneben finden wir hier im Frühjahr zahlreiche Exemplare des rot blühenden **Fingerhutes** (*Digitalis purpurea ssp. gyspergerae*), einem korsischen Endemiten. Diese stattliche Pflanze kann bis zu 150 Zentimeter groß werden, die auffälligen Blüten sind vier bis fünf Zentimeter lang. Der nun befestigte und mit Steinmauern versehene Pfad nimmt an Luftigkeit zu. Immer atemberaubender werden die Tiefblicke auf die Felstürme der Calanche, auf die Felsklippe des Capu-Ghineparu (515 m) und die tief unter uns liegende Anse de Dardo. In Felsspalten wächst der **Wohlriechende Felsfarn** (*Cheilanthes fragrans*), aber auch das **Kretische Ferkelkraut** (*Hypochoeris cretensis*). Auf kleinen grasigen Stellen zwischen den Felsen kommt das **Gefleckte Sonnenröschen** (*Tuberaria guttata*) vor. 15 Minuten lang steigen wir auf dem kühn angelegten Pfad durch die Felsklippen, ehe dieser bei einem großen Felsblock je endet und über zahlreiche Serpen-

Der endemische Rote Fingerhut wächst in den Felsfluren.

tinen zur Straße hinabzieht. Der Taleinschnitt ist mit Steineichen und Baumerika bewachsen und erreicht die D 81 rechts der Marienstatue Immaculata. Um zum Chalet Rocher Bleues zurückzukehren, müssen wir der Fahrstraße nach rechts etwa 400 Meter folgen. Trotz des Verkehrsansturmes ist dies kein Nachteil, denn die Trassierung bietet einen der besten Einblicke in die Calanche. Weitere 700 Meter entlang der Fahrstraße bringen uns zum Ausgangspunkt am Tête de Chien zurück.

Variante

Wer die Wanderung zu einem Ganztagesausflug ausdehnen möchte, kann die Route zum 1294 Meter hohen Capu d'Ortu einschlagen (zusätzlich vier Stunden).Bei der Weggabelung oberhalb der Rocher Bleues folgen wir dem orangegrün markierten Pfad bis zum Bocca di Piazza Moninca. Eine weitere Stunde erfordert der Aufstieg zum Gipfel. Für den Rückweg wählen wir den Pfad, der zum Fußballplatz von Piana führt.

Auf einen Blick

Empfohlene Jahreszeit: Frühjahr und Herbst, Wanderungen sind jedoch das gesamte Jahr möglich.
Öffentliche Verkehrsmittel: Im Sommer besteht an den Wochenenden eine Busverbindung von Ajaccio nach Porto.
Anfahrt mit dem Auto: Von Porto oder Cargèse über die D 81 (Verbindung Ajaccio – Calvi), die sich langatmig der Küste entlangschlängelt.
Empfohlene Gebietskarte: ign 4151, Porto, M = 1 25 000.
Wegmarkierung: Grüne, rote und blaue Farbpunkte, je nach Weg, Informationstafeln stehen jeweils am Beginn der Wanderrouten, unterwegs moderne Wegweiser.
Unterkunft: Hotels in Piana (bis 4 Sterne) und Porto; große Campingplätze in Porto.
Ausrüstungshinweis: Wasserflasche, Sonnenschutz, Fernglas.
Einkehrmöglichkeiten: Buvette an der Calanche-Straße bei den Roches Bleues, Restaurants und Bars in Porto und Piana.

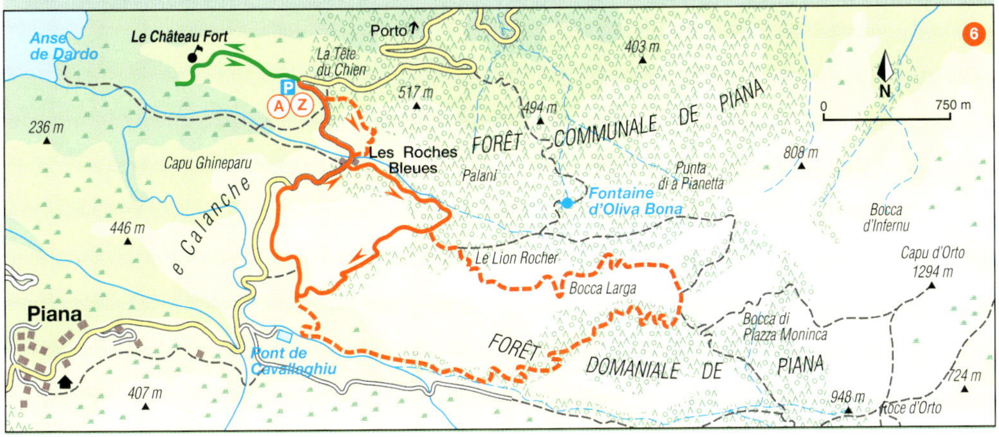

Die Spelunca-Schlucht zeigt sich bei der alten Genueser Steinbrücke von ihrer wildromantischsten Seite, der Bach lädt zum Baden ein.

Spelunca-Schlucht und Fôret d'Aitone

Zwei attraktive Wanderungen bei Evisa

Evisa, der bekannte und wunderschön gelegene Urlaubsort, ist ein beliebter Ausgangspunkt zu beeindruckenden Wanderungen. Hier bietet die korsische Gebirgslandschaft mit dem bizarren Massif d'Aitone, den stillen Wäldern, den wilden Flussläufen, den rauschenden Wasserfällen sowie den tief eingeschnittenen Schluchten eine außerordentlich vielseitige Szenerie. Wir wandern zuerst auf einer Etappe des Weitwanderweges »Tra Mare e Monti«, der von Evisa aus durch die wildreiche Spelunca-Schlucht mit den genuesischen Bogenbrücken nach Ota führt. Weit ruhiger gestaltet sich der zweite Weg, der von Evisa zum Fôret d'Aitone und zur »Piscine naturelle« führt.

INFO

Ausgangsort/Zielort: Evisa (850 m); Spelunca-Schlucht Ota (340 m); Aitone-Wald Evisa.

Tourencharakter: Einfache Wanderungen auf gepflasterten Saumpfaden und schattigen Waldwegen; nur der Abstieg in die Schlucht enthält Steilpassagen.

Gesamtlänge: Spelunca-Schlucht (Streckenwanderung) 9 km, Aitone-Wald (Rundwanderung) 9–13 km.

Gehzeit: Spelunca-Schlucht 2 Std. 45 Min., Aitone-Wald 3–4 Std.

Die Manna Esche blüht im Mai.

Die Italienische Ochsenzunge.

Das Dörfchen Ota an Ende der Wanderung.

Durch die wildreiche Spelunca-Schlucht

Der alte Saumpfad beginnt am westlichen Ortsrand von Evisa unmittelbar beim Friedhof. Ein Verkehrsschild an der Straße weist auf den Einstieg hin. Zuerst müssen wir auf zahllosen Serpentinen den Abstieg in die Schlucht bewältigen. Dabei durchqueren wir die suprameditерrane Stufe, die an den trockenen Sonnseiten durch einen **Steineichenwald** (*Quercus ilex*) mit **Spitzem Streifenfarn** (*Asplenium adiantum-nigrum ssp. onopteris*) charakterisiert ist. Auf den lokalklimatisch begünstigten frischen Schattseiten gedeihen bevorzugt **Edelkastanien** (*Castanea sativa*). Später übernehmen **Macchiengebüsche** und **Felsengarriguefluren** infolge der Steilheit des Geländes den Bewuchs.

Sogleich fallen uns die orangen Markierungen auf, die den Weitwanderweg »Tra Mare e Monti« kennzeichnen. Der schattige Weg führt zuerst durch einen Wald aus **Laricio-Kiefern** (*Pinus nigra ssp. laricio*), der die südwestexponierte Kuppe unterhalb von Evisa überzieht. Nach etwa einer halben Stunde gibt der zurückweichende Wald die ersten Blicke in die wilde Schlucht frei. Tief unter uns hat sich der Fluss seinen Weg durch das Gebirge gebahnt, links und rechts ragen die zackenbewehrten Felswände auf, die infolge von Feldspateinlagerungen rötlich schimmern. Sobald die Kiefern lichter werden, kommen die lichtliebenden **Macchiensträucher** wie **Buchsbaum** (*Buxus sempervirens*), **Baumerika** (*Erica arborea*) und **Stech-Wacholder** (*Juniperus phoenicea*) hinzu. Der Abstieg in die Schlucht ist trotz des Höhenunterschiedes von 520 Metern nicht allzu schwierig. Dazu tragen die zahllosen Serpentinen und Steinstufen bei, die sich durch das felsige Gelände abwärts winden. Abgründe sind durch Steinmauern gesichert. Wir kommen dem Bachrauschen des Porto-Flusses immer näher und erreichen nach einer Stunde den schattigen Talbo-

In der Schlucht führt der Weg durch enge Passagen.

den. Der breite Ruisseau de Porto fließt hier einigermaßen gemächlich dahin und hat herrliche Gumpen ausgewaschen. Der beliebte Rastplatz ist im Sommer Ziel zahlreicher Wanderer, die ausgehend von der Straße nach Ota nur den Abschnitt bis zu diesem Punkt zurücklegen. Neben der Gelegenheit, ein kühles Bad im Bergbach zu nehmen, kann man auch die Pont de Zaglia, die alte genuesische Bogenbrücke, besuchen, die den Tavulella, einen Seitenbach des Porto, überspannt. In den Morgenstunden begegnen wir hier einer reichen Vogelwelt. **Wasseramseln** (*Cinclus cinclus*) fliegen von Stein zu Stein und fallen durch ihr charakteristisches Wippen auf. Die schwarzweiß gefärbten **Bachstelzen** (*Motacilla alba*) sind an ihrem langen Schwanz und den »zipp-zilipp«-Rufen zu erkennen. Die ebenfalls hier vorkommende gelb gefärbte **Gebirgsstelze** (*Motacilla cinerae*) brütet vorzugsweise an schnell fließenden Gebirgsbächen. Schluchten gehören auch aus botanischer Sicht stets zu interessanten Gebieten, da sie als isolierte Orte oft seltene Pflanzen beherbergen. So finden wir hier den **Violetten Dingel** (*Limodorum abortivum*) oder die **Gefleckte Waldwurz** (*Neotinea maculata*). In Bachnähe kommen mächtige Stöcke des **Straußfarnes** (*Matteuccia struthiopteris*) vor, dem die erhöhte Luftfeuchte zugute kommt.

Wir überqueren die Brücke und folgen dem Saumpfad, der mit einigen Treppen zu einer Anhöhe ansteigt und sich immer weiter vom Fluss entfernt. Von aussichtsreichen Felsen sehen wir das enge Tal ein, das zu beiden Seiten mit einem schmalen Saum aus **Französischem Ahorn** (*Acer monspessulanum*) und **Manna-Esche** (*Fraxinus ornus*) begleitet wird. Gleich oberhalb des Bachlaufes setzen sich auf den trockeneren Standorten Steineichen und Macchiengebüsche durch. **Buchsbaum** (*Buxus sempervirens*), **Mäusedorn**, **Schopf-Lavendel**, **Weißliche Zistrose** (*Cistus albidus*), **Breitblättrige Steinlinde** (*Phillyrea latifolia*) und

Der schönste Wald Korsikas

Der Fôret d'Aitone, der sich im Talkessel östlich von Evisa bis zum Col de Verghio erstreckt, kann auf mehreren Wanderwegen durchquert werden. Wir erreichen den Wald über den Weitwanderweg »Mare a Mare Nord«, der etwa in der Mitte von Evisa zuerst über eine betonierte Rampe aus dem Dorf führt. Begleitet von schönen Kastanienhainen wandern wir durch Schweine- und Ziegengehege bis zu einer Weggabelung, bei der wir nach links schwenken. Ein von Steinmauern gesäumter Fahrweg führt abwärts bis zu einem Bachgraben, um anschließend als breiter Wanderpfad zum Teil über gemauerte Treppen durch den Kiefernwald aufwärts zu führen. Nach 45 Minuten treffen wir auf die Fahrstraße zum Col de Verghio, der wir 300 Meter folgen. Beim Wegweiser mit der Aufschrift »Piscine naturelle« biegen wir auf einen Waldweg ein, der uns oberhalb der Schlucht des Aitone zuerst zu einem Belvedere bringt. Von diesem haben wir einen gewaltigen Ausblick auf die obere Spelunca-Schlucht mit dem Dörfchen Evisa, das hoch über dem Golf von Porto aus den Kastanienwäldern leuchtet. Nach zehn Minuten auf diesem Fahrweg gelangen wir zu einem Picknickplatz, der sich oberhalb der »Piscine naturelle« befindet. Damit wird ein 30 x 5 m großes Steinbecken bezeichnet, das der Aitone aus dem felsigen Untergrund ausgewaschen hat. Kleine Kaskaden verbinden die wie natürliche Schwimmbäder aussehenden Gumpen, die natürlich zum Baden einladen. In der Umgebung sind Reste von kleinen Mühlen zu sehen, die früher zum Zermahlen der Kastanien verwendet wurden. Knapp oberhalb der Becken verläuft der orange markierte Weitwanderweg, der nach wenigen Metern mittels einer Hängebrücke den Bach quert. Nun steigen wir auf einer etwas mühsamen Wegführung 30 bis 40 Minuten am nördlichen Talhang durch Kiefernwald aufwärts. Nach einer Abwärtspassage auf einem gut trassierten Bergsteig gelangen wir zu einer weiteren Hängebrücke, die zum Feriendorf im Aitone-Wald führt. Von dort kehren wir auf einem Waldsteig zur »Piscine naturelle« zurück, wobei wir einen nach links abzweigenden Forstweg nicht beachten, und schließen die Runde (1 Std. 30 Min.).

Die Piscine naturelle im Aitone-Wald.

Immergrüner Schneeball (*Viburnum tinus*), aber auch **Mandelblättrige Birnen** (*Pyrus amygdaliformis*) bilden auf den Felsen einen schütteren Bewuchs. Der **Honigduftende Rutenstrauch** (*Osyris alba*) ist für lichte Macchiengebüsche typisch und kommt zusammen mit dem **Wilden Krapp** (*Rubia peregrina*) vor. Auf schattigen Böschungen am Wegesrand wachsen **Schmerwurz** (*Tamus communis*), **Glöckchen-Lauch** (*Allium triquetum*) und **Waldveilchen** (*Cyclamen repandum*), während die **Felsennelke** *Petrorhagia prolifera* exponierte Felsen bevorzugt. Im Frühjahr blüht die **Felsen-Trichterlilie** (*Pancratium illyricum*) mit ihren auffälligen weißen Blütenköpfen. Wir passieren einen der schönsten Abschnitte der Spelunca-Schlucht und schlängeln uns entlang des Saumpfades zwischen den steil aufragenden Felswänden hindurch. Nach etwa 40 Minuten ab dem Pont Zaglia senkt sich der Weg wieder zum Bach hin und führt durch lichte **Strandkiefernwälder** (*Pinus pinaster*). Das Vorkommen des **Schopf-Lavendels** zeigt an, dass hier einmal Steineichenwälder den typischen Bewuchs bildeten. Wir erreichen die schmale Asphaltstraße, die Ota mit

Evisa verbindet. Der Saumpfad setzt sich westlich der Straße fort und quert einen Sportplatz und einige Rodungsflächen. Gleich darauf taucht zwischen den **Französischen Ahornen** die zweite Genueserbrücke, der Ponte Vecchiu, auf. Die kühne Bogenbrücke übersetzt den Porto in gut zehn Metern Höhe. Wir überqueren den Bach, um am nördlichen Ufer den letzten Abschnitt der Wanderung zu beginnen. Wir steigen durch Haine aus Kastanien und Steineichen, die auf alten Kulturterrassen wachsen, 160 Höhenmeter nach Ota auf. Die den Weg begleitenden Steinmauern, die vom **Braunstieligen Streifenfarn** (*Asplenium trichomanes*) bewachsen werden, sind das Reich der **Tyrrhenischen Mauereidechsen** (*Podicaris tiliguerta*). Immer wieder treten auch Macchienelemente auf, später folgen Olivenhaine, ehe der stets aufwärtsführende Weg in baumlose Kulturterrassen eintritt. **Fremde Braunwurz** (*Scrophularia peregrina*), **Italienische Ochsenzunge** (*Anchusa azurea*), **Palisaden-Wolfsmilch** (*Euphorbia characias*) und **Wenignervige Osterluzei** (*Aristolochia paucinervis*) sind die auffälligsten Pflanzen. Schließlich erreichen wir das Dörfchen über einen schmalen Felsweg, der bei der Bar de Chasseurs in eine Dorfstraße mündet und beenden die Wanderung an der Hauptstraße.

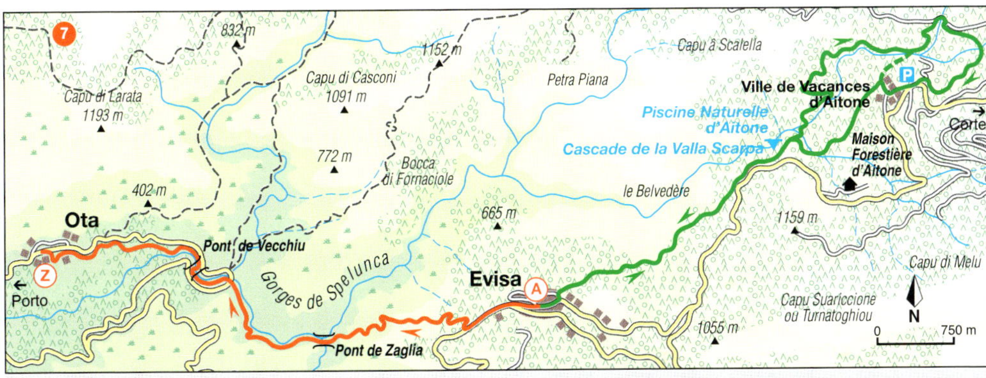

Auf einen Blick

Empfohlene Jahreszeit: April bis Juli, September, Oktober (Herbstfärbung im Aitone-Wald).
Öffentliche Verkehrsmittel: Im Sommer besteht eine private Busverbindung Evisa-Vico-Ajaccio (Autocars R. Ceccaldi; Tel. 04 95 21 38 06); nach Ota/Porto oder zum Aitone-Wald bestehen keine Busverbindungen.
Anfahrt mit dem Auto: Von Porto über die D 84 bis Evisa (25 km), von Corte oder Ponte Leccia auf der N 193 nach Francardo und über die D 84 durch das Niolu nach Evisa (23 km bis Calacuccia, 45 km bis zum Col de Verghio, 51 km bis zum Parkplatz im Aitone-Wald, 55 km bis Evisa).
Empfohlene Gebietskarte: ign 4150 OT, M = 1:25.000, Porto.
Wegmarkierung: Orange (beide Wege), Wegweiser in den Ortschaften.
Auskunft: Maison Forestière in Evisa (04 95 26 20 65); Maison d'Information im Feriendorf Aitone (Paesolo d'Aitone, nur im Sommer; 04 95 26 23 62).
Unterkunft: Fünf Hotels in Evisa sowie Hotel d'Aitone mit vorzüglichem Restaurant (04 95 26 20 04) oder Hotel Chataigneraie (04 95 26 24 47); Hotel in Ota (Gîte d'Etappe); Camping l'Acciola in Evisa (04 95 26 23 01).
Ausrüstungshinweis: Badekleidung
Einkehrmöglichkeiten: Bar de Chasseurs, Chez Felix Ceccaldi in Ota, Pizzeria-Restaurant U Pozzu, Bar de la Poste, Auberge L'Acciola in Evisa.

Aus der urwüchsigen Tavignano-Schlucht kann man im ersten Drittel bis nach Corte, der heimlichen Hauptstadt Korsikas, zurückschauen.

8

Durch die Tavignano-Schlucht

Von Corte auf einem alten Saumpfad ins urwüchsige Hochtal

Die Schlucht des Tavignano bei Corte zählt zu den schönsten Flusstälern Korsikas direkt im Herzen des Parc Naturel Régional. Nach wie vor kann die urwüchsige Landschaft nur über einen alten Saumpfad erreicht werden, der an den Nordhängen relativ eben taleinwärts zieht. Dabei ergeben sich gewaltige Einblicke in die Schlucht, auf die zahlreichen Stromschnellen und Gumpen. Unser Weg quert herrliche Laricio-Kiefernwälder und kommt an Standorten mit Felsvegetation vorbei. Im Bachnähe können wir Amphibien wie den Korsischen Scheibenzüngler, die mediterrane Rasse des Feuersalamanders und den Korsischen Gebirgsmolch entdecken. Die vorgeschlagene Route, die mit einem Abschnitt des Weitwanderweges »Mare a Mare Nord« identisch ist, beginnt in Corte und endet bei der Hängebrücke über den Tavignano. Dort setzt sich ein Anschlussweg zum Refuge de la Sega fort.

INFO

Ausgangsort/Zielort: Corte (450 m), Parkplatz in der Rue St. Joseph bzw. Chemin de Baliri; Corte.

Tourencharakter: Einfache Wanderung auf einem alten, zum Teil befestigten Hirtenpfad mit wenigen Steilstellen; 300 Höhenmeter.

Gesamtlänge: 12 km.

Gehzeit: 4 Std. 30 Min. hin und retour (9 Std. bis zur Refuge de la Sega).

Granitbecken, Orchideen und alte Laricio-Kiefern

Das stille Tavignano-Tal, das von Corte aus in westlicher Richtung in die zentrale Bergwelt Korsikas eingeschnitten ist, scheint auf den ersten Blick zwar nicht so spektakulär wie die parallel verlaufende Restonica-Schlucht, dafür wird die Idylle aber durch keinen Autolärm gestört. Denn die schluchtähnliche Talung kann nur über einen alten Saumpfad erreicht werden, der einen Abschnitt des Weitwanderweges »Mare a Mare Nord« darstellt. Dieser verläuft von Moriani-Plage an der Ostküste durch die Castagniccia nach Corte, durch die Tavignano-Schlucht nach Calacuccia ins Niolo, über den Col de Verghio durch den Aitone-Wald nach Evisa, um in Cargèse an der Westküste zu enden. Für die Bewältigung dieser Route sind neun Tage einzuplanen. Wir absolvieren die zentrale Etappe bis zur Hängebrücke über den Tavignano, die etwa auf halber Strecke zwischen Corte und der Refuge de la Sega liegt.

Unsere Wanderung beginnt in Corte, das eine strategisch exponierte Lage am Eingang zum gebirgigen Dach der Insel einnimmt. Von einem kleinen Parkplatz in der Rue St. Joseph westlich der historischen Zitadelle – von Gregorovius als »Akropolis« bezeichnet – geht ein schmaler, orange markierter Wanderpfad aus, der mit einem Wegweiser »Refuge de Sega« gekennzeichnet ist. Wir folgen der unverfehlbaren Route stets am Nordhang des Tales und queren zuerst baumloses Wiesengelände. Kleinere Holzverschläge und kastanienbewachsene Ställe zieren die leicht terrassierten Hänge. Bald kommen wir an eine Weggabelung heran, wobei wir es nicht verabsäumen dürfen, den aufwärts führenden Pfad einzuschlagen. Geradeaus dient

Im mittleren Schluchtabschnitt.

Die Schlucht bei der Hängebrücke.

Felsengarrigue mit Zistrose und Lavendel.

Der Korsische Gebirgsmolch.

der Steig nämlich nur als Zubringer zu Feldterrassen. Untertags wird dieser Abschnitt der Wanderung durch die stark einstrahlende Sonne beschwerlich. Die Wärme nützen aber die Felsfluren aus, die sich oberhalb des Weges ausbreiten und die aus Macchiensträuchern und einigen krautigen Arten wie der **Felsen-Trichterlilie** (*Pancratium illyricum*) aufgebaut sind. Schon hier fällt der Reichtum an Orchideen auf, die uns während der gesamten Wanderung mit bizarren Formen und Farben erfreuen werden, zum Beispiel der auffällige **Echte Zungenstendel** (*Serapias lingua*), der häufig in größeren Gruppen vorkommt, oder der **Violette Dingel** (*Limodorum abortivum*) mit den dekorativen hellvioletten Blüten. Eine absolute Augenweide stellt das Vorkommen der **Schwarzen Ragwurz** (*Ophrys shegodes*) dar, die auf der Blüte eine blaue Zeichnung aus zwei parallel am Grunde verbundenen Streifen ausbildet, die noch dazu auf die seitlichen Höcker ausstrahlen.

Wir queren einen intensiv beweideten, terrassierten Hang mit einem alten Gehöft, um anschließend über einen Bachgraben wieder in leicht bewaldetes Gelände zu gelangen. Unter uns beginnt der Bach immer bizarrere Formen anzunehmen und sich immer enger in das Granittal einzuarbeiten. Wir erreichen einen kleinen Hangeinschnitt des Ficaghiola-Baches, wo wir auf **Lavendelsträucher** und das rosarot gefärbte **Schmetterlings-Knabenkraut** (*Orchis papilionacea*) treffen. Nun nimmt der Macchienbewuchs immer mehr zu und bildet dichte Gebüsche aus **Pistazie** (*Pistacea lentiscus*), **Schmalblättriger Steinlinde** (*Phillyrea angustifolia*), **Stech-Wacholder** (*Juniperus oxycedrus*) und **Montpellier-Zistrose** *(Cistus monspeliensis)*. Dazwischen setzt sich Kiefernaufwuchs durch und versucht, das Buschgelände für den Wald zurückzugewinnen. Von exponierten Fel-

Der Echte Zungenstendel wächst am Wegrand.

sen leuchtet die endemische **Felsennelke** (*Petrorhagia saxifraga ssp. gasparinii)*, eine typische Art der montanen Stufe. Etwas später bilden Orchideen wie **Violetter Dingel** (*Limodorum abortivum*), **Gefleckte Waldwurz** (*Neotinea maculata*) und das intensiv purpur-violett gefärbte **Kleine Knabenkraut** (*Orchis morio*) einen regelrecht bunten Unterwuchs. Ein leichter Anstieg bringt uns auf einen mit **Laricio-Kiefern** (*Pinus nigra ssp. laricio*) bewaldeten Rücken, den der Weg in ausgewaschenen Granitrinnen quert. Dies ist der Lebensraum der **Tannenmeise** (*Parus ater*), aber auch des **Buntspechtes** (*Dendrocopos major*) und des seltenen **Korsenkleibers** (*Sitta whiteheadii*). Aus dem schattigeren Unterholz, das auch von Gebüschen der **Baumerika** (*Erica arborea*) durchsetzt ist, strahlen die zierlichen **Waldveilchen** (*Cyclamen repandum*) mit den großen, zart weiß getupften Blättern heraus. Aus dem Kulturland am Beginn der Schlucht ist die **Schmalblättrige Lupine** (*Lupinus angustifolius*) mit den blauen Blütenkerzen eingewandert. Nach einer Weile kommen wir zu einem weiteren Taleinschnitt, der mit alten **Edelkastanien** (*Castanea sativa*) und **Feigen** (*Ficus carica*) bewachsen ist. Das helle Grün der stark gezähnten Blätter wird von mächtigen Stöcken der **Korsischen Nieswurz** (*Helleborus lividus ssp. corsicus*) begleitet. Auf dem nachfolgenden Hangrücken am Westrand des Taleinschnittes wächst der **Dreiblütige Geißklee** (*Cytisus villosus*), der in Wäldern vor allem auf besonders saurem Gestein vorkommt. Eine Querung führt uns durch einen Hangabschnitt, der vor allem mit **Salbeiblättriger Zistrose** (*Cistus salvifolius*) bewachsen ist. Gleich danach schwenkt der Hirtensteig nach rechts in den Taleinschnitt des Ruisseau d'Antia. Der Bach bildet im Bereich des Weges einladende Steinbassins aus, eine Möglichkeit, sich nach etwa anderthalb Stunden Gehzeit zu erfrischen. Nahe einer Quelle befindet sich im Schatten **Französischer Ahorne** (*Acer monspessulanum*) eine alte Steinhütte. Der lichte Wald kommt auch zwei Orchideenarten, dem **Römischen Knabenkraut** (*Dactylorhiza sulphurea*) und dem **Milchweißen Knabenkraut** (*Orchis lactea*), zugute. Ferner finden wir hier das endemische **Tausendguldenkraut** (*Centaurium erythraea ssp. rhodense var. sanguineum)* vor, eine seltene Pflanze auf Korsika.

Gleich nach der Bachquerung führt der Weg wieder in die sonnenumflutenden Hänge und quert herrliche **Stech-Wacholdergebüsche** und Felsfluren, die aus **Schopf-Lavendel** (*Lavandula stoechas*) und **Korsischem Ginster** (*Genista corsica*) bestehen. Nach der Umrundung eines Felsrückens steigen wir über einige Serpentinen steil aufwärts, um danach auf eine der exponiertesten Stellen des Weges zuzusteuern. Von einem luftigen Felsbalkon sehen wir auf tief unter uns liegende grünblau schillernde Gumpen und bizarr geformte Granitgebilde, die vom tosenden Wildbach umspült werden. Der Weg führt nun durch steileres Felsgelände, Wald- und Macchienbewuchs treten zurück. Der endemische **Ginster** (*Genista salzmannii var. lobelioides)* übernimmt zusammen mit **Schopf-Lavendel** den Bewuchs. Der auf und ab führende gepflasterte Felsplattenweg gibt immer wieder atemberaubende Einblicke in das Tal frei, das mittlerweile zu einer echten Schlucht geworden ist. Unterhalb der Bergerie Rossolino, die vom Weg nicht eingesehen werden kann, biegen wir nochmals in einen bewaldeten Hangeinschnitt ein. Auf Steinrondellen wurden einst Edelkastanien gepflanzt; ein kühler Bach quert den Saumpfad. Anschließend beginnt der Weg durch einen vermutlich aufgeforsteten Jungwuchs aus Laricio-Kiefern und alten, verfallenen Ölbaum-Terrassen immer mehr zum Bach hin abzufallen. Schon bald taucht zwischen dem Saum aus Kiefern, **Manna-Eschen** (*Fraxinus ornus*) und **Schwarzerlen** (*Alnus glutinosa*) die Hängebrücke auf, die wir nach etwa zweieinhalb Stunden Gehzeit erreichen (760 m). In flacheren Bachabschnitten auf der gegenüberliegenden Talseite (Hängebrücke immer nur einzeln begehen!!) lässt sich mit einiger Vorsicht ein erfrischendes Bad nehmen. In etwa zwei Stunden kehren wir auf demselben Weg nach Corte zurück. Dabei wird uns am äußersten Talausgang ein ehemaliges Überschwemmungsgelände auffallen, das mit einem Auwald aus **Schwarzerlen, Manna-Eschen** und **Strandkiefern** (*Pinus pinaster*) bewachsen ist.

Auf einen Blick

Empfohlene Jahreszeit: Für die Orchideenblüte April und Mai; Juni, September, Oktober.
Öffentliche Verkehrsmittel: Corte liegt an der Bahnlinie Bastia-Ajaccio mit Nebenroute nach Calvi; die Züge verkehren zwischen April und September fünf- bis sechsmal täglich; vom Bahnhof erreicht man den Ausgangspunkt in etwa 20 Minuten.
Anfahrt mit dem Auto: Über die N 193 Bastia–Ajaccio bis nach Corte, auf der nördlichen Ausfahrt in die Stadt hinein und vor dem Zentrum nach rechts zur Rue St. Joseph.
Empfohlene Gebietskarte: ign 4250 , Corte-Monte Cinto, M = 125 000, ign 4215 Monte d'Oro, M = 125 000, Corse Nord M = 150 000.
Wegmarkierung: Orange; Wegweiser am Beginn des Weges.
Unterkunft: Mehrere Hotels in allen Kategorien in Corte; mehrere Campingplätze, z. B. am Beginn des Restonicatales.
Ausrüstungshinweis: Badekleidung, Wasserflasche, Sonnenschutz.
Einkehrmöglichkeiten: Bars und Restaurants in Corte, im Verlauf der Wanderung keine Einkehrmöglichkeit.
Hinweis: Wer von der Hängebrücke an der Wende der Wanderung den Weg zum Refuge de la Sega (1166 m) fortsetzen möchte, muss weitere 400 Höhenmeter überwinden und nochmals 3 Std. Gehzeit einplanen. Die einfache Route wird nur durch die Länge schwierig (Corte-Refuge de la Sega – retour 23 km, 9 bis 10 Std.). In der Hütte besteht Übernachtungsmöglichkeit (10 Schlaflager, Kochen und Zelten). Anschlusswege Bocca a l'Arinella 1 Std. 30 Min., Calacuccia 4 Std., Casamaccioli 4 Std. 30 Min.

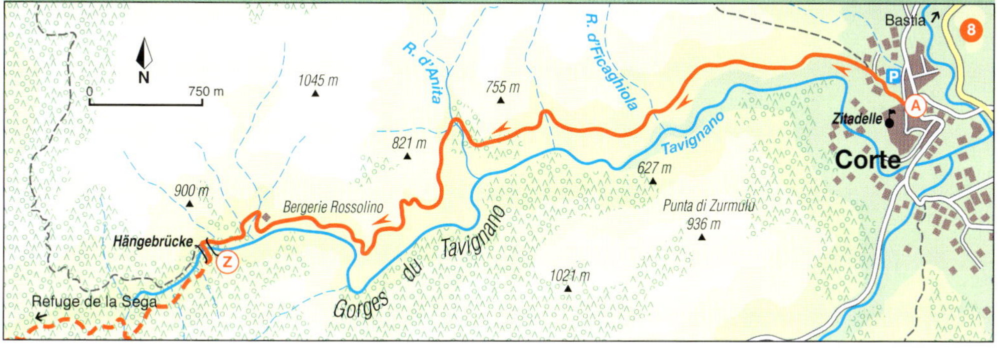

Im Frühjahr dringen die Frühlingskrokusse bei den Grotelle-Almen massenhaft aus den Böden, die gerade vom Schnee frei werden.

9

Im Restonica-Tal bei Corte

Zu den schönsten Bergseen Korsikas – Melo- und Capitello-See

Die äußerst wildromantische Restonica-Schlucht, die bei Corte ausgeht und bis zu den Grotelle-Almen befahrbar ist, gehört zu den bekanntesten Naturschönheiten Korsikas. Zwar wird die Idylle durch die Fahrstraße und durch die zahllosen Touristen in der Hochsaison gemindert. Dennoch erwarten uns am Talschluss alpine Landschaften mit Gipfeln, Gletscherseen, herrlichen Laricio-Kiefernwäldern und pittoresken Almen. Das Tal steht seit 1966 unter Naturschutz und gehört zum Kerngebiet des »Parc Naturel Régional de la Corse«. Wir wandern etwa ab der Waldgrenze vom Pont de Grotelle zuerst bis zu den Grotelle-Almen und steigen durch das gletschergeformte Tal zum Melo-See auf. Dabei begegnen wir einer an Endemiten reichen Gebirgsflora. Über eine weitere Geländestufe gelangen wir zum Capitello-See, der wegen der steil abfallenden Granitwände zu den schönsten korsischen Bergseen gehört. In dieser hochalpinen Landschaft lebt eine Vogelwelt, die aus den mitteleuropäischen Gebirgen bekannt ist.

INFO

Ausgangsort/Zielort: Pont de Grotelle (1288 m); Grotelle-Almen oder Pont de Grotelle

Tourencharakter: Streckenwanderung auf Bergpfaden, teilweise sind bei Felsstufen ein wenig die Hände zu Hilfe zu nehmen; 560 Höhenmeter.

Gesamtlänge: 8 km.

Gehzeit: 4 Std.

Gletscherformen, Alpenpflanzen und Krokuswiesen

Die Anfahrt in das 17 Kilometer lange Tal beginnt bei Corte. Die ersten zwei Kilometer verlaufen eben dem Restonica-Bach entlang. Das enger werdende Tal lässt auch die Fahrstraße schmäler werden, die ab dem kleinen Informationskiosk oberhalb des Campingplatzes als einspurige Bergstraße anzusteigen beginnt. Wir durchqueren unmerklich die tektonischen Grenzschichten der Insel. Waren es zuvor Liaskalke aus dem Jura, bauen nun grüne Konglomerate mit etwas beigemischtem Marmor die Felswände auf. Erst im hinteren Tal erwarten uns die harten Granite der korsischen Zentralkette. Das Tal verläuft zu Füßen des Massivs des Monte Rotondo (2622 m), der am Südrand aufragt und lange Zeit als höchster Berg Korsikas galt. Zusammem mit dem oberen Restonica-Tal zählt der Gipfel zu den am stärksten durch die Eiszeit überformten Gebieten Korsikas. Die Straße erreicht bald 700 Meter Höhe und führt in eine immer bizarrer werdende Landschaft. Mächtige **Strandkiefern** (*Pinus pinaster*) überziehen die schroffen Felsen, unterhalb der Straße fließt der tosende Gebirgsfluss durch die schluchtähnliche Talung, zahlreiche zerklüftete Felsblöcke lassen kleine Kaskaden und türkisgrüne Gumpen entstehen. Bei der Pont de Frasseta auf 900 Meter, die einen Seitenbach quert, zweigen die Wanderwege ab, die an der Nordseite des Tales zum Alzo-Plateau aufsteigen und einen Übergang ins Tavignano-Tal ermöglichen. Über den Pont de Tragone (943 m) gelangen wir auf die südliche Talseite und erreichen nach dem Taleinschnitt des Timozzo ein lang gezogenes Straßenstück, das mit mäßiger Steigung dem Pont de Grotelle entgegen läuft. Bei der Brücke, wo auch die Bergpfade zum 2622 Meter hohen Monte Rotondo und zum Lac de Oriente ausgehen, beginnen wir mit dem Aufstieg zu den Karseen. Zum ersten Mal öffnen sich hier die prachtvollen Bergpanoramen des hinteren Restonica-Tales, die uns nun weiterhin begleiten werden. Wir befinden uns bereits auf 1260 Meter Höhe, wo die Strandkiefernwälder durch Bestände der **Laricio-Kiefern** (*Pinus nigra ssp. laricio*) abgelöst werden.

Parallel zu Bach und Straße wandern wir am rechten Ufer des Baches 30 Minuten bis zu den Grotelle-Almen, die aus mehreren, in den Bergwiesen verstreut liegenden Steinhütten bestehen. Hinter den (leider) riesigen Parkplätzen führt der Weg an einem kleinen Kiosk (Buvette) vorbei in das Trogtal hinein. Das hintere Restonica-

Endemische Grünerle wächst am Melo-See.

Das endemische Fettkraut wächst in Pozzines.

Tal ist ein Musterbeispiel für ein eiszeitliches Trogtal aus dem Pleistozän. Der gut markierte Pfad verläuft dem linken Ufer des oberen Restonica-Baches entlang aufwärts. Sobald der Schnee im Frühjahr geschmolzen ist, begleiten uns hier Fluren des **Korsischen Krokusses** (*Crocus corsicus*). Oberhalb des Weges wachsen riesige Laricio-Kiefern unmittelbar aus den Felshängen. Bald kommen wir in Granitblockhalden hinein, die der Pfad auf einer schmalen Trasse durchläuft. Hier wachsen vor allem Zwergstrauchgesellschaften, die zahlreiche endemische Arten enthalten wie die **Wegericharten** (*Plantago sarda var. sarda)* und (*Plantago insularis)*, den **Roten Fingerhut** (*Digitalis purpurea var. gyspergerae)*, die **Korsische Nieswurz** (*Helleborus lividus ssp. corsicus*), das **Korsische Edelweiß** (*Helichrysum frigidum*), den **Korsischen Ziest** (*Stachys corsica*) oder die **Anemone** (*Pulsatilla alpina ssp. cyrnea)*. Aber auch Pflanzen der mitteleuropäischen Alpen wie **Gelbes Bergveilchen** (*Viola biflora*), **Rotes Seifenkraut** (*Saponaria ocymoides*) oder **Röhriger Gelbstern** (*Gagea liottardi*) kommen in den artenreichen Fluren vor. In geschützten Mulden finden wir die endemische **Bernards-Akelei** (*Aquilegia bernardii)* mit den lichtblauen Blüten. Ab und zu durchsetzen **Birken** (*Betula pendula*) die Schutt gefüllten Hänge.

Die Laricio-Kiefern erreichen auf 1500 Meter ihre Verbreitungsgrenze; die Gehölze gehen in Grünerlengebüsche über, die aus der endemischen Unterart der **Grünerle** (*Alnus viridis ssp. suaveolens*) aufgebaut sind und Pionierstandorte über feuchten Böden darstellen. Sie entwickeln sich besonders gut an den Schattseiten des

Der malerische Capitellosee ist das lohnende Ziel dieser Wanderung.

Tales, wo der Schnee oft bis Ende Juni liegen bleibt, aber auch auf frischeren, höher gelegenen Kuppen der Sonnseiten. Vor allem im Frühjahr kann man entlang dieser Wanderung die unterschiedlichen Belaubungszeitpunkte der Grünerle zwischen Sonnen- und Schattenseite beobachten, die oft fünf Wochen auseinander liegen können.

Nach etwas mehr als einer halben Stunde ab der Grotelle gelangen wir zur ehemaligen Melo-Bergerie, wo heute im Sommer immer noch Käse verkauft wird. Kurz danach gabelt sich der Weg in eine leichte und eine schwierigere Variante. Der »Accès facile« führt linker Hand auf steinigem Untergrund durch dichtes Erlengebüsch, während der »Accès difficile« rechts auf glattem Fels der Steilstufe des Talschlusses zustrebt. Wir wählen für den Aufstieg die »schwierige Route«, die es jedoch keineswegs ist. Die Felsstellen, die wir nach wenigen Minuten erreichen, sind durch Seile gesichert und bereiten keinerlei Schwierigkeiten. Wir überwinden nun den wie ein Damm wirkenden Felsriegel, der den Melo-See aufstaut, und kommen an **Ebereschen** (*Sorbus aucuparia*) vorbei. An den trockenen Hängen werden die Grünerlengebüsche durch Fluren des endemischen **Ginsters** (*Genista salzmannii var. lobelioides)* abgelöst, der flach am Boden aufliegende Zwergstrauchgebüsche ausbildet. Daneben herrschen **Ätna-Berberitze** (*Berberis aetnensis*) und **Zwergwacholder** (*Juniperus hemisphaericus*) vor. In der Krautschicht erkennen wir Grasarten wie **Ruchgras** (*Anthoxanthum odoratum*), **Ährige Hainsimse** (*Luzula spicata*) oder **Borstgras** (*Nardus stricta*), aber auch Blütenpflanzen wie **Korsischen Liebstock** (*Ligusticum corsicum*) und endemische Arten wie das **Hornkraut** (*Cerastium soleirolii)* und den **Thymian** (*Thymus herba barona)*.

Laricio-Kiefern bei den Grotelle-Almen.

Nach etwas mehr als einer Stunde vereinen sich beide Aufstiegswege knapp vor dem Hochgebirgskessel des Melo-Sees, der an der Westseite schöne Pozzine-ähnliche Flachmoore aufweist. Das gesamte Gelände wird von Schafen beweidet, die immer wieder Flurschäden an den sensiblen Mooren hinterlassen. **Korsischer Krokus**, **Borstgras** (*Nardus stricta*), **Rasige Haar-**

binse (*Trichophorum caespitosum*) und **Korsisches Fettkraut** gehören zu den auffälligsten Moorpflanzen. In den feuchten Felsnischen in der Nähe kleiner Kaskaden wächst die **Korsische Gemswurz** (*Doronicum corsicum*), die mit ihren prächtigen, gelb gefärbten Blüten zu den schönsten Pflanzen der Bergwelt gehört. Nachdem wir an diesem beliebten Picknickplatz ein wenig Rast gehalten haben, setzen wir die Wanderung am Nordufer fort und kommen zuerst zur Steinhütte der Naturparkverwaltung. Direkt unterhalb des Lombarduccio beginnt rechts der Aufstiegsweg zum Lac de Capitello. Dabei folgen wir dem von Erlen bewachsenen Bachlauf links des Weges steil aufwärts und haben die Möglichkeit, ein wenig die Pflanzenwelt der Felsspalten kennen zu lernen. Diese wird vor allem aus **Weißkopf-Grasnelke** (*Armeria leucocephala*), **Stern-Hasenohr** (*Bupleurum stellatum*) und dem endemischen **Fingerkraut** *Potentilla crassinerva* gebildet. Auf dem stellenweise unangenehmen, felsigen Pfad müssen wir zwei kürzere Kletterstellen überwinden, ehe wir nach insgesamt einer Stunde ab dem Melo-See den Absatz rund um den Capitello-See erreichen. Der herrliche Gletschersee beeindruckt vor allem durch die steil in den See fallenden Granitwände des Capu a i Sorbi (2267 m). Von hier führt ein luftiger Felssteig auf den Felsbändern oberhalb des Sees entweder zum GR 20 oder zum Lac de Nino, wobei Klettererfahrung notwendig ist. Wir wenden hier und steigen zum Melo-See ab, um über den »leichten Zugang« zur Bergerie Grotelle zurückzukehren. Wir überqueren den aus dem See ausfließenden Restonica-Bach und wandern etwas mühsam durch Erlengebüsch über loses Gestein bis zur Weggabelung, vor der wir den Bach nochmals queren. Für den Abstieg bis zur Grotelle müssen wir 50 Minuten, bis zur Pont de Grotelle 75 Minuten einplanen.

Auf einen Blick

Empfohlene Jahreszeit: Ende Mai bis Juli, September, Oktober; in der Hochsaison (August) ist diese Wanderung sehr überlaufen.
Öffentliche Verkehrsmittel: Ins Restonica-Tal keine; Bahnverbindung von Ajaccio, Bastia und Calvi nach Corte.
Anfahrt mit dem Auto: Von Corte auf der D 623 ins Restonica-Tal (17 km bis zu den Grotelle-Almen, 15,5 km bis zum Pont de Grotelle).
Empfohlene Gebietskarte: ign 4251 Monte d'Oro, Monte Rotondo, M = 1:25 000.
Wegmarkierung: Gelb, rot-weiß.
Unterkunft: Mehrere Hotels in Corte, Auberge de la Restonica am Eingang des Restonicatales, Campingplätze in Corte
Ausrüstungshinweis: Wetterschutz, Bergschuhe, Fernglas.
Einkehrmöglichkeiten: Bergerie Grotelle mit der Bar U Stazzu, Bars, Pizzerias und Restaurants in Corte und am Taleingang.

Hinweis: Man kann die Landschaft des Restonica-Tales auch auf einem 13 km langen Wanderweg erschließen, der vom Campingplatz im äußeren Talbereich den Ufern des Restonica-Baches entlang bis zu den Grotelle-Almen führt 6 Std.).

Beim Aufstieg zum Monte Renoso kommen wir an herrlicher Gebirgsvegetation vorbei, hier dichte Gebüsche der Ätna-Berberitze.

10

Auf den Monte Renoso

Einfache Gebirgspfade auf den sechsthöchsten Berg Korsikas

Der Monte Renoso stellt trotz seiner Höhe von 2352 Metern einen sehr leicht zu besteigenden Gipfel der zentralen Gebirgskette Korsikas dar. Vom einladenden Talort Ghisoni windet sich die Fahrstraße über zahllose Serpentinen durch die bewaldeten Hänge zum Ausgangspunkt bei der Bergerie Campanelle, wo im Winter eine Skistation betrieben wird. Der Wanderweg führt durch hochalpine Gebirgslandschaften mit Pozzines zuerst zum malerischen Lac de Bastani und später über den weitläufigen Höhenrücken zum Gipfel. Der sechsthöchste Berg Korsikas wartet mit einer eindrucksvollen Gebirgsflora auf, die von Krokuswiesen über alpine Polsterpflanzen bis zum endemischen Korsenveilchen reicht. Wer die Gipfelbesteigung zu einer Rundwanderung ausdehnen möchte, kann über den Höhenrücken bis zur Bergerie Pozzi mit den markanten Flachmoorwiesen weiterwandern und über einen Abschnitt des GR 20 zum Ausgangspunkt zurückkehren. Dafür benötigt man zusätzlich 4 Stunden Gezeit.

INFO

Ausgangsort/Zielort: Bergerie Campanelle (1670 m); Campanelle.

Tourencharakter: Leichte Tour durchwegs auf Bergpfaden; im Gipfelbereich über Geröll; 682 m Höhenunterschied.

Gesamtlänge: 10 km (Variante 20 km).

Gehzeit: 4 Std. 30 Min. (Variante 8 Std. 45 Min.).

Krokuswiesen, Gipfelpanoramen und Gebirgsseen

Nachdem wir die zahllosen Serpentinen, die über knapp 20 Kilometer von Ghisoni aus zur Skistation Campanelle führen, zurückgelegt haben, erreichen wir den Parkplatz unterhalb des Refuge U Fugone. Diese liegt direkt am GR 20, der von Vizzavona in Richtung Süden zum Bavella-Pass verläuft. Wir wählen aber den Weg, der am Rand des Skihanges nach rechts aufwärts steigt. Ein Schild mit der Aufschrift »Lac du Bastani« weist uns den richtigen Weg. Zuerst müssen wir den unteren Abschnitt des Skihanges queren, der durch Geländeumbildungen stark in Mitleidenschaft gezogen ist. Schon nach 100 Metern sorgt ein Quellaustritt für einen vernässten Boden, wo neben dem endemischen **Baldrian** (*Valeriana rotundifolia ssp. rotundifolia*), dem **Quellmoos** (*Nartetium sp.)* und dem **Korsischen Fettkraut** (*Pinguicula corsica*) der tyrrhenische Endemit *Barbarea rubicula* wächst. Die auffällige Pflanze gehört zur Familie der Kreuzblütler und bildet gelbe Blüten aus. Wir steigen auf dem aufgeschobenen, steil ansteigenden Fahrweg höher und sehen rechts das neu erbaute Refuge Campanelle auftauchen. Am Wegesrand ragen einige große **Bergahorne** (*Acer pseudoplatanus*) und **Ebereschen** (*Sorbus aucuparia ssp. praemorsa*) auf, während der Hang dicht mit der endemischen **Grünerle** (*Alnus viridis ssp. suaveolens*) bewachsen ist. Die Serpentinen führen über die Piste höher auf einen südexponierten Geländerücken. Wir befinden uns nun auf 1850 Metern Seehöhe unmittelbar an der Waldgrenze, die aus stark zerzausten **»Wetterbuchen«** (*Fagus sylvatica*) gebildet wird. Der trockene, steinige, dem Wind ausgesetzte Südhang des Rückens wird hingegen von einem reinen **Laricio-Kiefernwald** (*Pinus nigra ssp. laricio*) eingenommen, während am feuchteren Nordhang (Leeseite) fast ausschließlich Buchen stocken. Am Nordhang des gegenüberliegenden Rückens erkennen wir ein kleines Wäldchen aus **Tannen** (*Abies alba*), die dieselben Ansprüche wie die Buche haben. Der Weg wendet sich am Rücken nach Westen und gibt ein herrliches Bergpanorama frei, in dessen Zentrum der Monte Renoso aufragt. Nachdem wir die letzte Stütze des Liftes passiert haben, steigen wir auf einem mit Steinmännchen deutlich gekennzeichneten Bergpfad aufwärts. **Zwergwacholder** (*Juniperus alpina ssp. haemisphaericum*), **Ätna-Berberitze** (*Berberis aetnensis*), **Marseille-Tragant** (*Astragalus massiliensis*) und Grünerlengebüsche füllen die Lücken zwischen den mächtigen Felsblöcken aus. Dazwischen ragen die wesentlich empfindlicheren krautigen Pflanzen wie **Korsische Nieswurz** (*Helleborus lividus ssp. corsicus*), **Berg-Nelkenwurz** (*Geum montanum*), **Alpenmargerite** (*Leucanthemopsis alpina*), **Roter Fingerhut** (*Digitalis purpurea ssp. gyspergerae*), **Korsische Mutterwurz** (*Ligusticum corsicum*) und die endemische **Teufelskralle** *Phyteuma serratum* auf, die zwischen den dornenbewehrten Sträuchern Schutz vor dem Wildverbiss finden. In Felsspalten neben dem Weg wachsen das endemische **Fingerkraut** (*Potentilla crassinerva)*, der **Steinbrech** *(Saxifraga cervicornia)* und die endemische Art der **Steinbrech-Felsennelke,** (*Petrorhagia saxifraga ssp. gasparinii)*. Nach 25 Minuten Aufstieg durch die eindrucksvolle Hochgebirgslandschaft und einem Querung erreichen wir ein weites Karbecken, das auf einer Geländestufe unterhalb des zentralen Gebirgskammes liegt. Bevor wir den Bach überqueren, sehen wir am linken Abhang mächtige Pflanzenstöcke der endemischen **Akelei** (*Aquilegia bernardii*, die im Spritzwasserbereich der kleineren Kaskaden aus

Korsischer Krokus in einem Schneetälchen.

Das endemische VeilchenViola argentaria.

Das Einblütige Hornkraut.

Im malerischen Gebirgssee Lac de Bastani kommen Bachsaiblinge vor.

Die endemische Akelei blüht an Bächen.

dem dunklen Grün des **Zwergwacholders** aufleuchtet. Sie besitzt kleinere, hellbläuliche Blüten ohne Sporne und unterscheidet sich damit von anderen Akelei-Arten wie zum Beispiel der endemischen *Aquilegia dumeticola*. Der Pizzolo-Bach entspringt auf der Hochebene und bildet Pozzines aus, die wie ein Mosaik aus saftigem Grün und blauem Gebirgswasser wirken. Diese Flachmoore werden hauptsächlich durch Schmelzwasser gespeist und fallen im Sommer trocken. Die sehr feuchten und im Frühjahr teils überschwemmten Rasen werden vom **Borstgras** (*Nardus stricta*), der endemischen **Binse** *Juncus requienii* und dem in den Gebirgen Sardiniens, Siziliens und Korsikas heimischen **Wegerich** *(Plantago insularis)* eingenommen. Ferner kommen verschiedene **Seggenarten** (*Carex sp.*), **Eisenhutblättriger Hahnenfuß** (*Ranunculus aconitifolius*), **Korsisches Fettkraut** und der endemische **Hahnenfuß** (*Ranunculus marschlinsii*) vor. An den erhöhten, trockenen Stellen, wie an den Rändern der Karmulde, dominieren Grünerlengebüsche.

Unser Weg setzt sich links der Pozzines auf einem Moränenhang fort. Wir erreichen bald ein zweites Hochtal, in dem wir über Bergweiden aufwärts steigen. Immer wieder queren kleinere Bachläufe, die im Sommer austrocknen und daher von keiner spezifischen Vegetation begleitet werden, die Rasen. Sobald das Gelände steiler wird, füllen Grünerlengebüsche die Tälchen zwischen den Felsblöcken aus. Hier bleibt der Schnee im Frühjahr länger liegen, so dass manche Gebüsche ihre Blätter erst Ende Juni bekommen. Der Weg schwenkt nach links und führt in einen Steilhang hinein, der zum Lac de Bastani hinaufführt. Der mächtige Moränenwall ist mit einem schütteren Bewuchs aus **Zwergwacholder** und **Krummsegge** (*Carex curvula*) bewachsen. Nach etwa 15 Minuten stehen wir am Sattel des Walls und sehen bereits auf den malerischen Gebirgssee Lac de Bastani. Wenn wir zum Ufer absteigen wollen, müssen wir den Hauptweg zum Monte Renoso, der dem Wall entlang nach rechts verläuft, verlassen. Der bis Mitte Mai zugefrorene See beherbergt in seinem sauerstoffreichen, blaugrünen Wasser **Bachsaiblinge**.

In grasigen Mulden rund um den See blühen im Juni die **Korsischen Krokusse** (*Crocus corsicus*) und lassen regelrechte Blütenteppiche entstehen. Wir kehren zum Hauptweg zurück und beginnen den Aufstieg auf den weitläufigen Gebirgsrücken des Zentralkammes. Der steile Aufstiegsweg wird von Polsterpflanzen wie dem endemischen **Hornkraut** (*Cerastium soleirolii*), der **Roten Schuppenmiere** (*Spergularia rubra*), dem endemischen **Doldenblütler** (*Bunium alpinum ssp. corydallinum)* sowie von niederliegenden Polstern des **Zwerg-**

Wacholders begleitet. Nach 25 Minuten ab dem See haben wir die breite Hochfläche erreicht, und der Hauptanstieg liegt hinter uns. Wir folgen dem Weg nach links über den weitläufigen Grat, der nur schütter mit **Alpenmargerite** (*Leucanthemopsis alpina ssp. tomentosa*), **Himmelsherold** (*Eritrichium nanum*) und dem endemischen **Wegerich** (*Plantago sarda var. sarda)* bewachsen ist. Der Weg zieht gut sichtbar über das mit Felsblöcken übersäte Plateau dem Gipfel entgegen, der aus einem Schuttkegel aufgebaut wird. Selbst auf der höchsten Spitze lagern noch lose Felsblöcke, die ein wenig Blockkletterei ermöglichen. Damit man den Gipfel erkennt, ragt ein einfach zusammengebundenes Holzkreuz auf. Die Aussicht auf die umgebende Bergwelt ist überwältigend: Im Süden liegt der Monte Inducine, nach Norden sehen wir vorbei am Monte d'Oro und Monte Rotondo bis zum Paglia Orba. Die beiden Gebirgsseen Lac de Bastani und Lac de Nielluccio durchsetzen mit ihrem tiefen Blau das gleißende Silbergrau der Granitfelsen. Das karge Gelände rund um den Gipfel ist der Lebensraum des endemischen **Veilchens** (*Viola argentaria)*, das nur am Monte Rotondo, Monte Incudine und Monte Renoso vorkommt. Ausschließlich hier und am Monte Cintu kann das endemische **Korsische Steinquendel** (*Acinos corsicus*) mit den blassrosa gefärbten Blüten gefunden werden. Auf losem Schutt liegen Pölster des **Stengellosen Leimkrautes** auf, während die **Berg-Nelkenwurz** in geschützteren Felsnischen wächst. An den Abbruchkanten schmiegen sich die durch den Wind niedergedrückten **Grünerlengebüsche** dicht an den Boden. Wir kehren über denselben Weg in zwei Stunden zur Bergerie Campanelle zurück.

Auf einen Blick

Empfohlene Jahreszeit: Sommer, Mitte Mai bis Mitte Oktober.
Öffentliche Verkehrsmittel: Keine.
Anfahrt mit dem Auto: Von der N 193 Bastia – Ajaccio auf die D 69 zum Col de Vizzavona abzweigen und weiter nach Ghisoni. Die Abzweigung zur Bergerie Campanelle (D169) befindet sich 6,5 km südlich von Ghisoni in Richtung Col de Verde; 12 km bis zum Ausgangspunkt.
Empfohlene Gebietskarte: ign 4252 OT, Monte Renoso.
Wegmarkierung: Steinmänner.
Unterkunft: Refuge de Campanelle, 12 Schlafplätze; Wanderherbergen M. Maurizi und A. Pieri; Hotel le Kyrie mit 27 Zimmern in Ghisoni; Camping in Campanelle möglich.
Ausrüstungshinweis: Proviant, Windschutz, Anorak, festes Schuhwerk.
Einkehrmöglichkeiten: Snack-Bar U Renosu; Restaurant/Bar und eingeschränkte Einkaufsmöglichkeiten im Refuge U Fugone.

Der Col de Bavella bietet einen der herrlichsten Blicke auf die zerklüftete Gebirgswelt der Bavellatürme.

Der zerklüftete Bavella-Pass

Wanderungen in den »Dolomiten« Korsikas

Der Col de Bavella und das Ospédale-Massiv im Hinterland von Porto Vecchio und Solenzara bietet eindrucksvolle Gebirgslandschaften im Südosten Korsikas. Die Bergstraße führt zuerst durch Korkeichenwälder, um nach dem Stausee von Ospédale in die fantastische Gebirgslandschaft der Aiguilles de Bavella zu gelangen (1284 m), die wegen der turmartigen Formationen auch »Dolomiten Korsikas« genannt werden. Am Col de Bavella beginnen zahlreiche Kletterrouten und Pfade in die vielleicht schönste Gebirgslandschaft Korsikas. Wir starten zu einer beeindruckenden Wanderung rund um die Bavella-Türme und kehren auf einem Abschnitt des GR 20 durch das Asinaco-Tal zum Pass zurück. Später steht der Besuch der »Trou de la Bombe«, einem riesigen Felsloch, auf dem Programm. Wer sich von den Strapazen der Wanderungen erholen will, findet bei den Cascades de Polischellu romantische natürliche Badebecken vor.

INFO

Ausgangsort/Zielort: Col de Bavella (1218 m); Col de Bavella.

Tourencharakter: Ausgiebige Tagestour (Rundwanderung) auf steilen Berg- und Felspfaden; Abstieg auf Schutthängen; Trittsicherheit und Schwindelfreiheit von Vorteil; Waldspaziergang zum Bombentrichter.

Gesamtlänge: Bavella-Türme 15 km, Trou de la Bombe 5 km.

Gehzeit: Bavella-Türme 6 Std. 30 Min., Trou de la Bombe 2 Std. 30 Min.

Das Mittelmeer-Geißblatt im Asinao-Tal.

Felsflur mit Weißköpfiger Grasnelke.

Die Quelle am Weg zum Col de Bavella.

Die »Tour des Tours« im Reich der Felstürme

Neben dem Restonica-Tal bei Corte gehört die Gebirgslandschaft rund um den Col de Bavella mit Sicherheit zu den Hauptattraktionen der Insel. Hier ergeben sich immer neue Impressionen, vor allem wenn am Vormittag passatnebelähnliche Wolkenschleier einfallen und das Schauspiel der schroffen Grate und bizarren Wände noch verstärken. Besonders eindrucksvoll werden die Gebirgsketten aber im Licht der untergehenden Sonne, wenn das ohnehin schon rötliche Gestein durch die orangefarbene Abendsonne regelrecht aufglüht. Die langen Schatten der Felstürme machen die Szenerie noch bizarrer.

Besonders erlebnisreich gestaltet sich jedoch eine Wanderung, die vor allem im Frühjahr und Herbst ohne große Touristenströme absolviert werden kann. Wir starten vom Pass aus zur »Königstour«, die ohne Kletterei in die Bergwelt der Felstürme führt. Vom Pass-Parkplatz folgen wir zuerst dem Fahrweg auf das Wiesenplateau, wo sich die Kletterer zu ihren Touren vorbereiten. Hier beginnt der Bergpfad, der sogleich aus dem Wald hinaus in den steilen Felshang führt. Im steilen Gelände, das einer starken Sonneneinstrahlung ausgesetzt und dementsprechend trocken ist, halten sich nur **Dornkugelpolster** und einige krautige Arten wie **Korsische Nieswurz**. Eine geschlossene Baumschicht ist nicht mehr ausgeprägt, nur mehr einzelne stattliche Kiefern besetzen innerhalb der Felsen windbegünstigte Nischen. **Marseille-Tragant** (*Astragalus massiliensis*), **Korsischer Ginster** (*Genista corsica*), der endemische **Ginster** (*Genista salzmannii var. lobelioides*), **Italienische Immortelle** (*Helichrysum*

Der Kiefernwald am Col de Bavella.

Oberhalb des Asinao-Tales.

Erfrischende Felsbecken am Rückweg.

italicum), **Dorniger Wundklee** (*Anthyllis hermanniae*), **Katzen-Gamander** (*Teucrium marum*), **Nelken-Haferschmiele** (*Aira caryophyllea*), der endemische **Thymian** (*Thymus herba-barona*) sowie die **Fieder-Zwenke** (*Brachypodium pinnatum*) sind die häufigsten Pflanzen dieser kaum 30 bis 50 Zentimeter hohen Felsfluren. Nach wenigen Minuten wählen wir den Weg rechts, der mit einem gelben Doppelstrich die Alpinvariante des GR 20 kennzeichnet. Nach links führt die rot-weiß markierte Normalroute des GR 20, auf der wir am Ende der Tour zum Col de Bavella zurückkehren werden. Der heftige Anstieg von gut 45 Minuten durch steiles, felsiges Gelände, das ab und zu mit einzelnen Kiefern durchsetzt ist, bringt uns auf einen Sattel des Col de l'Oiseau auf 1588 Meter. Der Boden ist von Sträuchern des **Zwergwacholders** (*Juniperus haemisphericum*) bedeckt, während die weißen Blütenköpfe der **Weißköpfigen Grasnelke** (*Armeria leucocephala*) von kleineren Felsabsätzen leuchten. Wir steigen sogleich steil in dem mit Kiefern leicht bewaldeten Gelände ab und müssen bei Steilstufen ein wenig die Hände zu Hilfe nehmen. Sobald wir den Fuß des Turm I (Pointe de l'Oiseau) erreicht haben, biegt der Weg nach links in felsiges Gelände ein. Hier müssen wir uns auf die Markierungen konzentrieren, da die Pfadführung unübersichtlich und der mit Grobblöcken durchsetzte Steilhang schwer einsehbar ist. In geschützten Nischen wachsen **Ätna-Berberitze** (*Berberis aetnensis*) und die endemische **Akelei** (*Aquilegia bernardii*). Anschließend queren wir durch Grobblockgelände hinüber zum Fuß des Turm II „Turm der Österreicher" und dürfen nicht durch die links aufwärts führende Scharte aufsteigen. Durch einen engen Felsschluff gelangen wir auf einen stark geneigten Plattenschuss, der durch Stahlseile gesichert ist. Dennoch erfordert diese Passage Trittsicherheit, denn ein Ausrutschen würde zu einem Absturz führen. Wir behelfen uns mit den Seilen und klettern zur Basis hinab.

Nun haben wir den schwierigsten Teil der Route hinter uns und können uns ganz dem Genuss der Bergwelt hingeben. Wir steigen wiederum zu einer Scharte aufwärts, die zwischen Turm II und III liegt. **Mehlbeere** (*Sorbus aria*), **Schwalbwurz** (*Vincetoxiucum hirundinaria*), die gerne auf Felsschutt vorkommt, ferner **Ätna-Berberitze** und das endemische **Hornkraut** (*Cerastium soleirolii)* bilden einen lockeren Bewuchs. Besonders verkrüppelte und bizarr wachsende **Laricio-Kiefern** bieten zusammen mit den roten Felstürmen begehrte Fotomotive. Wir umrunden den Turm III an der Nordostseite und müssen nochmals zu einem Sattel aufsteigen, der nördlich zwischen Turm III und Turm IV liegt. Der breite Sattel, auf dem sich die zuvor enge Felslandschaft öffnet und einen Einblick ins Asinao-Tal gewährt, kann als Wendepunkt der Tour gewählt werden. Denn der folgende Abschnitt, der die Streckenwanderung zu einer beeindruckenden Rundtour verlängert, setzt eine gute Kondition voraus und dauert etwa vier bis viereinhalb Stunden. Wer hier umdreht, benötigt für den Rückweg zum Col etwa anderthalb Stunden.

Wir steigen am Sattel weiter zur Basis des beeindruckenden Turm IV „Turm der Deutschen" auf. Der Weg wechselt nun auf die westliche Talseite, und unter uns rückt das Asinao-Tal immer mehr ins Blickfeld. Die Hänge sind mit Dornkugelpolstern aus **Ätna-Berberitze**, **Korsischem Ginster** und dem endemischen **Ginster** (*Genista salzmannii ssp. lobelioides)* bewachsen. Eine 15-minütige Querung führt zu Füßen des Turm IV zur Punta di u Pargulu, wo der Abstieg ins Asinao-Tal beginnt. Obwohl wir uns immer noch auf der Alpinvariante des GR 20 befinden, wird die Wegführung nun unübersichtlich. Wir müssen so weit wie möglich den Felshängen entlang nordwärts wandern und dürfen nicht zu früh mit dem Abstieg beginnen. Erst unterhalb des Turm V zieht der Weg ins Tal hinab und läuft durch eine steile, schuttgefüllte Passage auf den Waldrand des Asinao-Tales zu. Wer hier zu früh absteigt, sollte sich keine Sorgen machen. Denn man wird auch ohne markiertem Weg durch das freie Gelände auf die Hauptroute des GR 20 treffen, die etwa auf 1300 Meter Höhe talauswärts verläuft. Das Gelände ist gut zu begehen, man muss sich nur an den bewaldeten oder mit Gras überzogenen Hängen orientieren und Felsrinnen meiden. Bei Regen sollte dieser Abstieg grundsätzlich nicht unternommen werden. Der markierte Weg führt durch einen bewaldeten Hang unterhalb der Punta Longa in zahllosen kleinen Serpentinen abwärts und mündet direkt in den schön trassierten GR 20 ein. Nun steht eine beinahe endlose, aber landschaftlich sehr reizvolle Rückwanderung zum Col du Bavella bevor. Der beinahe ebene Weg führt eine Stunde lang durch die oberen Hänge des Asinao-Tales und wir begegnen einem regen Wechsel aus Kiefernwäldern,

Mittagsnebel am Bavella-Paß.

Das Asinaotal, mit blühendem Rosenstrauch.

Zwergstrauchgebüschen, Lichtungen. Zwischen den **Ginsterarten,** die im Frühjahr leuchtend gelb blühen, wachsen die **Korsische Nieswurz** zusammen mit dem **Kleinfrüchtigen Affodill**, der gerne auf ehemals beweideten Grasflächen vorkommt. **Italienische Immortelle** (*Helichrysum italicum*) nimmt Stellen mit felsigerem Untergrund ein. Wir wandern auf den Einschnitt des Ravin du Paragulu zu, der von einem kleinen Bächlein durchflossen und von **Birken** (*Betula pendula*) begleitet wird. Der folgende Abschnitt durchläuft einen lichten **Laricio-Kiefernwald**, in dem wir botanische Besonderheiten wie **Rotes Waldvöglein** (*Cephalanthera rubra*), **Violetten Dingel** (*Limodorum abortivum*), **Roten Fingerhut** (*Digitalis purpurea ssp. gyspergerae*), **Gefleckte Waldwurz** (*Neotinea maculata*) und den **Seidelbast** (*Daphne oleoides)* erspähen können. Nach einiger Zeit lässt der kühlende Wald nach und der Weg setzt sich genau an der Grenze zwischen Macchienbewuchs und Felshängen im nun baumlosen Gelände fort. Wir durchwandern eine niederwüchsige mesophile Macchie, die aus **Baumerka** *(Erica arborea***)**, **Windendem Geißblatt** (*Lonicera implexa*) und **Weißdorn** (*Crataegus monogyna*), aber auch degradierten **Steineichen** zusammengesetzt ist. Auf exponierten Felsen öffnen die **Felsen-Trichterlilien** (*Pancratium illyricum*) ihre großen, weißen Blüten, während die **Korsische Gemswurz** (*Doronicum corsicum*) an schuttübersäten Stellen vorkommt. Besonders auffallend sind im Gebüschdickicht die im Frühjahr hellrosa blühenden **Rosensträucher** (*Rosa sp.*) Je weiter wir zum Talausgang vorstoßen, umso mehr wechselt das Macchiengebüsch zu einer Felsengarrigue. Auf den Felsen wachsen **Weißköpfige Grasnelke**, **Marseille-Tragant, Katzen-Gamander** und der **Thymian** (*Thymus herba-barona*). Der Blütenreichtum kommt dem **Wandergelbling** (*Colias crocea*), einem Schmetterling, zugute, der eifrig von Blüte zu Blüte huscht. Der Weg quert einen zweiten Hangrücken und biegt danach auf die südexponierte Hangseite des Bavella-Kammes ein. Nach einer steilen, durch Garrigue abwärts führenden Passage gelangen wir durch Macchiengestrüpp, Adlerfarn und Brombeeren zu einem Wiesensattel. Plötzlich treffen wir in diesem, gänzlich der Sonne ausgesetzten und sehr heißen Wegstück auf eine kühle Quelle, die drei Meter links des Weges im dichten Gestrüpp aus dem Boden sprudelt. Ein Schild mit der Aufschrift »sourcie« zeigt die willkommene Erfrischung an, immerhin sind wir bereits fast fünf Stunden unterwegs. Anschließend erreichen wir eine aufgelassene Schaf- und Ziegenweide, die von Steineichen, Baumerika und Adlerfarn eingefasst ist. Gleich anschließend tritt der Weg wieder in dichtes Gestrüpp ein und kommt an einer weiteren Quelle vorbei, bei der die **Zypern-gras-Segge** (*Carex pseudocyperus*) die erhöhte Bodenfeuchte ausnützt. Nach einer kurzen Erfrischung durchwandern wir den mit Steineichen bewachsenen Taleinschnitt des Ruisseau d'Aja Murata, biegen um einen bewaldeten Hangrücken und treten sogleich in den Graben des Ruisseau de Caracutu ein. Für diese Durchquerung benötigen wir etwa 40 Minuten und müssen einige Steilstufen und Gegenanstiege überwinden. Der Bachgraben, in dem kleinere

Wasserbecken ausgebildet sind, wird von einem Bewuchs aus **Schwarzerle** (*Alnus glutinosa*), **Breitem Wurmfarn** (*Dryopteris dilatata*), **Efeu** (*Hedera helix*), **Waldsanikel** (*Sanicula europaea*) und **Waldveilchen** (*Cyclamen repandum*) begleitet. Direkt am Wasser wächst der endemische **Borretsch** (*Borago pygmaea)* mit den kleinen rotblau gefärbten Blüten. Danach führt der Weg durch einen mit Laricio-Kiefern bewaldeten Hang aufwärts und kreuzt einige Felsnasen, während sich der Graben unter uns zu einem bewaldeten Tal eintieft. Quer durch mannshohe Macchie steuern wir auf einen letzten Hangrücken zu, bei dem wir ins Tal des Ruisseau de Ceca la Volpe in Richtung Col de Bavella einbiegen. Bis zum Endpunkt der Wanderung wartet nun noch ein Gegenanstieg von ca. 45 Minuten auf uns, der meist durch felsige Dornbuschfluren mit **Schopf-Lavendel** (*Lavandula stoechas*) führt. Je näher wir zum Pass kommen, umso mehr nehmen die Laricio-Kiefern zu. Zehn Minuten unterhalb des Passes laden Wasser gefüllte Felsbecken an einem Seitenbach zur Erfrischung ein, ehe wir durch steiles Gelände den lichten Kiefernwald des Passes erreichen und die Wanderung nach mehr als sechs Stunden beenden.

Geheimnisvolles Felsloch »Trou de la Bombe«

Ein zweieinhalbstündiger Waldspaziergang führt uns am Pass in südlicher Richtung zum Naturphänomen Trou de la Bombe, einem Felsloch, das erst im allerletzten Moment der Wanderung sichtbar wird. Am Parkplatz des Col de Bavella beginnen zwei Wege in südlicher Richtung auf eine bewaldete Kuppe zu, von denen wir den rechten wählen. Bald entwickelt sich der Waldpfad zu einer Forststraße, die

Der bizarre Felsbogen des Trou de la Bombe.

den lichten Kiefernwald quert. Dichte Fluren des **Adlerfarnes** (*Pteridium aquilinum*) überziehen den nadelbedeckten Waldboden, dazwischen ragen **Korsische Nieswurz** (*Helleborus lividus ssp. corsicus*), **Roter Fingerhut** (*Digitalis purpurea ssp. gyspergerae*) und der **Kleinfrüchtige Affodill** (*Asphodelus microcarpus*) ans Licht. Nach 25 Minuten passieren wir eine Sendestation, die auf einer Waldlichtung steht. Von hier wandern wir ein wenig abwärts und folgen mit einigen Richtungsänderungen der roten Markierung. Zuerst links auf einen schmalen Waldweg gelangen wir nach zehn Minuten auf eine Waldstraße und halten uns an die rot-gelben Ringe. Nach etwas mehr als einer Stunde treten wir aus dem

Wald in ein farnbewachsenes Wiesental ein, das sich zu Füßen des schroffen Bergrückens der Promontoire mit der 1483 Meter hohen Punta Velaco erstreckt. Nun schwenken wir etwas nach links und folgen den Pfad zur Bocca di Velaco, die mehr einer Wiese als einem Pass gleicht. Hier beginnt der Aufstiegspfad zum „Bombentrichter”, der deutlich sichtbar durch den bewaldeten Felshang führt (roter Pfeil). Nach ein paar Steilstufen, vorbei an abgestorbenen Kiefern und bizarren Felsen, ragt plötzlich vor uns das gewaltige Loch zwischen den Felsen hervor, das als »Trou de la Bombe« (Bombentrichter) bekannt ist. Es handelt sich dabei um eine beinahe kreisrunde, acht Meter hohe Öffnung, die von einem Bogen aus Granitgestein bedeckt wird. Hinter dem Loch bricht der Felsenkamm senkrecht mehr als 500 Meter in die bizzare Schlucht des Aracale ab. Mit einiger Vorsicht und ein wenig Kletterei kann man sich bis ans Loch heranwagen und einen Blick über die Kante in den Schwindel erregenden Abgrund wagen. Der Rückweg führt zuerst hinab zum Boca di Velaco. Hier wählen wir den breiten Waldpfad, der sich nach rechts von der Senke entfernt und quer über eine bewaldete Kuppe verläuft. Nach einer halben Stunde steuern wir auf den Felsen des Dame-Jeanne (1313 m) zu, überqueren gleich darauf ein Bächlein und folgen dem leicht abwärts führenden Steig. Nach einer Stunde erreichen wir die weiß getünchte Wallfahrtskapelle Fontaine di a Cannone, nach weiteren zehn Minuten den Parkplatz am Pass.

Auf einen Blick

Empfohlene Jahreszeit: Mai bis Juli, September, Oktober.
Öffentliche Verkehrsmittel: Im Sommer tägliche Busverbindung nach Porto Vecchio; Taxi in Zonza A. Perez, Tel. 04 95 78 66 16.
Anfahrt mit dem Auto: Von Porto Vecchio im Süden über die D 268 durch den Wald von Ospédale bis Zonza, 8 km bis zum Pass (Anfahrt etwa 1 Std. 15 Min.), von Solenzara über den Bocca di Larone zum Pass (Anfahrt etwa 1 Std.).
Empfohlene Gebietskarte: ign 4253 ET, Aiguilles de Bavella.
Wegmarkierung: Gelbe Doppelstriche, später rot-weiße Markierung des GR 20; orange und rot-gelb zum Trou de la Bombe.
Unterkunft: Auberge (Gîte d'Etappe Grimaldi) im Village de Bavella (Lager); Kleine Hotels (2-Sterne) in Zonza; schattiger Waldcampingplatz 3 km südlich von Zonza; freies Campen am Pass möglich.
Ausrüstungshinweis: Für die Tagestour sind Bergschuhe, Wetterschutz, ausreichend Flüssigkeit und Proviant notwendig; für den Spaziergang zum Bombentrichter keine besondere Ausrüstung.
Einkehrmöglichkeiten: Auberge im Village de Bavella, Bars und Restaurants in Zonza.
Hinweis: In der Bar am Col, einem beliebten Bergsteigertreff, zieren spektakuläre historische Aufnahmen des Trou de la Bombe die Wände.

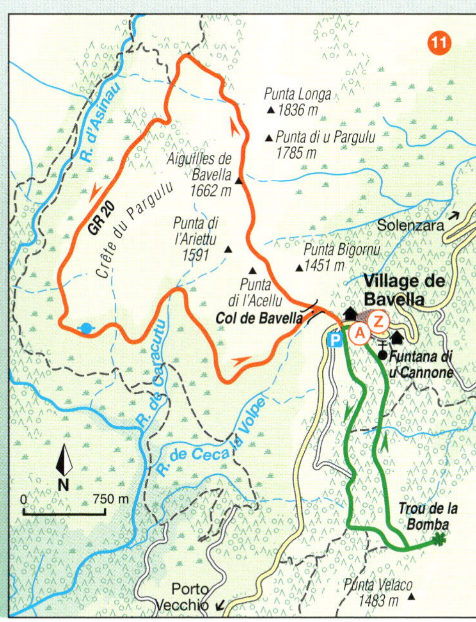

Vom »Sandkorn«-Felsen hat man einen besonders guten Blick auf die Kalkklippen von Bonifacio und auf das Kap Pertusato.

12

Die Südspitze Korsikas

Zwei Wanderungen bei Bonifacio

Was die Schönheit anbelangt«, schrieb Paul Valéry, »ist Bonifacio die Hauptstadt Korsikas«. Die kühn auf den grellweißen Kalkfelsen erbaute Stadt war zusammen mit dem Capu Pertusato bereits zu Zeiten Homers und Odysseus im ganzen Mittelmeerraum bekannt. Die Häuser kleben wie Niststätten riesiger Vögel an den Felsen, während diese in Meeresnähe zu geheimnisvollen Grotten ausgespült wurden. Entlang unserer aussichtsreichen Klippenwanderung, die unmittelbar im Ort beginnt und zum Capu Pertusato, der äußersten Landspitze Korsikas, führt, lernen wir die bizarre Steilküstenlandschaft zusammen mit der vielfältigen Garrigue-Vegetation kennen. Das durch das Meer zerzauste Kap mit der kleinen Insel St. Antoine hält Seevögelkolonien, endemische Pflanzen, bizarre Felsformationen und kleinere Grotten bereit. Eine Bootsfahrt entlang der Klippen, die bis zu den Vogelinseln Iles Lavezzi ausgedehnt werden kann, beschließt einen unvergesslichen Tag im Süden Korsikas.

INFO

Ausgangsort/Zielort: Bonifacio (150 m); Bonifacio.

Tourencharakter: Leichte bis mittelschwere Wanderung auf Schotterwegen, Macchienpfaden und Asphaltstraßen.

Gesamtlänge: Erste Wanderung 9 km; zweite Wanderung 11 km.

Gehzeit: Erste Wanderung 3 Std..; zweite Wanderung 3 Std. 30 Min.

Zum Leuchtturm am Capu Pertusato

Bonifacio wurde am äußersten Rand der Felsen gebaut, die eine lang gestreckte Halbinsel formen und als schützender Sporn eine landeinwärts liegende Bucht abschirmen. Diese wirkt wie ein schmaler Kanal, der sich tief in die Felsen eingeschnitten hat und zum Meer hin nur eine schmale Öffnung besitzt. Das so entstandene natürliche Hafenbecken sucht weltweit seinesgleichen und hat Bonifacio, das 883 vom Grafen Bonifacio aus Lucca gegründet worden sein dürfte, zu einem gefürchteten, uneinnehmbaren Hafen gemacht.

Unsere erste Wanderung beginnt unmittelbar in der Altstadt, die etwa 120 Meter über dem tosenden Meer liegt. Von den zahlreichen Aussichtsterrassen sehen wir bei klarem Wetter bis Sardinien hinüber, dessen Landmasse zwölf Kilometer weiter im Süden aus dem Meer taucht. Wir folgen dem Treppenweg, der durch das Osttor aus der Stadt führt und uns zur tiefsten und schmalsten Stelle der Landzunge geleitet. Hier zweigt ein Treppenweg ab, der über die Steilküste zum Meer hinunterführt und einen der besten Blicke auf die Küste gewährt. Hier wirkt der mächtige Felsblock, der von der Küstenlinie abgebrochen ist und liebevoll »Sandkorn« genannt wird, zum Greifen nahe. Von der Einsattelung folgen wir dem aufwärts ziehenden Schotterweg, der mit dem Beginn des Wanderpfades zum Leuchtturm am Kap identisch ist. Zuerst queren wir ein wenig beeinträchtigtes Macchiengebüsch und wandern auf eine Steinkapelle zu. Dahinter senkt sich das Gelände zu einer breiteren Einsattelung, um danach etwas steiler zum oberen Rand der Klippen aufzusteigen. Hier führt der Weg knapp an der Abbruchkante entlang und es ist dringend Vorsicht geboten. Wegen der überhängenden, brüchigen Fel-

Sandstein-Skulptur bei der Ile St. Antoine.

Der Hafen und Stadtfelsen von Bonifacio.

Die Behaarte Spatzenzunge.

sen dürfen wir uns nicht allzu weit an die Kante heranwagen. Das windgepeitschte Kalksteinplateau wird hier von einer lückigen Garrigue bewachsen, die vielleicht 30 bis 40 Prozent des Bodens bedeckt. Neben **Phönizischem Wacholder** (*Juniperus phoenicea*) und **Terpentin-Pistazie** (*Pistacea terebinthus*) treten noch kleinere Sträucher wie **Schmalblättrige Steinlinde** (*Phillyrea angustifolia*), **Behaarte Spatzenzunge** (*Thymelea hirsuta*) und **Rosmarin** (*Rosmarinus officinalis*) hervor. Die **Italienische Strohblume** (*Helichrysum italicum ssp. microphyllum*) durchsetzt das lockere Gebüsch mit den gelben Halbsträuchern. Die Unterart unterscheidet sich von den Stammpflanzen durch drüsenlose äußere Hüllblätter. Der **Marseille-Tragant** (*Astragalus massiliensis*) widersteht den widrigen Bedingungen durch die Ausbildung eines niederliegenden dornigen Strauches, der im Frühjahr weiße Schmetterlingsblüten hervorbringt. Besonders auffällig wirken die Halbsträucher des **Weißfilzigen Greiskrautes** (*Senecio bicolor*), das im Vorfeld dichterer Strauchgruppen vorkommt. Nach etwa 25 Minuten erreichen wir die asphaltierte Fahrstraße, die den Leuchtturm zum Ziel hat. Wir müssen ihr ein wenig folgen, durchlaufen eine Senke und können nach einer Rechtskurve wieder auf einen Wanderpfad ausweichen. Mauerreste rechts des Weges stammen von einer alten Geschützanlage, später kommen wir an der modernen Signalstation von Bonifacio, dem Sémaphore de Pertusato, vorbei. In der Umgebung wächst das **Erdschötchen** (*Morisia monanthes*), ein unscheinbarer Kreuzblütler. Wiederum fällt das Gelände in eine Senke ab. Die Schleife der Straße können wir durch den geradeaus verlaufenden Wanderweg abkürzen. Wenn wir die Straße wieder erreichen, zweigt ein steiler Pfad ab, der durch ein Trockental zum Meer und zur zerklüfteten südlichsten

Landspitze Korsikas hinabführt. Dieser Abstecher von etwa 30 bis 40 Minuten Dauer ist aus landschaftlicher wie botanischer Sicht äußerst empfehlenswert. Im trockenen, sandig-schottrigen Gelände wachsen zahlreiche Meeresstrandpflanzen, die auch Endemiten enthalten. Zuerst treffen wir auf die **Pankrazlilie** (*Pancratium maritimum*), später auf die **Felsennelken** (*Petrorhagia sp.*), die **Grasnelke** *Armeria pungens* sowie die **Levkojen-**Art *Matthiola tricuspidata*. Das seltene **Rundblättrige Zwergedelweiß** (*Evax rotundata*) mit dem auffällig kugeligen Wuchs kommt nur auf den Felsküsten bei Bonifacio und auf den Iles Sanguinaires bei Ajaccio vor. Rund um die Südspitze beherrschen bizarre Küstenformationen mit geschichteten Felstürmen und kleinen Buchten die Szenerie. Wer sich dem Kletterspaß nicht entziehen will, kann auf den Steilhängen des Kaps bis zu einem kleinen Plateau aufsteigen, auf dem der endemische **Korsische Reiherschnabel** (*Erodium corsicum*) mit den salzüberkrusteten Blättern und violett-roten Blüten unter Felsabsätzen wächst. Typisch für Sandstrände ist die salzresistente **Portulak-Salzmelde** (*Obione portulacoides*). Besonders windexponierte Stellen entlang der Küste vermögen **Ausdauernder Strandstern** (*Asteriscus maritimus*), **Weißer Wermut** (*Artemisia alba*) und **Breitblättrige Parentucellie** (*Parentucellia latifolia*) zu bevölkern. Zurück zum Hauptweg, gelangen wir in wenigen Minuten zum Leuchtturm, der von einer Macchie aus **Montpellier-Zistrose** (*Cistus monspelliensis*), **Terpentin-Pistazie** und **Phönizischem Wacholder** umgeben ist. Die Landspitze vor dem Leuchtturm bietet einen atemberaubenden Blick auf Korsikas Südspitze mit der Ile St.-Antoine. Bei klarem Wetter sehen wir über die 12 Kilometer breite Meeresstraße nach Sardinien hinüber. Wir kehren auf demselben Weg nach Bonifacio zurück.

Auf Urwaldpfaden zu einsamen Buchten

Von Bonifacio aus bietet sich noch eine zweite Wanderung an, die im Hinterland durch Macchienvegetation führt und einsame Buchten westlich des Küstenortes erschließt. Wir starten an der Hafenmole und wandern in nördlicher Richtung der Hauptstraße entlang. Sogleich biegt nach links ein Feldweg ab, der bald zu einem befestigten, aufwärts führenden Saumpfad wird. Nach zehn Minuten stoßen wir auf eine Fahrstraße, der wir abwärts folgen. Das Macchiengebüsch aus **Montpelier-Zistrose**, **Pistazie** und **Steineiche** wird immer dichter. Der Weg beginnt steiler abzusfallen und senkt sich immer mehr auf Meeresniveau. Bis jetzt sind wir etwa 30 Minuten unterwegs. Wir wandern auf dem nun

Der endemische Korsische Reiherschnabel.

Die Italienische Immortelle an den Kalkklippen.

Auf einen Blick

Empfohlene Jahreszeit: Die Wanderung kann ganzjährig unternommen werden, Macchie und Küstenpflanzen blühen im April und Mai, für Seevögel sind März und April die interessantesten Monate.
Öffentliche Verkehrsmittel: Keine.
Anfahrt mit dem Auto: Von Porto Vecchio über die N 198 nach Bonifacio; von Westen (Sartène) über die N 196. Meist nur gebührenpflichtige Parkplätze vorhanden (Rückvergütung beim Kauf einer Bootskarte); es ist in der Hauptsaison absolut nicht empfehlenswert, mit dem Auto in die Stadt hinaufzufahren.
Empfohlene Gebietskarte: ign 4255 OT, M = 1:25 000.
Wegmarkierung: Keine direkten Markierungen, aber deutlich sichtbare Wanderrouten.
Auskunft: Tourismusbüro in Bonifacio.
Unterkunft: Zahlreiche Hotels und Pensionen in allen Preisklassen in Bonifacio; Camping L'Araguina am Ortseingang; Camping des Iles an der Straße zur Etang de Piantarella, mehrere Campingplätze im Hinterland.
Ausrüstungshinweis: Sonnenschutz, Wasser, Fernglas.
Einkehrmöglichkeiten: Zahlreiche Bars, Restaurants und Buvettes in Bonifacio, entlang der Wanderwege keine Einkehrmöglichkeit.
Hinweis: Die Bootstouren beginnen direkt an der Hafenmole. Das klassische Programm dauert 1 Std. 15 Min., Abfahrtszeiten der Boote zwischen 8.30–17.30 Uhr halbstündlich. Ganztägige Ausflüge werden bis zu den Iles Lavezzi angeboten, wo man sich auch für einige Stunden absetzen lassen kann (Hauptsaison Mai bis September, Hinweise auf Fahrpläne im Hafen beachten)

schmäler werdenden Weg hinter einer Bucht herum und steigen etwa 70 Höhenmeter bergan. Nach etwa einer Stunde führt links ein Waldpfad durch schattigen Steineichenwald zur Bucht, »Calanque« die und von der Ile de Fazzio vor dem offenen Meer geschützt ist. Wenn wir dem Hauptweg weiter folgen, gelangen wir nach 20 Minuten zur malerischen Cala di Paraguano, die einen ebenso einsamen wie schönen Sandstrand bereithält.

Die Bootstour rund um Bonifacio

Die klassische Bootstour beginnt an der Hafenmole. Vorbei am Fischereihafen und dem Fähranleger nach Sardinien verlassen wir die 1600 Meter lange natürliche Bucht. Wehranlagen, die mächtige Zitadelle und der kühne Leuchtturm (Phare de la Madonetta) werden aus nächster Nähe sichtbar. Das Boot besucht zuerst die westlich von Bonifacio gelegene Grotte Marine du Sdragonato, die das Meer aus dem Fels genagt hat. Die Öffnung zum Meer ist so groß, dass das Boot in die geheimnisvolle Grotte hineinfahren kann. Das Innere wird durch eine kleine Öffnung in der Decke in ein schimmerndes Blauschwarz getaucht. Der nächste Programmpunkt ist die Grotte St.-Antoine unterhalb der Westspitze von Bonifacio. Vorbei am Pointe du Timon wendet die Tour beim »Sandkorn« östlich von Bonifacio. Der mächtige Felsen ist aus der 150 Meter hohen Steilküste abgebrochen und ragt nun als 40 Meter hohes Inselchen aus dem Meer. Der stets von hohem Wellengang begleitete Ausflug endet wieder im geschützten Hafenbecken.

13 Uomo di Cagna

Mit Alta Rocca wird die Region im Hinterland von Porto Vecchio bezeichnet, die durch Blocklandschaften mit eigenartigen Granitfelsen, kleinen Felsrücken, Glockenbergen und beweideten Talbecken geprägt ist. Sie reicht vom Col de Bavella über das Ospédale-Massiv bis zur Montagne de Cagna. Da das Gebiet während der Eiszeit frei von Gletschern blieb, haben die präglazialen Felsformen der variszischen Urgebirge nichts an ihren bizarren Formen eingebüßt. Sie gehen ausschließlich auf Verwitterungsvorgänge zurück, die in einem feuchteren Urzeitklima, vermutlich im Tertiär, abliefen. Nachhaltige Feuchtigkeit und Temperaturschwankungen ließen zahlreiche Risse im Gestein entstehen, die den Zerfall der einst geschlossenen Felsketten beschleunigten. Jäh aufragende Felstürme, Blockmeere, Plattformen und zersprengte Einzelblöcke zieren heute diese eigenwillige Berggegend. Das bekannteste Verwitterungsgebilde ist mit Sicherheit der Wackelstein des Uomo di Cagna (Mann von Cagna), der aus der gleichnamigen Gebirgskette aufragt und auf einer fünfstündigen Wanderung von Giannuccio aus erreicht werden kann. Wir verlassen das stille Bergdörfchen Giannuccio bei der Bar U Ritornu und folgen in einer Straßenkehre einem Saumpfad nach rechts. Durch ein Macchiengebüsch aus **Salbeiblättriger Zistrose**, **Weißlicher Zistrose**, buschförmigen **Steineichen**, **Myrte** und **Baumerika** folgen wir dem gut ausgetretenen und rot markierten Pfad den Hang aufwärts über einige Steilstufen hinweg durch meist offenes Gelände. Bizarre Felsnadeln und mächtige Blöcke ragen aus dem Gebüschsaum, dazwischen erkennen

Der Beginn des Wanderweges.

INFO

Ausgangsort/Zielort: Gianucuio (467 m); Giannuccio.

Tourencharakter: Bergwanderung auf Wald- und Bergpfaden mit 750 m Höhenunterschied.

Gesamtlänge/Gehzeit: 10 km; 4 Std. 30 Min.

Anfahrt mit dem Auto: Von der N 196 Bonifacio – Sartène zwischen Pianatolli und Roccapiana auf die Nebenstraße D 50 in Richtung Giannuccio abzweigen (9,5 km bis zum Ausgangspunkt); Parkplätze am Ortsrand von Giannuccio.

Einkehrmöglichkeiten: Kleinere Bars in Giannuccio, Hotels in Monacia, Campingplätze in Pianotolli und Roccapina.

Tipp: Karte ign 4255, M = 1 25 000. Genau auf das Wetter achten! Die Montagne di Cagna hüllen sich vormittags oftmals so rasch in Wolken ein, dass man es kaum abschätzen kann. Dann könnte die Wanderung im baumfreien Gelände rund um den Wackelstein gefährlich werden.

wir Pflanzen wie den **Herbst-Seidelbast**, **Strauchige Kugelblume**, **Immergrünen Buchsbaum**, **Schopf-Lavendel**, **Italienische Immortelle** und die endemische **Kratzdistel** (*Ptilostemon casabonae*). Nach 45 Minuten erreichen wir einen kühlen **Strandkiefernwald**, in dem **Baumerika** und **Erdbeerbaum** zusammen mit anderen Macchiengebüschen den Unterwuchs bilden. Nach etwa einer Stunde wird der Wegverlauf flacher und wir erreichen ein Hochplateau, das von Grobblöcken übersät ist und einen ersten Blick auf den Wackelstein freigibt. Das Gewirr an Felsen und Sträuchern ist das Reich der **Tyrrhenischen Mauereidechse** (*Podarcis tiliguerta*), die die Wärme des Tages zur vollen Aktivität nützen. Der Weg schlängelt sich durch die bizarren, aus der Macchie heraustretenden Felsformen auf die linke Seite des Gipfelaufbaus. Wir müssen nun auf einem etwas unangenehmen Wegstück den Nordhang umrunden, um durch Grobblockhalden und Geländestufen an die Nordostseite zu gelangen. Der stark mit **Baumerika**, **Brombeere** und **Steineiche** verwachsene Weg ist rot markiert und es empfiehlt sich, genau

Der Wackelstein Uomo di Cagna.

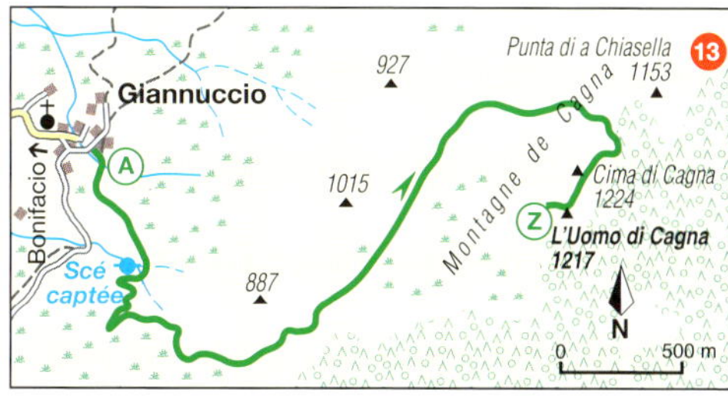

auf den Verlauf zu achten. Durch den Osthang steigen wir zu einem Sattel auf, bei dem nach rechts der etwas undeutliche Aufstieg zum Gipfel beginnt und durch baumloses Gelände steil aufwärts führt. Die geradeaus weisenden Steinmänner beachten wir nicht! Schließlich erreichen wir nach zweieinhalb Stunden die Landschaft rund um den Wackelstein, der wie eine Fata Morgana aus dem Meer aus Grobblöcken aufragt (1217 m). Der 400 Tonnen schwere Block ruht nur auf einer Auflagefläche von einem Quadratmeter und konnte erst 1970 zum ersten Mal per Seilwurf bestiegen werden. Mit ein wenig Kletterei und Vorsicht nähern wir uns dem Felsblock, so weit es jedem möglich ist. Vom luftigen Felsgrat, auf dem der Block sich nur auf Grund seines enormen Gewichtes halten kann, sehen wir bis zur Südspitze Korsikas. Man sagt, dass die auffällige Form des Steines in früherer Zeit eine Orientierungshilfe für die Seefahrer gewesen sei. In den windgeschützten Mulden zwischen den Felsen wachsen **Französischer Ahorn** (*Acer monspessulanum*), vereinzelt **Baumerika**, **Korsische Nieswurz**, **Stechwinde** (*Smilax aspera*), **Felsen-Trichterlilie** (*Pancratium illyricum*) und der **Seidelbast** (*Daphne laureola*) mit den schwarzen Früchten. Der Rückweg ins Tal erfolgt auf derselben Route oder auf der Route über das Plateau von Presarella und durch das Gravolettu-Tal (undeutliche Route, vom Autor nicht gegangen; 2 Std. 30 Min. bis Giannuccio).

14 Lac du Creno

Einziger Waldsee Korsikas

Korsika besitzt etwa 40 natürliche Seen, die allesamt durch die eiszeitlichen Gletscher entstanden sind und in den baumfreien Gebirgsregionen liegen. Nur der idyllische Creno-See, im Westen der Insel im oberen Liamone-Tal gelegen, fällt aus der Reihe. Wegen der geringen Höhenlage von etwas mehr als 1300 Metern wird er als einziger See Korsikas von einem Waldgürtel aus **Laricio-Kiefern** (*Pinus nigra ssp. laricio*) umgeben.

Der einfache, viel begangene Wanderweg beginnt oberhalb des Örtchens Soccia an einem Parkplatz, bei dem ein großes Metallkreuz aufragt. Ein paar Meter dem Fahrweg zur Bergerie dell'Arate folgend, biegen wir bei einem betonierten Bassin (blauer Richtungspfeil) nach rechts auf den

Wanderweg ein. Dieser verläuft zuerst ansteigend durch Felsen-Garrigue und quert anschließend hoch über dem Tal des Ziocu die Hangflanken. Wir kommen an mächtigen **Edelkastanien** vorbei, die bald von einer **Macchie** abgelöst werden. **Baumerika**, **Zistrosen** und **Pistazien** begleiten uns, ehe wir nach etwa einer Stunde den **Kiefernwald** erreichen. Der Hauptanstieg liegt nun hinter uns und wir wandern beinahe

INFO

Ausgangsort/Zielort: Parkplatz auf 1010 m, 4 km oberhalb von Soccia (729 m); Parkplatz.

Tourencharakter: Einfache Wanderung zuerst auf Fahrweg, danach auf mäßig steilem Bergpfad.

Gesamtlänge/Gehzeit: 2 Std. 30 Min.

Anfahrt mit dem Auto: Von Sagone aus nach Vico, über die D 123 nach Guagno-les-Bains, auf der D 323 nach Soccia (Anfahrt ausgeschildert). Dort fährt man zuerst durch die engen Gassen des Ortes, bis nach einem kleinen Taleinschnitt nach links eine schmale Asphaltstraße beginnt. Diese erreicht nach 4 km den Parkplatz am Ausgangspunkt.

Einkehrmöglichkeiten: Bars in Soccia, keine Einkehrmöglichkeit entlang des Weges.

Der Crenosee im Herbstnebel.

eben in den Wald hinein. Auf der Höhe eines Sattels schwenkt der Weg nach rechts und läuft, ein wenig abwärts, auf den See zu. Erst zuallerletzt erkennen wir den Lac de Creno mit seiner blauschwarz schimmernden Wasserfläche, die von einem grünen Saum aus **Kiefern** umgeben ist. Der See füllt eine eiszeitliche Wanne zu Füßen des Monte Sant' Eliseo mit einer maximalen Wassertiefe von sechs Metern. Dieser idyllische Platz gilt in Korsika als »Coquetterie de la nature«, als Naturschauspiel. Schmale Pfade erlauben die Umrundung des Gewässers in etwa 15 Minuten, wobei wir die **Schilfröhrichte** und die kleinen **Moorwiesen**, die sich an den flachen Ufern bilden konnten, aus nächster Nähe betrachten können. Als Besonderheit finden wir hier den Fleisch fressenden **Sonnentau** (*Drosera rotundifolia*). Die kleinen Röhrichte setzen sich aus **Schilfrohr** (*Phragmites australis*), **Flatterbinse** (*Juncus effusus*) und **Spitzblütiger Binse** (*Juncus acutiflorus*) zusammen. Wegen der äußerst sensiblen Uferbereiche und der botanischen Kostbarkeiten kommt dem Creno-See innerhalb des Parc Naturel Régional de la Corse ein besonderer Schutzstatus zu. Wer seine Wanderung fortsetzen möchte, sollte den Monte Sant' Eliseo (1511 m) mit der kleinen Kapelle besteigen.

Der Sonnentau, eine fleischfressende Pflanze.

Forêt de Vizzavona, Cascades des Anglais

Der Forêt von Vizzavona füllt mit einer Fläche von 633 Hektar das Talbecken zu Füßen des Monte d' Orio aus, das vom schäumenden Agnone-Bach durchflossen wird. Das Gelände besteht hauptsächlich aus einer Gletschermoräne, die das Tal abriegelt und einen der wichtigsten korsischen Passübergänge aufbaut. Schon im 19. Jahrhundert erkannten die Menschen die Schönheit dieses Waldgebietes und erschlossen es für Erholungszwecke. Dazu trug maßgeblich die 1889 fertig gestellte Eisenbahn bei, die auch zum Bau einiger großer Hotels führte. Heute finden wir hier einen der schönsten **Buchenwälder** (*Fagus sylvatica*) der Insel vor, der vor allem im Sommer wegen seines kühlen Mikroklimas bekannt ist. Im Herbst leuchten die Wälder in allen Brauntönen und bringen zahlreiche Pilze hervor.

Vom Bahnhof folgen wir der Straße vorbei am Hotel Beau Séjour hinauf zur Ruine des

INFO

Ausgangsort/Zielort: Vizzavona (915 m).

Tourencharakter: Leichte Waldwanderung.

Gesamtlänge/Gehzeit: 5 km, 2 Std. 15 Min.

Öffentliche Verkehrsmittel: In Vizzavona befindet sich die Station der Bahnlinie Bastia-Ajaccio.

Anfahrt mit dem Auto: Auf der N 193 Corte – Ajaccio bei Vizzavona den Abzweigungen zur Bahnstation folgen (Parkplätze).

Einkehrmöglichkeiten: Bars im Bahnhofsbereich; im Sommer Buvette bei den Cascades des Anglais.

Der Buchenwald im Forêt de Vizzavona im Herbstkleid.

Grandhotel de la Forêt und biegen auf einen nach rechts abgehenden Waldweg ein. Eine Informationstafel weist auf unsere Wanderroute hin. Die rot-weiße Markierung zeigt an, dass wir uns auf dem GR 20 befinden, dem wir ein wenig folgen. Vorbei am Naturfreundehaus erreichen wir auf dem gut befestigtem Pfad eine Brücke über den Fulminato-Bach, der den herrlichen **Buchenwald** durchläuft. Anschließend umrunden wir einen bewaldeten Rücken und überqueren bei einer zweiten Brücke den Agnone. Nach einem kurzen Aufstieg treffen wir auf die alte Forststraße nach Vizzavona und folgen dieser nach links in Richtung Cascades des Anglais. Bei weiteren Verzweigungen achten wir auf die Markierungen. Bald verengt sich die Forststraße zu einem Waldpfad und kommt immer näher an den rauschenden Agnone heran. Nach 45 Minuten erreichen wir die Hängebrücke unterhalb der Cascades des Anglais. Wir überqueren den Bach und folgen dem Steig am rechten Ufer, der in Richtung Bergerie de Porteto verläuft. Der Agnone bildet mit kunstvollen Gumpen und kleineren Wasserfällen ein wahres Naturschauspiel, das oberhalb der Brücke »Cascades des Anglais« genannt wird. Die mit Wasser überrieselten Felsplatten schimmern zwischen den Buchen und Kiefern hervor, im Hintergrund ragt der Monte d'Oro auf. Wer die Wanderung fortsetzen will, kann nach eine Stunde und 15 Minuten die Bergerie de Porteto im Hochtal des Agnone erreichen (Rückweg identisch).

Punta di a Vacca Morta

Der Forêt de l' Ospédale nimmt im Hinterland von Porto Vecchio ein weites bewaldetes Plateau ein, das im Norden vom Ospédale-Stausee begrenzt wird und selbst im Sommer kühle Wanderungen ermöglicht. Unsere Halbtageswanderung beginnt am Col de Mela und führt zum Gipfel Punta di a Vacca Morta (1314 m), der als Panoramagipfel aus dem Blockmeer ragt. Wir folgen vom Col de Mela der Forststraße nach links, um sogleich nach rechts auf einen Waldpfad einzubiegen. **Strandkiefern, Adlerfarn, Roter Fingerhut, Kleinfrüchtiger Affodill, Waldveilchen** und **Korsische Nieswurz** begleiten uns. Bald treffen wir auf eine weitere (orange markierte) Forststraße und setzen die Wanderung nach 100 Metern am Waldweg auf der anderen Seite fort (Steinmänner). Wir steigen etwas steiler durch Kiefernwald an, der von **Stechpalmen, Schwarzerlen, Französischem Ahorn** und efeuumschlungenen Gebüschen durchsetzt ist und gelangen nach 30 Minuten auf ein aufgelassenes, von Adlerfarn überwuchertes Weidegebiet. Da der Farn vom Vieh verschmäht wird, kann er sich stark ausbreiten. Wir schwenken nach links und folgen dem Steig, der an einem Zaun entlangläuft und am bewaldeten Grat aufsteigt. Nach weiteren 30 Minuten erreichen wir das blockübersäte Plateau zu Füßen des Gipfels und bewundern zuerst die Felsformationen und windgebeugten Kiefern. Steinmänner weisen nach rechts und führen uns in 20 Minuten auf den aussichtsreichen Felskamm der Punta di a Vacca Morta. Die Gipfellandschaft ist von **Strahligem Schweinssalat** (*Hyoseris radiata*), **Kleinfrüchtigem Affodill**, **Glöckchen-Lauch** und **Krummstab** (*Arisarum vulgare*) bewachsen.

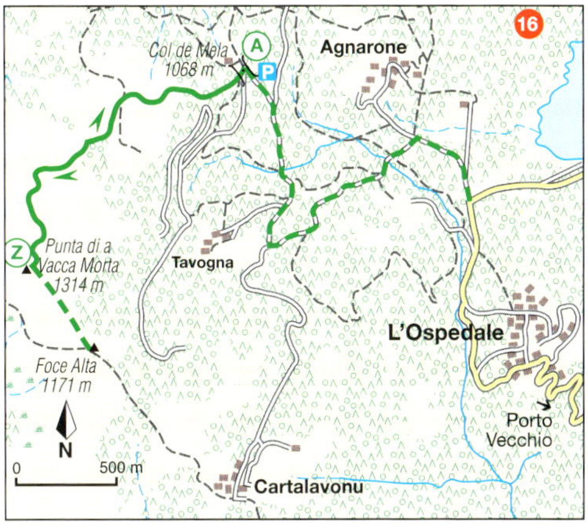

INFO

Ausgangsort/Zielort: Col de Mela (1068 m); Col de Mela.

Tourencharakter: Leichte Waldwanderung und Bergtour auf gut markiertem Steig.

Gesamtlänge/Gehzeit: 4 km, 2 Std. 15 Min.

Anfahrt mit dem Auto: Hinter Ospédale (D 368) zweigt vor dem Stausee eine Waldstraße ab zum Col ab (2,4 km), bei der ersten und zweiten Abzweigung links (in Richtung Cartalavonu), bei der dritten und vierten rechts, bei der fünften wieder links zum Col de Mela.

Der Gipfel der Punta di a Vacca Morta.

17

Der Monte Cinto

Korsikas höchster Berg

Der Monte Cinto ist mit 2706 Meter der höchste Berg Korsikas und wird zu-Recht als Dach der Insel bezeichnet. Der Rundblick wird bei klaren Wetter zum unvergesslichen Erlebnis und legt einem beinahe die gesamte Insel zu Füßen. Der Blick reicht von der Ostküste (48 km) bis zur Westküste (25 km) und im Norden bis zum Golf von Calvi. Alle nördlichen Berge, vor allem aber der Paglia Orba, das »korsische Matterhorn«, ragen auf gleicher Höhe rundherum auf. Im Herbst können wir bei idealen Wetterbedingungen (heftiger Westwind) in der Ferne sogar Elba und Sardinien erkennen. Besonders reizvoll sind aber die Einblicke nach Norden ins wildromantische Asco-Tal, wo sich das Berghotel von Haut-Asco erspähen lässt.

Mit 2706 Metern stellt der Berg einen alpinen Lebensraum für Tiere und Pflanzen dar. Wir finden hier eine Vogelwelt vor, die durchaus mit der der mitteleuropäischen Alpen vergleichbar ist. Im Asco-Tal halten sich regelmäßig **Bartgeier** (*Gypaetus barbatus*) und **Steinadler** (*Aquila chrysaetos*) auf, die auch in den Nordhängen des Cinto zu sehen sind (siehe auch Vogelwelt der Gebirge, Wanderung 9). Das extrem felsige und abschüssige Gelände der Gipfelregion kann nur mehr von hoch spezialisierten Pflanzen bevölkert werden, die den rauen Standortbedingungen mit Kälte, starkem Wind, erhöhter Sonneneinstrahlung und beinahe humuslosen Wuchsorten widerstehen können. Die Pflanzen siedeln sich daher vorwiegend in Felsspalten an, in denen sich geringe Feinerdeanteile ansammeln konnten. Dazu gehört zum Beispiel das im Sommer blühende **Korsische Edelweiß** (*Helichrysum frigidum*), das weiße, strohblumenähnliche Blütenköpfe besitzt. In Höhen bis 2500 Meter kommt der ende-

Der Monte Cinto vom Asco-Tal aus gesehen.

INFO

Ausgangsort/Zielort: Haut-Asco (1422 m) oder Parkplatz auf 1650 m oberhalb von Calacuccia/Lozzi (1040 m).

Tourencharakter: Bergtour im klassischen Sinn auf steilen Bergsteigen mit Felspassagen und leichter Kletterei.

Gehzeit: Lozzi 6 Std., Asco 9 - 10 Std.

Einkehrmöglichkeiten: Bars und Restaurants in Calacuccia und Lozzi, Gîte d'Etappe bzw. Berghotel in Haut-Asco.

Tipp: Der Monte Cinto kann nur mit ausreichender Bergerfahrung, Trittsicherheit und alpiner Ausrüstung bestiegen werden. Wanderer mit weniger Erfahrung sollten sich einer geführten Tour anschließen!

Palisaden-Wolfsmilch mit Monte Cinto.

mische **Korsische Liebstock** (*Ligusticum corsicum*) auf felsigen Bergrasen zusammen mit **Korsischem Steinquendel** (*Acinos corsicus*), **Weißkopf-Grasnelke** (*Armeria leucocephala*), der endemischen **Teufelskralle** *Phyteuma serratum* und **Korsischem Gelbstern** (*Gagea bohemica corsica*) vor. Im späten Frühjahr treffen wir bis 2000 Meter den **Korsischen Krokus** (*Crocus corsicus*) an. Schattigere Felsstandorte nimmt die auffällige endemische **Anemone** *Pulsatilla alpina ssp. cyrnea* ein, die nur von den Cinto-, Rotondo- und Bavella-Gebirgen bekannt ist. Das endemische **Felsenblümchen** *Draba loiseleurii* kommt nur am Monte Cinto und Monte Rotondo von 2300 Meter bis in den Gipfelbereich vor. Die Nordflanken rund um Haut-Asco werden von einem Kiefern-Urwald aus mächtigen **Laricio-Kiefern** eingenommen, der nie forstwirtschaftlich genutzt worden sein dürfte. Der Monte Cinto kann auf zwei markierten Wegen bestiegen werden:

Südseite

Der Ausgangspunkt zur Gipfelbesteigung befindet sich oberhalb der Bergerie de Lozzi, die über eine 7,5 Kilometer lange Schotterpiste mit dem Talort in Verbindung steht. Dadurch verkürzt sich der Aufstieg auf etwas mehr als drei Stunden. Nach 30 Minuten erreicht man die Ercu-Hütte auf 1750 Meter, später quert der Weg den erlenbestandenen Ercu-Bach. Anschließend schwenken wir nach Nordwesten und folgen einer mit Steinmännchen und roten Farbtupfen markierten Route. Der Weg führt durch den Couloir de Bicarello dem Südostgrat entlang über Blockhalden und Geröll aufwärts. Dabei nimmt man bei kleineren, aber ungefährlichen Kletterstellen die Hände zu Hilfe. Wer der Markierung exakt folgt, wird nicht an ausgesetzte Stellen herankommen. Vorbei an einer kleinen Felsterrasse erreicht man nach drei bis dreieinhalb Stunden den Gipfel, der durch ein Betonfundament gekennzeichnet ist. Der Abstieg kann entweder auf der Nordroute erfolgen oder über einen Abstecher zum malerischen Cinto-See führen, der unterhalb der Punta Crucetta in einer Felswanne liegt.

Nordseite

Die wesentlich längere und anstrengendere Aufstiegsroute beginnt in Haut-Asco und führt durch zahlreiche Felspassagen in beinahe sechs Stunden zum Gipfel. Diese Route kann erst im Sommer und Herbst, wenn der gesamte Schnee abgeschmolzen ist, begangen werden. Der weiß markierte Weg steigt zunächst zum Bocca Borba und von dort über Geröllfelder zum Gipfel.

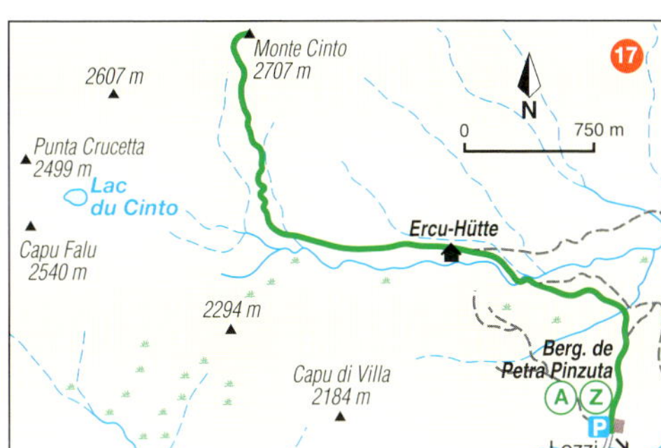

Umschlaggestaltung: Heinz Kraxenberger, München
Herstellung: Gabriele Kutscha
Kartographie: Elsner & Schichor, Karlsruhe
Piktogramme: Theiss Heidolph, Computerkartographie/Computergrafik, Eching am Ammersee

Alle Angaben dieses Werkes wurden von den Autoren sorgfältig recherchiert sowie vom Verlag geprüft. Für die Richtigkeit der Angaben kann jedoch keine Haftung übernommen werden. Für Hinweise und Anregungen sind wir jederzeit dankbar. Bitte richten Sie diese an:
Bruckmann Verlag
Produktmanagement
Innsbrucker Ring 15
D-81673 München
e-mail: lektorat@bruckmann.de

Titelbilder: Granatapfel, Weißdüne bei Porto Pino, die Cala Spinosa am Capo Testa, die endemische Akelei, an den Sümpfen der Giara-Hochebene
Umschlagrückseite: Blick über die Calanche de Piana
Haupttitel: an der Küste Korsikas

Fotografen und Autoren

Katrin und Frank Hecker sind Diplom-Biologen mit den Schwerpunkten Zoologie, Botanik und Meereskunde und arbeiten gemeinsam im schleswig-holsteinischen Panten. Katrin Hecker als freie Autorin und Journalistin, Frank Hecker als hauptberuflicher Naturfotograf. Zahlreiche Forschungsarbeiten und Exkursionen führten sie in den Mittelmeer-Raum und machen sie zu hervorragenden Kennern der mediterranen Flora und Fauna. Beide veröffentlichen seit mehr als zehn Jahren Natur- und Reisereportagen in namhaften Zeitschriften und Zeitungen wie »Kosmos«, »Das Tier« und »Wildlife-Observer«. Sie zeichnen für den Sardinienteil verantwortlich.

Peter Mertz ist Biologe und Fotograf. Er arbeitet als freier Wissenschaftler, Fotograf und Buchautor in seinem Büro für »Ökologie & Kreativität« in Innsbruck. Seine Arbeiten wurden in Reisemagazinen wie »Geo Saison«, »Globo« und »Merian« veröffentlicht. Er schrieb und fotografierte den Korsikateil.

Die Deutsche Bibliothek – CIP Einheitsaufnahme
Ein Titeldatensatz für diese Publikation ist bei Der Deutschen Bibliothek erhältlich.

Printed in Slovakia by Neografia
ISBN 3-86517-021-8